Organisationsstudien

Herausgegeben von
S. Kühl, Bielefeld, Deutschland

Die Faszination der Organisationsforschung besteht in überraschende Beschreibungen, die nicht dem entsprechen, was man auch in der Tagespresse lesen kann, in provokanten Thesen, die erst einmal auf Widerspruch treffen, aber zum Nachdenken anregen, Einblicke in die Praxis, die auch die Praktiker noch überraschen können. In dieser Reihe werden kürzere Texte publiziert, die empirisch fundiert sind, aber diese Empirie durch die Organisationstheorien so nutzen, dass überraschende Einsichten generiert werden. Häufig kommen dabei Thesen heraus, die zum Widerspruch reizen. Und genau das ist der Sinn der theoretisch informierten, empirisch fundierten Organisationsforschung – neue Blickwinkel auf Organisationen zu generieren.

Weitere Bände in dieser Reihe
http://www.springer.com/series/13429

Anna Culjak

Organisation und Devianz

Eine empirische Fallrekonstruktion der Havarie der Costa Concordia

Anna Culjak
Universität Bielefeld
Bielefeld
Deutschland

ISBN 978-3-658-06154-8   ISBN 978-3-658-06155-5 (eBook)
DOI 10.1007/978-3-658-06155-5

Die Deutsche Nationalbibliothek verzeichnet diese Publikation in der Deutschen Nationalbibliografie; detaillierte bibliografische Daten sind im Internet über http://dnb.d-nb.de abrufbar.

Springer VS
© Springer Fachmedien Wiesbaden 2015
Das Werk einschließlich aller seiner Teile ist urheberrechtlich geschützt. Jede Verwertung, die nicht ausdrücklich vom Urheberrechtsgesetz zugelassen ist, bedarf der vorherigen Zustimmung des Verlags. Das gilt insbesondere für Vervielfältigungen, Bearbeitungen, Übersetzungen, Mikroverfilmungen und die Einspeicherung und Verarbeitung in elektronischen Systemen.

Die Wiedergabe von Gebrauchsnamen, Handelsnamen, Warenbezeichnungen usw. in diesem Werk berechtigt auch ohne besondere Kennzeichnung nicht zu der Annahme, dass solche Namen im Sinne der Warenzeichen- und Markenschutz-Gesetzgebung als frei zu betrachten wären und daher von jedermann benutzt werden dürften.

Gedruckt auf säurefreiem und chlorfrei gebleichtem Papier

Springer VS ist eine Marke von Springer DE. Springer DE ist Teil der Fachverlagsgruppe Springer Science+Business Media
www.springer-vs.de

Inhaltsverzeichnis

1	**Einleitung**	1
	Literatur	5
2	**Forschungsstand**	7
2.1	Empirische Fallstudien der Organisationsforschung	8
	2.1.1 Der Insolvenzfall Barings Bank	8
	2.1.2 Studienmanipulationen in der Pharmabranche: Der Fall MER/29	10
	2.1.3 Der illegale Einsatz von Gewindebohrern in der Flugzeugindustrie	13
	2.1.4 Regelwidrige Faustkämpfe im Profi-Eishockeysport	14
2.2	Soziologische Katastrophenforschung	17
	2.2.1 Vermeidbare Unfälle: Theorien früher Warnsignale	18
	2.2.1.1 Turners „man-made disasters"-Ansatz	19
	2.2.1.1.1 Die „Summerland"-Katastrophe	20
	2.2.1.1.2 Von der Planung zum Unfall	22
	2.2.1.1.3 Fazit zur „Summerland"-Katastrophe ...	25
	2.2.1.2 Vaughans Theorie der „routine nonconformity" ...	26
	2.2.1.2.1 Die „Challenger"-Katastrophe	28
	2.2.1.2.2 Das „Acceptable-Risk"-Verfahren der NASA	29
	2.2.1.2.3 Faktoren der Normalisierung von Devianz	35
	2.2.1.2.3.1 Spezialisierung und Autonomie	35
	2.2.1.2.3.2 Sicherheitsregulierungssysteme	36
	2.2.1.2.3.3 Die Organisationsumwelt...	37
	2.2.1.2.4 Fazit zur „Challenger"-Katastrophe	40

        2.2.2 Unvermeidbare Unfälle: Perrows „normal accident"-Perspektive 40
            2.2.2.1 Perrows untersuchungsleitenden Konstrukte 41
                2.2.2.1.1 Komplexität versus Linearität 43
                2.2.2.1.2 Enge Kopplung versus lose Kopplung 44
            2.2.2.2 Reentry: Der „normale" Unfall 45
            2.2.2.3 Das System Schiff 47
    2.2.3 Zur Unfallvermeidung: Das Konzept der „High Reliability Organizations" 52
        2.2.3.1 Das Konzept von Achtsamkeit 53
        2.2.3.2 Falluntersuchungen zu Schiffshavarien 55
Literatur 58

3 Theoretische Grundlage 63
3.1 Eine Einführung: Organisation und Gesellschaft 64
3.2 Organisationen als autopoietisch geschlossene Sozialsysteme 68
3.3 Soziale Systeme als Systeme von Erwartungsstrukturen 70
    3.3.1 Verarbeitungsmechanismen von Erwartungsenttäuschungen 73
    3.3.2 Generalisierung von Erwartungen 76
3.4 Organisationen als formalisierte Sozialsysteme 78
    3.4.1 Mitgliedschaft und Sanktion 79
    3.4.2 Zielkonflikte 83
    3.4.3 Hierarchien 84
3.5 Gattungen von Entscheidungsprämissen der Organisation 86
    3.5.1 Entschiedene Entscheidungsprämissen: Die Form der „Stelle" 87
        3.5.1.1 Entscheidungsprogramme 87
        3.5.1.2 Kommunikationswege 88
        3.5.1.3 Personal 89
    3.5.2 Nicht entschiedene Entscheidungsprämissen: Die informale Organisation 90
3.6 Von der Theorie zur Empirie – eine Überleitung 94
Literatur 96

4 Empirisches Vorgehen 99
4.1 Das Verhältnis zwischen Systemtheorie und Empirie 99
4.2 Die Systemtheorie als Portal zur Beschreibung von Normabweichungen 100

	4.3	Zur methodologischen Kontrolle der Systemtheorie	102
		4.3.1 Die dokumentarische Methode	103
		4.3.1.1 Die formulierende Interpretation	105
		4.3.1.2 Die reflektierende Interpretation	106
	4.4	Beschreibung des empirisches Datenmaterials	107
	Literatur		110
5	**Rekonstruktion des Falls**		**113**
	5.1	Formulierende Interpretation	113
		5.1.1 Rekonstruktion des Unfallhergangs	114
		5.1.2 Normabweichungen in Normalsituationen	132
		5.1.3 Normabweichungen in Krisensituationen	143
		5.1.4 Reaktionen auf die Havarie der Costa Concordia	148
	5.2	Reflektierende Interpretation	158
		5.2.1 Zielkonflikte	158
		5.2.1.1 Die informelle Praktik der Routenabweichung	158
		5.2.1.2 Die informelle Praktik der Schottenöffnungen	163
		5.2.1.3 Einbettung der Zielkonflikte in den Gesamtzusammenhang	165
		5.2.2 Die „Concordia-Kultur"	168
		5.2.3 Krisenbewältigung	171
		5.2.4 Krisenprävention	177
	Literatur		178
6	**Fazit**		**189**
Anhang			**195**

Abbildungsverzeichnis

Abb. 5.1	Vergleich zwischen der offiziellen und der inoffiziellen Routenplanung	116
Abb. 5.2	Liste der Besatzungsmitglieder an Bord der Costa Concordia, deren Anwesenheit nach den Angaben der Küstenwache von Livorno als relevant für das Unfallereignis erscheint. Die Abb. 5.2 wurde dem Untersuchungsbericht der Küstenwache von Livorno auf S. 8 entnommen, welcher im Internetquellenverzeichnis unter Marsili et al. 2012 einsehbar ist.	136
Abb. 5.3	Überflutungssimulation der italienischen Behörden. Die Abb. 5.3 wurde dem gerichtlichen Sachverständigengutachten, welcher im Internetquellenverzeichnis unter Carpinteri et al. 2012 einsehbar ist, auf S. 197 entnommen und ist mit Markierungen ergänzt worden.	141
Abb. A.1	Letzte Schiffspositionsübermittlung der Costa Concordia anhand der AIS-Daten. (Eigene Positionsermittlung anhand des FleetMon Explorers)	195
Abb. A.2	Zeitliche Bestimmung der Veröffentlichung der Stellungnahme des Staatsanwalts Verusio anhand des ersten „Twitter"-Kommentars zum bezuggenommenen Zeitungsartikel. (Eigener Screenshot der Twitter-Internetseite)	196
Abb. A.3	Werbeprospekt zur Mittelmeerfahrt der Costa Concordia im Jahr 2011. (Offizieller Prospekt von Costa Cruises, ergänzt mit eigenen Markierungen)	197
Abb. A.4	Ausschnitt der Internetseite von Costa Crociere vor dem 13.01.12. (Offizielle Mitteilung von Costa Cruises, dem Internetauftritt entnommen)	198

Abb. A.5 Kreuzfahrtschiff Oasis of the Seas der Reederei Royal Caribbean. (Grafik wurde der offiziellen Internetseite der Royal Caribbean Reederei entnommen) 199

Tabellenverzeichnis

Tab. 2.1	Überblick über die Unfallfaktoren bei Schiffsunglücken	57
Tab. 4.1	Auswahl der Artikel, differenziert nach Medienverlagen	109
Tab. 5.1	Routenplan der Costa Concordia im Jahr 2012	114
Tab. 5.2	Protokoll des zweiten Gesprächs zwischen Kapitän Schettino und Kommandant De Falco	130
Tab. 5.3	Öffnungen und Schließungen der wasserdichten Schottentüren an Bord der Costa Concordia seit der Hafenabfahrt in Civitavecchia bis hin zum Stromausfall nach dem Felsenaufprall	139

Einleitung 1

Als am 13. Januar 2012 das Kreuzfahrtschiff Costa Concordia vor der Insel Giglio mit einem Felsvorsprung kollidierte und später unmittelbar vor der Küste mehr als zur Hälfte im Wasser versank, beobachtete die Gesellschaft eine Katastrophe. Die Empörung über diesen befremdlich anmutenden Unfall, der 32 Todesopfer zur Folge hatte, war in der öffentlichen Meinung eine Zeit lang allgegenwärtig und die Suche nach einem Verantwortlichen dauerte nicht lang. Die gesellschaftliche Kommunikation hatte den Tenor, dass der Schiffskapitän die Havarie durch individuelles Fehlverhalten verursacht habe, weil er eigenmächtig von der Standardroute abgewichen sei. Die vorliegende Studie analysiert den Fall der Costa Concordia nun unter organisationssoziologischen Gesichtspunkten und skizziert ein differenziertes Bild. Das empirische Forschungsinteresse bezieht sich dabei auf die Untersuchung von Devianz im organisationalen Kontext. Mit dem Begriff der Devianz wird ein Verhalten bezeichnet, das von geltenden Normen oder Regeln abweicht.[1] (vgl. Ermann und Lundman 1978, S. 58) Insofern beschreibt der Begriff der Devianz Abweichungen von Normen und ist in diesem Sinne austauschbar mit den Begriffen der Normabweichung und des Normenverstoßes. Der grundlegende Problembezug dieser Studie liegt in dem Umgang mit Normenverstößen in Organisationen. Bei der Erörterung, wie auf der Costa Concordia mit Normabweichungen verfahren wurde, sind zwei Differenzierungsaspekte zu beachten, deren Unterscheidung im Rahmen der vorliegenden Studie relevant ist. Zum einen wird der Begriff der Devianz auf das Konstrukt der formalen Organisation bezogen. Dem-

---

[1] In der empirischen Forschung zur Normanalyse wird der Begriff der Norm äquivalent zum Begriff der Regel verwendet. (vgl. Hopf 1987, S. 240) Im Rahmen der hier vorliegenden Studie wird diese Gleichsetzung unter Praktikabilitätsaspekten übernommen.

© Springer Fachmedien Wiesbaden 2015
A. Culjak, *Organisation und Devianz*, Organisationsstudien,
DOI 10.1007/978-3-658-06155-5_1

nach stellen Normenverstöße Abweichungen von formalen Regeln und Standards der Organisation dar. Dieser Unterscheidungspunkt ist eine Voraussetzung für die Analyse informeller Praktiken auf der Costa Concordia. Zum anderen wird in der Fallanalyse berücksichtigt, dass die Havarie auch in der Organisationsumwelt als Normabweichung beobachtet wird und spezifische Kommunikationen in Gang gesetzt werden. Dieser Aspekt betrifft vor allem die Untersuchung der Prozesse der Verantwortungszurechnung nach der Havarie. Insofern werden Normabweichungen – in Abgrenzung zueinander – sowohl im Kontext der formalen Organisation wie auch der gesellschaftlichen Umwelt begriffen. Hinsichtlich der Aufarbeitung von Abweichungen in der Formalstruktur zielt die Untersuchung darauf ab, die Art und Weise, wie sich die Havarie ursächlich ereignete, unter dem Bezugspunkt des Konzepts der „brauchbaren Illegalität" von Niklas Luhmann systemtheoretisch zu analysieren. Die soziologische Forschung stellt für diesen Untersuchungsbereich eine Reihe empirischer Ergebnisse zur Verfügung und identifiziert Normabweichungen in Organisationen als unfallursächliche Bedingungen. Der Schiffbruch der Costa Concordia dient insofern als Fallbeispiel zur Untersuchung der Funktionalität von Regelabweichungen in Organisationen und deren Einfluss auf das Unfallgeschehen. Im Fokus stehen dabei Zielkonflikte, die als Ursache für die Entwicklung informeller Praktiken betrachtet werden. Konkret bedeutet dies, dass im Rahmen dieser Studie die Annahme vertreten wird, dass sich aufgrund von Zielkonflikten auf der Costa Concordia eine Kultur der Regelabweichung ausgebildet hat. Zentrale Widersprüche zwischen Sicherheitsanforderungen, Effizienzbestrebungen und Attraktivitätsbemühungen werden als Auslöser für Abweichungen von formalen Organisationsregeln, zuweilen auch Rechtsnormen, welche in jeder Organisation zu finden sind, beobachtet, die informell geduldet einen ökonomischen Ausgleich zwischen diesen divergierenden Zielen ermöglichen. Für die Untersuchung von Zielkonflikten spielt zudem das Organisationsumfeld eine wesentliche Rolle, da auf diesem Wege verschiedenste Anforderungen an das Unternehmen Kreuzfahrt kommuniziert werden. So ist für den Fall Costa Concordia die Beobachtung relevant, dass die Kreuzfahrtindustrie im letzten Jahrzehnt stark expandiert ist. Nach Angaben des Kreuzfahrtverbands European Cruise Council (ECC) sind seit 2011 weltweit 350 Kreuzfahrtschiffe verzeichnet, von denen 152 Schiffe das Mittelmeer, welches auch das Einsatzgebiet der Costa Concordia war, befahren. (vgl. Jans 2011b, S. 2 f.) Damit reagierte die Kreuzfahrtbranche in der Vergangenheit auf eine gestiegene Nachfrage nach Kreuzfahrtreisen. Es wurde verzeichnet, dass im Zeitraum von 2005 bis 2010 die Anzahl der Kreuzfahrtpassagiere auf dem europäischen Markt von 3,1 auf 5,5 Mio. gestiegen ist. Die jährliche Wachstumsrate beträgt für diesen Sektor im Durchschnitt 11,2 % und die Erwartungen an das Kreuzfahrtgeschäft sind weiterhin hoch. Bis 2025 soll sich

1 Einleitung

die Zahl der Kreuzfahrtreisenden weltweit auf 30 Mio. erhöhen. (vgl. European Cruise Council 2012, S. 12 ff.) Demnach sind Kreuzfahrtunternehmen, wie auch die Organisation Costa Crociere, zu deren Flotte die Costa Concordia gehörte, auf dem Markt einer enormen Konkurrenzsituation ausgesetzt. Während allgemein die Tendenz zu beobachten ist, dass die Konstruktion moderner Kreuzfahrtschiffe verstärkt die Installation spektakulärer Erlebnisbereiche berücksichtigt, wie z. B. Seilbahnen oder Grünanlagen an Bord, scheint sich der Markt für Schiffe früherer Generationen noch deutlicher zu verschärfen. So wird in der Dezemberausgabe 2011 des Newsletters „Kreuzfahrt"[2] unter der Schlagzeile „Reedereien-Perspektiven" geschildert, dass Reedereien vor der Herausforderung stehen, ihren Kunden erlebnisreiche Routen anzubieten und dies insbesondere im Mittelmeerraum, da die Passagiere vermehrt Wiederholungsreisende sind und Standardrouten an Attraktivität verlieren. (vgl. Jahns 2011a, S. 2 f.) Kreuzfahrtunternehmen operieren insoweit unter vielfachem Druck. Diese Beobachtung wird nicht nur für die Analyse informeller Praktiken auf der Costa Concordia relevant sein, sondern auch bei der Einordung von Zielkonflikten in ein breiteres Organisation-Umweltverhältnis eine Rolle spielen. Neben der funktionalen Analyse von Normabweichungen greift die vorliegende Untersuchung auch die Feststellung früherer Studien auf, dass unfallverursachende Organisationen menschliches Fehlverhalten zur Ursache erklären. Die systemtheoretische Ausrichtung der vorliegenden Falluntersuchung veranlasst dabei zu der Frage, wie Organisationen mit Unfallereignissen umgehen, wenn diese in der Organisationsumwelt thematisiert werden. In dieser Hinsicht wird der Begriff der Normabweichung in ausgedehnter Form verwendet. Wie angemerkt, stellen Unfallereignisse wie die Havarie der Costa Concordia auch Normabweichungen in der Organisationsumwelt dar und setzen spezifische Erwartungsbildungsprozesse in der Gesellschaft in Gang. Deshalb wird angenommen, dass normative Erwartungen in der Organisationsumwelt einen zentralen Orientierungspunkt für die Reaktion der unfallverursachenden Organisation darstellen. Die Feststellung in Fallstudien, dass die Verantwortung für Normenverstöße auf einzelne Organisationsmitglieder zugerechnet wird, führt zu der präziseren Fragestellung, wie der Prozess der Verantwortungszurechnung abläuft und welche Rolle dabei die Organisation wie auch die Organisationsumwelt spielen. So wird vermutet, dass die Thematisierung des Unfalls in der Organisationsumwelt einen entscheidenden Einfluss auf den Prozess der Verantwortungszuweisung ausübt. Die Nachzeichnung und Analyse des Spiels um die Verantwortungszuweisung in der

---

[2] Der Newsletter Kreuzfahrt wird von der Arbeitsgruppe „Kreuzfahrtforschung" in Zusammenarbeit mit der FT- Freizeit und Touristik GmbH seit Juni 2010 herausgebracht und stellt aktuelle Informationen, Hintergründe und Projekte zur Kreuzfahrttouristik bereit.

Gesellschaft nach der Havarie stellt insofern einen zweiten Schwerpunkt der vorliegenden Untersuchung dar. Da der Anspruch der Analyse von Zielkonflikten die Identifikation der erfolgten Normenbrüche innerhalb der unfallverursachenden Organisation voraussetzt, wird der Schiffbruch der Costa Concordia bis ins Detail rekonstruiert, um Abweichungen von der Formalstruktur und Rechtsnormen zu erfassen. Diese Vorgehensweise ermöglicht es, Zielkonflikte herauszuarbeiten und in Zusammenhang mit den dokumentierten Normenbrüchen zu reflektieren, um Rückschlüsse auf den Umgang mit Devianz in Organisationen zu ziehen. Das empirische Datenmaterial der Falluntersuchung setzt sich dabei zum einen aus den offiziellen Untersuchungsberichten, die im Rahmen des Beweissicherungsverfahren zum Schiffbruch der Costa Concordia erstellt wurden, wie auch den Befragungsprotokollen, die im Zuge der Voruntersuchungen der Staatsanwaltschaft angefertigt wurden, zusammen. Zudem werden auch aufbereitete Daten der Blackbox, d. h. des elektronischen Datenspeichers, der Costa Concordia eingebunden, die von dem italienischen Verbraucherschutz-Verband Codacons zur Verfügung gestellt wurden. Dadurch liefert die Fallstudie auch Erkenntnisse, die über die offiziellen Gutachten hinausgehen. Um darüber hinaus das Spiel der Verantwortungszuweisung in der Gesellschaft nach dem Unfall soziologisch zu untersuchen, werden die Reaktionen der Organisation Costa Crociere wie auch die Resonanz in der Organisationsumwelt auf den Schiffbruch der Costa Concordia dokumentarisch herausgearbeitet. Die offiziellen Stellungnahmen der Reederei, die dokumentierten Verfahrensschritte des italienischen Tribunals und die mediale Berichterstattung in der Gesellschaft dienen dabei als empirische Datengrundlage. Die vorliegende Studie wird im Ganzen durch die Anwendung der dokumentarischen Methode als empirisches Forschungsinstrument kontrolliert. Die Wahl dieses methodischen Kontrollhilfsmittels impliziert aus methodologischer Sicht einen Verzicht auf ein hypothesentestendes Verfahren. Da die dokumentarische Methode prinzipiell eine Zwei-Komponentenstrategie darstellt, welche durch eine rein faktische Beschreibung des Forschungsgegenstands die zu vollziehende Reflektion vorbereitet, und in diesem Untersuchungsrahmen offen ist für Erkenntnisse, die außerhalb eines hypothesenabarbeitenden Problembezugs liegen, werden in diesem Sinne Chancen gesehen den soziologischen Kenntnisgewinn zu steigern. Im Folgenden wird der Aufbau und die Gliederung der Studie vorgestellt.

Nachdem im ersten Kapitel das Forschungsinteresse und die analytischen Schwerpunkte der Untersuchung dargestellt wurden, konzentriert sich das zweite Kapitel auf eine Beschreibung zentraler Studien zu Normabweichungen im Organisationskontext. Da innerhalb der empirischen Fallrekonstruktion auf eine Einbindung bisheriger Studienergebnisse in Form von Vergleichshorizonten verzichtet wird, werden die Studienerkenntnisse in einer Form aufbereitet, die unmittelbare Anschlüsse an den hier behandelten Problembezug ermöglichen. Das dritte Kapitel behandelt die Grundlagen der systemtheoretischen Perspektive nach Niklas Luhmann und schildert die Merkmale der formalen und informalen Organisation. Die Veranschaulichung wesentlicher Aspekte der Systemtheorie zielt darauf ab, ein tiefes Verständnis für die Operationsweise der formalen Organisation zu generieren wie auch den Systemtyp der Organisation in den gesellschaftlichen Kontext einzubetten. Im vierten Kapitel wird die dokumentarische Methode als empirisches Forschungsinstrument der Falluntersuchung erläutert. Neben der Beschreibung der zu vollziehenden methodischen Vorgehensweise, werden auch die Vorzüge der systemtheoretischen Perspektive für empirische Untersuchungen, insbesondere für die Analyse von Normabweichungen, geschildert. Im fünften Kapitel erfolgt die rekonstruktive Falluntersuchung der Havarie der Costa Concordia. Während im ersten Schritt der Unfallverlauf, die erfolgten Normenverstöße wie auch die gesellschaftlichen Reaktionen auf dieses Ereignis chronologisch aufgearbeitet werden, findet im zweiten Schritt eine soziologische Reflektion der beobachteten faktischen Inhalte statt. Dabei werden informelle Praktiken auf Zielkonflikte zurückgeführt und eine Kultur der Regelabweichung skizziert. Im sechsten Kapitel werden die zentralen Ergebnisse der Fallrekonstruktion summarisch beschrieben und Anregungen gegeben, wie das empirische Potential der Havarie der Costa Concordia für weitere soziologische Fragestellungen genutzt werden kann.

Literatur

Ermann, David M., und Richard J. Lundman. 1978. Deviant acts by complex organizations: Deviance and social control at the organizational level of analysis. *The Sociological Quarterly* 19 (1): 55–67.
European Cruise Council. (2012). The challenges of growth vs. pricing. *Economic Impact Report* 2011/2012:12–18.
Hopf, Christel 1987. Normen in formalen Organisationen. Theoretische und methodische Probleme der empirischen Analyse. *Zeitschrift für Soziologie* 16 (4): 239–253.
Jans, Bernhard. 2011a. Hintergründe-Neuigkeiten. *Newsletter Kreuzfahrt* 35:1–4.
Jans, Bernhard. 2011b. Hintergründe-Neuigkeiten. *Newsletter Kreuzfahrt* 20:1–4.

Forschungsstand 2

In diesem Kapitel wird eine Reihe empirischer Studien vorgestellt, die dem Leser einen Einblick über die verschiedenen Erscheinungsformen von Normabweichungen im Kontext von Organisationen geben. Die ausführliche Beschreibung heterogener Fälle von regelwidrigem Verhalten zielt darauf ab, ein Verständnis zu generieren, dass Normabweichungen keine Ausnahmen im Organisationsalltag darstellen, sondern vielmehr mit einer Strukturhaftigkeit auftreten können, die die Erklärung, es handle sich um individuelles Fehlverhalten, nicht mehr plausibel erscheinen lassen. Das beobachtete Ausmaß an resultierenden Schäden ist dabei ebenso vielschichtig wie das Design von Normabweichungen in Organisationen selbst. Neben finanziellen Verlusten und Imageschäden, die letztlich bis hin zur Organisationsauflösung führen können, sind darüber hinaus auch Gefahren für Mensch und Umwelt empirisch erfassbar. Homogen ist hingegen die Beobachtung, dass Abweichungen im Organisationsbetrieb, auch wenn sie sich im Nachhinein als katastrophal herausstellen, sich durch informelles Dulden kurzfristig als nützlich für die Organisation erwiesen, wenn nicht sich sogar über einen langen Zeitraum bewähren können. Im Hinblick auf die hier behandelte Forschungsfrage zielt die Beschreibung verschiedener Fallstudien darauf ab, dem Leser aufzuzeigen, unter welchen organisationalen Bedingungen Regelverstöße funktional werden können, um ein Verständnis für den Umgang von Organisationen mit Normabweichungen zu generieren.

Das hier behandelte Thema überschneidet sich mit zwei soziologischen Forschungsgebieten und ist sowohl im Bereich der Organisationsforschung wie auch der Katastrophenforschung anzusiedeln. Im nachstehenden Abschnitt wird zunächst auf organisationssoziologische Studien eingegangen, die sich zum einen mit der Problematik der Verantwortungszuweisung auseinandersetzen (vgl. Punch

2008) und das Ausmaß an Folgebereitschaft von Organisationsmitgliedern zu Normbrüchen schildern (vgl. Braithwaite 1984), und zum anderen die Duldung von Regelabweichungen veranschaulichen und ihre Funktionalität untersuchen (Bensmen und Gerver 1963; Colburn 1986). Der darauffolgende Abschnitt behandelt Studien, die sich mit dem empirischen Phänomen, dass Normabweichungen speziell im Organisationskontext das Potential besitzen, Katastrophen zu produzieren, befassen. Der Begriff der Katastrophe bezieht sich dabei auf den Aspekt, dass eine Vielzahl von Todesopfern als Folge von Entscheidungen in Organisationen dokumentiert wird. Regelabweichungen werden in diesem Kontext als Sicherheitsrisiko beschrieben, das von Organisationen eher betreut anstatt vermieden wird. Einerseits wird untersucht, unter welchen Bedingungen es zu Abweichungen von Normen kommt und wie diese innerhalb der Organisation wahrgenommen werden, so dass sich eine Kultur der Regelabweichung ausbildet. Zum einen werden Normenbrüche analysiert, die aufgrund von fehlerhaften Wirklichkeitsinterpretationen Akzeptanz finden. (vgl. Turner und Pidgeon 1997) Zum anderen werden Regelabweichungen vorgestellt, mit denen in Organisationen routiniert verfahren wird, da sie als „akzeptable Risiken" interpretiert werden. (Vaughan 1997) Weitere Studien sind primär auf die Analyse von Normabweichungen als unvermeidliche und unkontrollierbare Sicherheitsrisiken im Kontext von großtechnischen Anlagen ausgerichtet (vgl. Perrow 1987), während andere Forschungen auf die Entwicklung und Implementierung von Strategien zur Vermeidung von Regelabweichungen abzielen und einen achtsamen Umgang mit Fehlern für den Organisationsalltag empfehlen (vgl. Weick und Sutcliffe 2003). Mithilfe dieser Forschungsgliederung erhält der Leser ein vielseitiges Bild über die Entstehung und den Umgang mit strukturellen Normabweichungen der Organisation.

2.1 Empirische Fallstudien der Organisationsforschung

In den nachstehenden Abschnitten werden organisationssoziologische Fallstudien zu Normabweichungen vorgestellt.

2.1.1 Der Insolvenzfall Barings Bank

Der Insolvenzfall der Investmentbank Barings stellt ein prominentes Beispiel für folgenschwere Normabweichungen im wirtschaftlichen Sektor dar. Wie Punch (2008) bei der Untersuchung des Barings-Falls feststellt, sind die immensen finanziellen Verluste dieses Dienstleistungsinstituts zwar auf die Handlungen eines einzelnen Individuums zurückzuführen, dennoch bewertet er diesen Schadensfall

2.1 Empirische Fallstudien der Organisationsforschung

als symptomatischen „Systemfehler". (Punch 2008, S. 110) Dieser Ausdruck beschreibt laut Punch, dass Abweichungen von formellen Regeln oder Standards normale Betriebsroutinen darstellen, die in den Alltag von Organisationen integriert sind. (vgl. ebd., S. 111) Punch rekonstruiert, dass die Entscheidung des Managements, dem Aktienhändler Nick Leeson die Befugnisse zu übertragen, sowohl mit Aktien am Standort Singapur zu handeln wie auch deren verwaltungstechnische Abwicklung zu übernehmen, ihm ein zu großer Handlungsspielraum innerhalb der Barings Bank zuteilwurde. Obwohl die Fusion dieser beiden Aufgabenbereiche die formal fixierten Prinzipien des Finanzdiensthandels verletzte, welche anhand allgemeiner Richtlinien festlegen, dass ein Handel mit Aktien nicht von derselben Person, die diesen ausführt, auch kontrolliert werden darf, entschied sich das Management informell für diese Praktik, da Leeson in der Vergangenheit überaus positive Bilanzen mit dem Aktienhandel bei der Barings Bank realisierte. Ungeachtet der Tatsache, dass Leeson bei der Durchführung der Aktiengeschäfte die formal festgelegte Handelslimitierung überschritt, wurden ihm zudem informell weitere Handelskontingente zugewiesen. Die Barings Bank erzielte zu diesem Zeitpunkt weitere hohe Gewinne durch Leesons Aktienhandel. In einem Zeitraum von drei Jahren summierten sich jedoch Leesons Verluste in den hundert Millionenbereich. Diese hohen finanziellen Einbußen blieben jedoch unentdeckt, weil Leeson zum einen die negativen Bilanzen heimlich auf ein „Fehlerkonto" buchte und zum anderen er selbst die Kontrolle über die interne Aktienabwicklung, d. h. über die Handhabung des Fehlerkontos, besaß. Leesons großer Handlungsspielraum hatte letztlich zur Folge, dass die Barings Bank für ein symbolisches englisches Pfund an die holländische ING Bank verkauft wurde und Leeson im Zuge eines gerichtlichen Strafverfahrens zu einer sechseinhalb jährigen Haftstrafe verurteilt wurde. Wie Punch ermittelt, wäre die Haftstrafe für Leeson deutlich höher ausgefallen, wenn nicht neun der elf Anklagepunkte vor Gericht keinen Bestand gehabt hätten und fallen gelassen worden wären.[1] (vgl. Punch 2008, S. 108 ff.) Ohne eine weitere Spezifizierung dieser Fallbetrachtung leitet Punch eine Reihe von Erkenntnisgewinnen ab. Zum einen schlussfolgert er, dass Normabweichungen in Organisationen mit der Generierung höherer Profite verbunden sind. (vgl. ebd., S. 103; Hochstedler 1984, S. 72 f.) Denn in erster Linie sind Organisationen und nicht die ausführenden Mitglieder die Profiteure informeller Praktiken, wenn die Normabweichungen in einem kongruenten Verhältnis zu den Organisationszielen stehen. (vgl. Punch 2008, S. 109; Braithwaite 1984, S. 92 ff.) Zum anderen konkludiert Punch, dass Leeson als offizieller „Sündenbock" eines kollektiven Fehlers der Barings Bank fungiert. (Punch 2008, S. 111) Die Durchführung unpro-

---

[1] Punchs Aufzeichnungen geben keinen weiteren Aufschluss darüber, in welchen Punkten Leeson angeklagt wurde und – darüber hinaus – welche Vorwürfe genau vor Gericht keinen Bestand hatten.

fitabler Aktiengeschäfte ist zwar Leeson selbst zuzuschreiben, der Mangel an deren internen Kontrolle ist jedoch auf die Entscheidung des Managements zurückzuführen, Leeson selbst die Kontrolle der Aktienabwicklung zu überlassen. Erst die Entscheidung, Leeson zwei strikt voneinander zu trennende Aufgabenbereiche zuzuweisen, ermöglichte, dass die negativen Bilanzen seiner Aktiengeschäfte einen derartigen Umfang erreichen konnten. Zudem ist auch für die Zulassung, die festgelegte Handelslimitierung massiv zu überschreiten, nicht Leeson, sondern das Management verantwortlich. (vgl. ebd., S. 111 f.) Folglich erzeugten die Normabweichungen des Managements, d. h. die Entscheidungen zur Überschreitung der Handelslimitierung und zur Fusion zweier zu trennender Aufgabenbereiche, die finanziellen Verluste. Die Verantwortlichkeit für den finanziellen Schaden wurde jedoch einem einzelnen Individuum zugerechnet. (vgl. ebd., S. 112 ff.) Wie Conklin (1977) beobachtet, bleiben Träger hierarchisch hoher Positionen häufig davon verschont, Verantwortung für die Folgen ihrer Entscheidungen und Anweisungen zu übernehmen. Durch die Übertragung von Entscheidungsbefugnissen und das informelle Kommunizieren von Anordnungen werden Verantwortlichkeiten in der Organisation verstreut, sodass Entscheidungen nicht mehr von Außenstehenden der Organisation auf ihren Ursprung hin rekonstruiert werden können. So ist es, faktisch betrachtet, sehr schwierig, Normabweichungen, die durch Entscheidungen oberer Hierarchien initiiert werden, auch auf diese zurückzuführen. (vgl. Conklin 1977, S. 65) Auch Minkes und Minkes (2008) werden auf die Problematik der Verantwortungsverschiebung anhand von Hierarchieebenen aufmerksam und kritisieren diese als gebräuchliche Praxis von Organisationen. Sie fordern, dass für Entscheidungen, die auf vielfache Ursachen zurückgehen, auch mehrfache Zuständigkeiten verantwortlich zu machen sind. (vgl. Minkes und Minkes 2008, S. 5 f.)

2.1.2 Studienmanipulationen in der Pharmabranche: Der Fall MER/29

Ein extremes Beispiel dafür, welches Ausmaß normabweichende Praktiken in Organisationen erreichen, zeigt die Fallanalyse Braithwaites (1984). Anhand der Untersuchungsberichte der amerikanischen Behörde für Lebensmittel- und Arzneimittelsicherheit (FDA) ermittelt Braithwaite, dass im Zeitraum von 1956 bis 1959 Sicherheits- und Wirkstoffprüfungen bei dem Pharmakonzern Merell gefälscht wurden, um eine Zulassung für ihren cholesterinsenkenden Wirkstoff MER/29 zu erhalten. (vgl. Braithwaite 1984, S. 60 f.) Die Herstellung von MER/29 zielte für das Unternehmen darauf ab, in den Vereinigten Staaten neue Absatzquellen zu erschließen. (vgl. ebd., S. 64) Nach der Erstgenehmigung des Anti-Choleste-

2.1 Empirische Fallstudien der Organisationsforschung

rin-Präparats im April 1960 häuften sich jedoch die Fälle von Nebenwirkungen bei den Patienten. Netzhautschäden, starker Haarausfall und Organschädigungen wurden als Folge der Einnahme des Medikaments ermittelt. In einem Zeitraum von zwei Jahren waren ca. fünftausend Amerikaner von den Nebenwirkungen des Anti-Cholesterins betroffen. Als der Zusammenhang zwischen der Vielzahl von Krankheitsfällen und dem Medikament in den Medien bekannt wurde, nahm die FDA die Untersuchung auf. Knapp zwei Jahre nach der Einführung des Anti-Cholesterin-Präparats wurde es vom Markt genommen. (vgl. Braithwaite 1984, S. 60 ff.; Rheingold 1968, S. 118 f.) Die Ergebnisse der Untersuchungskommission zeigen, dass Untersuchungsprotokolle der klinischen Studie abgeändert wurden, um das Erreichen gewünschter Testresultate zu suggerieren. Beispielsweise wurden bei der Versuchsreihe an Affen sowohl der Verabreichungszeitraum wie auch die Dosierungshöhe verfälscht. (vgl. Braithwaite 1984, S. 61) Die Berichte der Experimentphasen dokumentieren, dass die Versuchsobjekte sechzehn Monate an der Studie partizipierten. Darin wird beschrieben, dass die Affen über einen Zeitraum von sechs Monaten zunächst eine hohe Wirkstoffdosierung erhielten und in den anschließenden zehn Monaten eine geringe Menge verabreicht bekamen. Wie die FDA ermittelt, wurde MER/29 an den Affen in Wirklichkeit nur in einem Zeitraum von sieben Monaten getestet und dabei wurden kontinuierlich geringe Dosen verabreicht. Die Blutwerte der behandelten Affen verschlechterten sich in dieser Zeitspanne so gravierend, dass die Blutwerte der Kontrollgruppe, d. h. einer Gruppe von unbehandelten Affen, denen der Testgruppe angepasst wurden. Somit wies jeder Affe in der offiziellen Dokumentation der Versuchsreihe Blutanomalien auf. Da bei den getesteten Affen zudem ein hoher Gewichtsverlust registriert wurde, wurden die dokumentierten Gewichtsangaben auf ein durchschnittliches Gewicht angehoben. Weitere Nebenwirkungen, wie Leber- und Gallenblasenschäden, sind in die Berichte der Versuchsreihe nicht aufgenommen worden. (vgl. ebd., S. 62 f.) Darüber hinaus wurden diejenigen Versuchsaffen, deren Vitalfunktionen auf ein lebensbedrohliches Niveau absackten, entsorgt und durch Affen aus der Kontrollgruppe ersetzt, ohne die Substitution anzugeben. (vgl. ebd., S. 61) Die FDA, die anhand solcher Versuchsberichte Zulassungsentscheide für neue Medikamente prüft, war dadurch nicht in der Lage, Rückschlüsse auf potenzielle Nebenwirkungen zu ziehen. (vgl. ebd., S. 62) Weshalb eine Vielzahl von Mitarbeitern dieser Forschungsabteilung die Testergebnisse verfälschte, ist von der FDA teilweise aufgeklärt worden. Die Mitarbeiterin, die ihren Vorgesetzten über die auffälligen Blutwerte und die Gesundheitszustände der Testaffen ursprünglich informiert hatte, berichtete gegenüber der FDA, dass dieser Arzt die Manipulation anordnete und Stillschweigen über diesen Fall einforderte. (vgl. ebd., S. 61) Nachdem die Mitarbeiterin sich jedoch weigerte, die Anordnung auszuführen, entgegnete ihr dieser, dass es sich hierbei um eine Anweisung „from higher up" handele und ihr nichts anderes übrig bliebe, als „(…) obey the order and do as the ‚higher ups' wanted". (ebd.) Dass der Vorgesetzte darauf verwies, dass die Manipulationsaufforderung auf die Entscheidung hierarchischer Autoritäten im Betrieb zurückging, wurde als hinreichender Grund aufgenommen, die Ergebnisse entgegen persönlichen Befindlichkeiten zu verfälschen. Unter den Mitarbeitern wurde die Zwangsanordnung als „Datenüberarbeitungsprozess" behandelt, der auf die Glättung dokumentierter Ergebnisse abzielte. (ebd.) Wie die FDA ermittelte, setzte der Vorgesetzte, nachdem er über den Gesundheitszustand der Versuchsobjekte informiert war, seinerseits den Direktor der Forschungsabteilung in Kenntnis, welcher dann die Substitution der Testaffen durch Kontrollaffen anordnete. (vgl. ebd.) Inwiefern die oberste Führungsebene des Merrell-Konzerns über diese Vorgehensweise informiert und im Entscheidungsprozess involviert war, zeigte sich im strafrechtlichen Prozess gegen das Pharmaunternehmen nur rudimentär. Die Anweisung zur bewussten Verletzung gesetzlicher Prüfrichtlinien im Institut ist laut den Aussagen des Direktors und des Arztes auf das Management zurückzuführen, einschließlich des Merell-Präsidenten und des Vizepräsidenten. (vgl. Rheingold 1968, S. 118 ff.) Während der für die Forschungsabteilung zuständige Direktor und der ihm untergeordnete Arzt jeweils zu einer Bewährungsstrafe von sechs Monaten verurteilt wurden, belegte das Gericht den Merell-Präsidenten wie auch den Vizepräsidenten nach einem kurzen Strafverfahren mit einem Bußgeld von insgesamt achtzigtausend amerikanische Dollar. Da keiner der angeklagten Parteien das Urteil anfocht, was nach Aussagen des Bezirksrichters von Columbia als Schuldbekenntnis zu bewerten ist, vermutet Braithwaite, dass dieses Bußgeld für die Führungsetage ein legitimierbares Risiko darstellte, zumal der Marktwert von MER/29 auf mehr als vier Milliarden Dollar pro Jahr (!) geschätzt wurde. (vgl. Braithwaite 1984, S. 64) Entgegen den Versuchen des Merell-Konzerns, die geschädigten Konsumenten durch eigens angebotene Schadensersatzleistungen zu besänftigen, wurden im Zeitraum von 1962 bis 1967 circa fünfhundert Zivilprozesse gegen den Merell-Konzern initiiert, wobei den Parteien der Anklage letztlich eine Schadensersatzhöhe von circa zweihundert Millionen Dollar zugesprochen wurde. (vgl. Rheingold, S. 123 ff.) Auch für ein Unternehmen, das einst auf der „Forbes 500", eine jährlich erscheinende Liste des Forbes-Magazins, auf der die fünfhundert umsatzstärksten Unternehmen pro Jahr veröffentlicht werden, registriert war, stellt diese Geldsumme einen schweren wirtschaftlichen Schaden dar. (vgl. Braithwaite 1984, S. 64)

Ein weiterer Aspekt, den Braithwaites Recherchen aufdecken, kann als organisationale Anpassungsleistung umschrieben werden. Seine Ermittlungen zur Pharmabranche zeigen, dass eine Reihe amerikanischer Pharmakonzerne ihre Unternehmensstandorte nach Mexiko verlagern, da der gesetzliche Standard von Prüfverfahren für experimentelle Medikamente dort kaum ausgereift ist. So umgehen

Organisationen die Jurisdiktion in den USA. Braithwaite schlussfolgert daraus, dass Devianz in Organisationen transnationale Züge annimmt. (vgl. ebd., S. 369 f.)

2.1.3 Der illegale Einsatz von Gewindebohrern in der Flugzeugindustrie

Wie die Studie von Bensman und Gerver (1963) zum Montagewesen in der Flugzeugindustrie zeigt, können informell geduldete Normabweichungen nicht nur tägliche Routinen darstellen, die Organisationsziele unterstützen, sondern auch als Notwendigkeiten auftreten, welche die Einhaltung von Zielvorgaben in der Organisation erst möglich machen. Wie Bensman und Gerver ermitteln, ist der Einsatz von Gewindebohrern in der Flugzeugindustrie unbedingt erforderlich, um Löcher an den Tragflächen, die im Zuge der maschinellen Massenanfertigung unsauber gefräst wurden, passgenau nachzubohren. (vgl. Bensman und Gerver 1963, S. 590 f.) Der Gebrauch des Gewindebohrers wird jedoch als gefährlich eingestuft und ist von den Vorgesetzten, d. h. Supervisoren vor Ort, offiziell untersagt, gleichzeitig wird die Verwendung aber sowohl unter den Mechanikern wie auch von den Supervisoren am Arbeitsplatz inoffiziell toleriert, um die Produktionsmängel der maschinellen Anfertigung auszugleichen. Ohne den Einsatz des Gewindebohrers kann die Qualität der Tragflächen bzw. die passgenaue Montage nur unter einem hohen Zeitaufwand gewährleistet werden. (vgl. ebd., S. 593 f.) Gleichzeitig wird im Betrieb jedoch vorgegeben, die Montage der Flugzeugflügel mit einem möglichst geringen Zeitaufwand zu realisieren, da die Nachjustierung ohne Gewindebohrer im Hinblick auf die zu leistenden Arbeitsstunden der Mechaniker einen hohen Kostenaufwand darstellt, der von der Betriebsleitung nicht toleriert wird. Werden Zeitverzögerungen sichtbar, hat dies zur Folge, dass die Supervisoren für die Nichteinhaltung der Zielvorgaben sanktioniert werden. (vgl. ebd.) Im übertragenen Sinne bedeutet dies, dass Supervisoren für den fehlenden Einsatz des Gewindebohrers, d. h. für die Einhaltung der Regeln, bestraft werden. Da die Handhabung des Gewindebohrers formal untersagt ist, impliziert dies auch, dass im Falle von Inspektionen, die in regelmäßigen Abständen und unangekündigt erfolgen, Mechaniker sanktioniert werden, die bei der Verwendung des Bohrers ertappt werden, was häufig auf eine Beendigung des Arbeitsverhältnisses hinausläuft. (vgl. ebd., S. 590) Diese Vorgehensweise ändert jedoch nichts daran, dass Gewindebohrer für die Mechaniker in der Lagerhalle zur Verfügung gestellt werden, zumal das alleinige Vorhandensein dieser Werkzeuge nicht regelwidrig ist. (vgl. ebd., S. 595) Darüber hinaus setzen Mechaniker Gewindebohrer in der Regel nicht eigenmächtig ein, sondern werden über die Notwendigkeit des Gebrauchs von ihren Supervisoren informell instruiert. (vgl. ebd., S. 594) Das hängt damit zusammen, dass die jeweiligen Produktionsvorgaben zunächst an den Vorgesetzten kommuniziert werden und dieser dafür verantwortlich ist, dass das ihm unterstellte Mechaniker-Team diese Vorgaben in einer gewissen Zeitspanne erfüllt. Geraten Supervisoren unter Druck, die Produktionsanforderungen in dem vorgegebenen zeitlichen Rahmen einzuhalten, informieren sie die ihnen unterstellten Mechaniker zum einen unauffällig und zum anderen nur indirekt darüber, die Gewindebohrer einzusetzen. (vgl. ebd.) Kommunizieren Vorgesetzte ihren Mechanikern gegenüber Zeitdruck, wird der Gebrauch des Gewindebohrers wie folgt daran gekoppelt: „(...) you know what to do (...) you have done it before". (ebd.) Die korrekte Anwendung des Gewindebohrers wird zudem von den „eingeweihten" Mechanikern informell an die „unwissenden" Mechaniker weitergegeben. Dies geschieht jedoch nur in Situationen, in denen „unwissende" Mechaniker den Einsatz des Gewindebohrers bei ihren Kollegen registrieren, oder wenn sie von ihren Vorgesetzten über den bestehenden Zeitdruck informiert werden und ihnen selbst die Unmöglichkeit bewusst wird, die Vorgaben mit formal erlaubten Mittel umzusetzen. (vgl. ebd., S. 591 f.) Wie Luhmann hinsichtlich dieser Fallstudie feststellt, handelt es sich bei der informellen Praktik des Gewindebohrergebrauchs um die Lösung eines Zweckwiderspruchs der Organisation, welcher auf die Befriedung verschiedenartiger Umweltanforderungen zurückgeführt wird. (vgl. Luhmann 1968, S. 161) Demnach ermöglicht der illegale, aber informell geduldete Einsatz des Gewindebohrers die Realisierung divergenter Zielvorgaben, nämlich den Zeit- und Kostenaufwand durch eine schnelle Montage der Flügel gering zu halten wie auch im Betrieb gewisse „Qualitätsstandards zu gewährleisten, d. h. die Bohrlöcher für die Montage passgenau zu fräsen. Insofern ist zu schlussfolgern, dass der regelwidrige Gewindebohrergebrauch als informelle Norm unter den Mechanikern und Supervisoren fungiert, um widersprüchlichen Zielsetzungen der Organisation gerecht zu werden. Dass Mechaniker sanktioniert werden, die bei der Nutzung des Gewindebohrers von „Dritten" beobachtet werden, in diesem Fall den Inspekteuren, zeigt, dass diese informelle Praktik bei Bekanntwerden als Normverstoß gewertet wird. Wie die im nächsten Abschnitt behandelte Fallstudie zeigt, muss nicht jede in der Organisationsumwelt beobachtete Normabweichung als solche beurteilt werden. Stattdessen ist es ebenso möglich, dass sich Normenverstöße auch in der Organisationsumwelt als informelle Norm institutionalisieren.

2.1.4 Regelwidrige Faustkämpfe im Profi-Eishockeysport

Die Studie von Colburn (1986) zum strategischen Einsatz von Faustkämpfen im professionellen Eishockey Sport stellt einen weiteren relevanten Beitrag zur Erforschung der Funktion von Normabweichungen dar. Regelwidrige Angriffe auf Spie-

2.1 Empirische Fallstudien der Organisationsforschung

ler gegnerischer Mannschaften sind in sportlichen Bereichen zwar grundsätzlich keine Ausnahme und werden in der Regel auch durch einen Spielausschluss bestraft, wie Colburn (1986) aber feststellt, werden Faustkämpfe zwischen Spielern im Profi-Eishockeysport von den Schiedsrichtern toleriert und finden darüber hinaus in der unmittelbaren Öffentlichkeit Akzeptanz. (vgl. Colburn 1986, S. 69) Die Taktik, gegnerische Spieler durch einen Faustkampf einzuschüchtern und aus dem Konzept zu bringen, um so einen Spielvorteil zu erlangen, ist laut Colburn Teil der professionellen Rolle als Eishockeyspieler und stellt ein inoffizielles Repertoire an Hockey-Fähigkeiten dar. (vgl. ebd., S. 64 f.) Demnach stehen Eishockeyspieler nicht vor der Wahl, ob sie in Form von Faustkämpfen Opponenten einschüchtern oder gegnerische Einschüchterungen erwidern, sondern lediglich in welchem Umfang sie diese Praktik anwenden. Nach Colburn hat sich diese Regelabweichung im professionellen Eishockeysport als Norm institutionalisiert und repräsentiert eine Form informeller sozialer Kontrolle[2] unter den Spielern. In dieser Hinsicht verkörpert die Norm, Gegner durch Faustkämpfe einzuschüchtern, einen Konsens, der als funktionales Instrument fungiert, um einen Zweckwiderspruch im Eishockeysport auszugleichen. Zum einen ist es das Ziel zweier aufeinandertreffender Mannschaften, das jeweilige Spiel durch Torschüsse und das Verhindern von Gegentoren zu gewinnen. Zum anderen wird jedoch dem offiziellen Eishockeyreglement entsprechend erwartet, dass dabei lediglich ein faires Maß an Körperkontakt eingesetzt wird. (vgl. ebd., S. 70 f.) Wie Colburn herausstellt, erweisen sich Faustkämpfe für Eishockeymannschaften im Spiel als nützlich, da auf diese Weise gegnerische Spieler vom weiteren Spielverlauf abgelenkt werden und die daraus resultierende Planlosigkeit im Spiel als eigener Vorteil ausgenutzt wird. Spieler, die sich dieser informellen Norm gegenüber nicht konform verhalten, d. h. jene, die sich an die offiziellen Regeln des Eishockeysports halten, werden von der eigenen Mannschaft informell sanktioniert. Solchen Spielern wird mit geringer Wertschätzung begegnet, unmännliche Charaktereigenschaften zugeschrieben und unterstellt, dass sie ihrer Rolle als Eishockeyspieler nicht gerecht werden. (vgl. ebd., S. 65 f.)

> In the NHL, if somebody takes a punch at you and you don't punch back, there better be a damn good reason for it. (...) if a guy's throughing punches at you and it gets known in the league that you're a sucker and you won't fight, then they're going to come after you. (Colburn 1986, S. 66)

---

[2] Der Begriff der sozialen Kontrolle bezieht sich auf die Fähigkeit von Gruppen oder Institutionen, Normen und Regeln Effektivität zu verleihen, und zwar in dem Sinne, dass ihre Mitglieder den Normen entsprechend konformes Verhalten zeigen. (vgl. Reiss 1951, S. 196)

Ebenso werden auch Spieler diskreditiert, die diese Norm in radikaler Weise umsetzen, d. h. ein schlechtes Urteilsvermögen beweisen in Bezug auf den eigenen Ermessensspielraum, wann und in welchem Umfang Faustkämpfe zum Einsatz kommen sollen, damit sie sich vorteilhaft und nicht negativ auf den Spielverlauf auswirken. Solche Spieler werden als verrückt oder als „Schlägertyp" gelabelt und erreichen in der Regel nicht die Profiliga. (vgl. ebd., S. 65 f.) Dies steht mit dem Erfordernis in Verbindung, dass Faustkämpfe „diskret" im Sinne von „taktvoll" angewandt werden sollen, damit diese von den Schiedsrichtern möglichst toleriert werden können oder auch im besten Fall unentdeckt bleiben. Wie Colburn anführt, tragen nicht allein die Spieler die Verantwortung für den routinierten Einsatz von regelwidrigen Einschüchterungen in Form von Faustkämpfen, sondern ebenso die Schiedsrichter, da diese taktvolle Faustkämpfe in der Regel nicht sanktionieren. Auf der einen Seite ist aufgrund der gegebenen Spielbedingungen, wie beispielsweise der Schnelligkeit des Spiels oder der Gleichzeitigkeit von eintreffenden Ereignissen, die Fähigkeit des Schiedsrichters gemindert, die Übergriffe überhaupt unmittelbar zu erkennen. (vgl. ebd., S. 68) Auf der anderen Seite zeigen Schiedsrichter im Eishockeysport auch primär das Interesse, „den Frieden auf dem Eis zu bewahren". (ebd.) Sanktionierungen stören in diesem Sinne den Spielfluss sowohl für die Spieler wie auch für die Zuschauer und beeinträchtigen das erwartete Geschwindigkeitsniveau des Eishockeyspiels. Dies hat jedoch die Konsequenz, dass die Durchsetzung von Regeln für die Schiedsrichter von sekundärer Bedeutung ist. (vgl. ebd., S. 68 f.) Die Akzeptanz derartiger Faustkämpfe unter den Zuschauern geht im Gegensatz zur Nichtakzeptanz anderer Übergriffe im Eishockeysport, wie beispielsweise Angriffe auf gegnerische Spieler mit dem Hockeyschläger, auf die Ritualisierung dieser Praktik unter den Mitspielern zurück. Eishockeyspieler, die einen Faustkampf initiieren, kündigen diesen gegenüber ihren Opponenten in der Regel mit bestimmten Verhaltensweisen an. Sie signalisieren einen anstehenden Faustkampf dabei durch das Ausziehen ihrer Handschuhe und das Wegwerfen ihrer Hockeyschläger. Auf diese Weise wird der Faustkampf für die Zuschauer annonciert, sodass diese auf die bevorstehende Schlägerei aufmerksam werden. Colburn stellt fest, dass sich das Hinwerfen der Handschuhe und des Schlägers wie auch die Erwiderung dieses Rituals durch den Opponenten als Norm im Eishockeysport etabliert hat. (vgl. ebd., S. 69 ff.) Diese Entwicklung ist darauf zurückzuführen, dass die Entscheidung der Spieler, „taktvolle" Faustkämpfe instrumentalisiert anzuwenden, sich für die eigene Mannschaft bewährt, da die beiden Ziele, Spielgewinn und Fairplay, harmonisiert werden. Als Beleg für die Institutionalisierung dieser Praktik als Norm führt Colburn an, dass die taktvolle Anwendung von Faustkämpfen von den Schiedsrichtern, also den spielleitenden Personen, nicht sanktioniert wird. Das Verhalten sogenannter Schlägertypen, die Faustkämpfe ohne Ankündigung initiieren und aus dem unvorbereitet sein ihrer Gegner einen Vorteil ziehen, werden hingegen weder von den eigenen Mannschaftspielern noch von dem Schiedsrichter toleriert. (vgl. ebd., S. 69 ff.) Während Schiedsrichter ein solches Vorgehen mit einem Spielausschluss bestrafen, sanktionieren Teamkameraden dieses Verhalten informell durch die Zuschreibung von negativen Persönlichkeitseigenschaften. (vgl. ebd., S. 65 f.) In diesem Zusammenhang scheint die Sanktionierung der sogenannten Schlägertypen durch die eigenen Mannschaftskameraden in dem verschuldeten Spielnachteil begründet zu sein.

2.2 Soziologische Katastrophenforschung

Die Katastrophenforschung befasst sich seit knapp vierzig Jahren mit der Problematik, dass sich im Kontext von Organisationen Unfälle[3] ereignen, die negative Auswirkungen auf die in der Gesellschaft lebenden Individuen und ihrer Umwelt haben. Und ihre Prognose ist deutlich: In nahezu allen zukünftigen Katastrophen werden Organisationen eingebunden sein. (vgl. Morone und Woodhouse 1986; Perrow 1987; Clarke 1989; Sagan 1995; Turner und Pidgeon 1997; Vaughan 1997) Diese Vorhersage wird zum einen damit begründet, dass Organisationen eine monopolartige Stellung in Bezug auf den Zugang und die Kontrolle von Energiequellen einnehmen. (vgl. Turner und Pidgeon 1997, S. 166) Und zum anderen, dass Organisationen kontinuierlich neue Technologien entwickeln und Produktionsverfahren schaffen, wie z. B. Kernkraft, neuartige Chemikalien in Produktionsanlagen, Raumfahrttechnik oder auch Robotik im Militärwesen, die ein Katastrophenpotenzial[4] erzeugen, das entweder als schwer kontrollierbar (vgl. Turner und Pidgeon 1997, S. 167; Vaughan 1999, S. 298) oder nicht kontrollierbar eingestuft wird. (vgl. Perrow 1987, S. 15 f.; Sagan 1995, S. 252 ff.; Clarke 1999, S. 4 f.) Ein wei-

---

[3] Ein Unfall wird als unbeabsichtigtes und unerwünschtes Ereignis beschrieben, das einen erheblichen Schaden verursacht und die gegenwärtige oder auch zukünftige Leistung einer Organisation unterbricht. (vgl. Perrow 1987, S. 97 f.)

[4] Der Begriff Katastrophenpotenzial meint hier die Fähigkeit, einer großen Zahl von Menschen Schaden zuzufügen. Nennenswert sind in diesem Zusammenhang die von Perrow entwickelten Opferkategorien, bei denen er die in der Literatur über Betriebsunfälle übliche Typisierung von Opfern ersten Grades (jegliches zuständige Personal in der Organisation) und Opfern zweiten Grades (Personen, die mit der Organisation in Form von Dienstleistungsbeziehungen verbunden sind, wie Zulieferer oder Passagiere) um die Kategorisierungen von Opfern dritten Grades (umstehende Personen, die unbeteiligt sind und kein Risiko bewusst eingegangen sind) und Opfern vierten Grades (ungeborene Kinder und zukünftige Generationen, die durch Umweltschäden nachhaltig betroffen sind) ergänzt. (vgl. Perrow 1987, S. 100 ff.)

teres Forschungssegment behauptet hingegen, dass insbesondere Organisationen, die mit hochriskanten Technologien arbeiten, eine Vorbildfunktion für diejenigen Organisationen einnehmen, die unter weniger komplexen Bedingungen operieren. Diese Auffassung wird durch die Beobachtung gerechtfertigt, dass im Hinblick auf die Anforderungen des Gebrauchs und der Kontrolle hochtechnologischer Komponenten an Organisationen sich Katastrophen vergleichsweise selten ereignen. (vgl. Weick und Sutcliffe 2003, S. 7) Das einzelne Organisationsmitglied, nicht die Organisation selbst, limitiert dabei den sicheren Umgang mit riskanten Technologien. (vgl. Roberts und Bea 2001, S. 179)

Im Folgenden wird eine Reihe von Falluntersuchungen vorgestellt, deren empirischer Bezugspunkt schwere Unfälle bilden. Zunächst werden Studien präsentiert, die sich auf die Identifikation von Bedingungen in Organisationen konzentrieren, die als ursächlich für die Entwicklung von Katastrophen eingestuft werden und die Vermeidbarkeit von Unfällen bekräftigen. (vgl. Abschn. 2.2.1) Im darauffolgenden Abschnitt wird ein Ansatz vorgestellt, der ein zwangsläufiges Risikopotenzial soziotechnischer Systeme[5] betont und unüberwindbare Widersprüche in den Organisationsstrukturen unterstreicht, die Unfälle und Katastrophen unvermeidlich machen. (vgl. Abschn. 2.2.2) Anschließend werden Analysen reproduziert, die auf die Intensivierung des Sicherheitsstrebens von Organisationen abzielen und Maßnahmen zur Erhöhung des Zuverlässigkeitsniveaus in Organisationen herleiten, um Unfallereignisse zu vermeiden. (vgl. Abschn. 2.2.3)

2.2.1 Vermeidbare Unfälle: Theorien früher Warnsignale

Dass Unfällen und Katastrophen eine Inkubationsphase vorangeht, in der sich Warnsignale häufen, die von den Organisationsmitgliedern nicht ernst genommen oder übersehen werden, zeigt sich durch die Fallstudien von Turner (1997) und Vaughan (1997). Während Turners Beobachtungen sich auf die Analyse von Informationsprozessen in Organisationen konzentrieren, fokussiert sich Vaughans Untersuchung auf die Rekonstruktion der Entscheidungsprozesse. Nachstehend werden beide Studien vorgestellt.

---

[5] Mit diesem Begriff bezeichnet Perrow Organisationen, in denen Mitglieder mit technischen Komponenten hochentwickelter Technologien arbeiten, wie z. B. Schiffe, Flugzeuge, Atomanlagen, Bohrinseln für Erdöl oder Erdgas oder auch Institute der Genforschung. (vgl. Perrow 1987, S. 15 f., S. 101)

2.2.1.1 Turners „man-made disasters"-Ansatz

Turners Beobachtungen, die in seinem Werk „man-made disasters"[6] veröffentlicht wurden, beziehen sich auf insgesamt 84 Untersuchungsberichte der britischen Regierung im Zeitraum von 1965 bis 1975. (vgl. Turner und Pidgeon 1997, S. 196 f.) Auf Basis dieser Dokumentationen entwirft er ein mehrstufiges, zeitlich sequenzielles Modell von Phasen, das die Entstehung und den Verlauf von Katastrophen prozesshaft abbildet. (vgl. ebd., S. 72) Dieses Modell zeigt, dass Unfälle und Katastrophen nicht auf eine alleinige Ursache zurückzuführen sind, sondern aus einer Vielzahl von Gründen entstehen, die in der Inkubationsperiode zu suchen sind. In dieser Phase bilden sich Bedingungen aus, durch die Unfälle und Katastrophen unbemerkt ihren Anfang nehmen. Als Inkubationsmerkmale identifiziert Turner irrtümliche Annahmen und Realitätseinschätzungen unter Gruppen von Mitgliedern, durch die Vorfälle, die eigentlich Warnzeichen widerspiegeln, missverstanden und unterbewertet werden. Solche wirklichkeitsfernen Vorstellungen sind das Resultat eines starren Festhaltens an Überzeugungen und Wahrnehmungseinschätzungen wie auch von Problemen bei der Informationsübertragung in Organisationen. Zudem unterstützen Normabweichungen und decoy-Probleme[7] die Inkubation von Unfällen. (vgl. ebd., S. 88) Die Inkubationsphase macht zum einen deutlich, dass die ursprünglich unfallverursachenden Handlungen in Distanz zum eigentlichen Unfallereignis stehen. (vgl. ebd., S. 73 f.) Und zum anderen, dass Normabweichungen, selbst wenn diese bewusst geplant werden, nicht unbedingt als Abweichung wahrgenommen, sondern als „normal" betrachtet werden und deshalb unentdeckt präsente Sicherheitsgefährdungen darstellen. (vgl. ebd.) Laut Turner sind die Problematiken des starren Festhaltens an Realitätsbeurteilungen auf Defizite in der Informationsübermittlung und der Akzeptanz von Normbrüchen auf „bounded decision zones" zurückzuführen. (ebd., S. 140) Dieser Begriff bezieht sich auf das teilautonome Arbeiten in Organisationen und beschreibt, dass Gruppen von Mitgliedern anhand der ihnen verfügbaren Informationen eigene Weltanschauungen konstruieren und innerhalb dieser Perspektivenwinkel Entscheidungsvoraussetzungen ausbilden, die mit den jeweiligen Sichtweisen kongruent sind. (vgl. ebd.)

---

[6] Die theoretische Darstellung des „man-made disasters"-Ansatz bezieht sich auf die Neuauflage des Buches aus dem Jahr 1997, das von Pidgeon durch aktuelle Untersuchungsergebnisse erweitert wurde. Die Erstauflage von Turners „man-made disasters" trug den Untertitel „the failure of foresight" und erschien bereits im Jahr 1978.
[7] Bei der Wahrnehmung von Problemen können jene Handlungen, die auf die Problemlösung gerichtet sind, von den eigentlichen, ursächlichen Problemen ablenken, sodass Sicherheitsgefährdungen im Hintergrund präsent bleiben, obwohl davon ausgegangen wird, diese beseitigt zu haben. Dieses Phänomen bezeichnet Turner als „decoy"-Problem. (vgl. Turner und Pidgeon 1997, S. 48 f.)

Problematisch ist dabei, dass die gruppenspezifischen Entscheidungsbedingungen lediglich diejenigen Handlungsmöglichkeiten abbilden, die durch die eigens erzeugte Realitätseinschätzung abgedeckt sind. Solche Entscheidungszonen sind im Hinblick auf die Wirklichkeit also sehr begrenzt. Das bedeutet zum einen, dass die jeweiligen Entscheidungsprämissen der Gruppen sich nur auf erwartete Ereigniswahrscheinlichkeiten beziehen und demnach für unerwartete Ereignisse keine Entscheidungsprämissen zur Verfügung stehen. Und zum anderen heißt dies, dass irrtümliche Weltanschauungen auch zu irrtümlichen Entscheidungsprämissen führen, die, auf die Realität angewandt, folgenschwere Konsequenzen nach sich ziehen. Durch die „bounded decision zones" stehen Organisationen dann in erster Linie vor dem Problem, Informationsdifferenzen auszugleichen. (vgl. ebd., S. 140 ff.) Ein aufschlussreiches Beispiel zur Exemplifikation dieses Ansatzes stellt der Großbrand des „Summerland"-Freizeitzentrums in Douglas[8] im Jahr 1973 dar, der im folgenden Abschnitt erläutert wird.

2.2.1.1.1 Die „Summerland"-Katastrophe

Durch den Bau des „Summerland"-Freizeitzentrums sollte auf der Insel Douglas, dessen Haupteinnahmequelle im Tourismus besteht, eine Attraktion mit einer Vielzahl verschiedener Vergnügungsbereiche für Touristen entstehen, wie u. a. einer Spielhalle, einem Wintergarten, einer Minigolf- und Schwimmanlage und einem Kindertheater. Bei der Konstruktion der Anlage wurde aber in erster Linie das Ziel verfolgt, durch die Architektur des Gebäudes einen Glanzpunkt zu schaffen, der scharenweise Besucher auf die Insel zieht. (vgl. Turner und Toft 1989, S. 169 f.) Insbesondere das auf Plastik basierende Oroglas stellte in seiner Verwendung als Dach- und Wandverkleidung eine neuartige Konstruktionsform dar, das in seiner transparenten Beschaffenheit die Illusion eines eigenen Lebensraums erzeugen sollte. Auch der Einsatz von Galbestos als Plastikverkleidung der Stahlträger an der Außenseite des Gebäudes war eine architektonische Neuheit. Beide Bausubstanzen erfüllten hinsichtlich ihrer Verwendung jedoch nicht die Brandschutzbestimmungen, sondern bargen unvorhergesehene Brandgefahren. (vgl. ebd., S. 170 ff.) Wie

---

[8] Douglas ist die Hauptstadt der Insel „Isle of Man" in der Irischen See. (vgl. Turner und Toft 1989, S. 169) Die „Isle of Man" ist zwar der britischen Krone unterstellt, dennoch gilt sie von dem Vereinigten Königreich als autonom und wird als gesondertes Rechtssubjekt betrachtet. Demnach besitzt diese Insel eine eigene Rechtsordnung. (vgl. Zillmer 2012, S. 49 ff., S. 183 f.) Aufgrund der überschaubaren Einwohnerzahl und Größe der „Isle of Man" hat dies jedoch zur Folge, dass ein lokaler Einfluss auf richterliche Entscheidungsprozesse besteht und eine Steuerung richterlicher Ressourcen, wie z. B. die Ausstellung von Sondergenehmigungen, durch lokale Interessensverbände nicht abgestritten werden kann. (vgl. ebd., S. 177) Bereits Schofield (1999) stellt in diesem Zusammenhang fest, dass „(...) in a small jurisdiction matters tend to become personalised". (Schofield 1999, S. 75)

2.2 Soziologische Katastrophenforschung

Turner feststellt, resultieren die Sicherheitsgefährdungen in der Konstruktion des Freizeitzentrums aus Informationsdefiziten und Kommunikationsproblemen zwischen den beteiligten Architektenteams wie auch einer rigiden Wirklichkeitseinschätzung unter ihnen. (vgl. Turner und Pidgeon 1997, S. 73 f.) Das Summerland-Freizeitzentrum wurde von den Architekten, die für die Verkleidung der Außenseite zuständig waren, nicht als Gebäude, sondern als „weather-proof enveloping structure" bezeichnet. (Turner und Toft 1989, S. 188) Die Architekten entwickelten eine Wirklichkeitsvorstellung, in der die Brandschutzbestimmungen als überholt für eine derart innovative Konstruktion erschienen. Diese Fehleinschätzung hatte weitreichende Konsequenzen. Zum Beispiel waren eine Reihe von Treppen, die von dem Eingangsbereich zur Wintergartenanlage in den ersten Stock führten, ursprünglich als Fluchtwege geplant worden. Während der Bauphase wurden diese jedoch als herkömmliche Besucherwege interpretiert, sodass Abweichungen vom Konstruktionsplan hinsichtlich anschließender Innenbereiche ohne Bedenken akzeptiert wurden, obwohl mit diesen Änderungen Rauchschutzbestimmungen verletzt wurden. Dadurch existieren in Summerland keine angemessenen Fluchtwege. (vgl. ebd., S. 188 ff.) Abweichungen von Baunormen stehen im Fall des Summerlandunglücks in Zusammenhang mit dem Rückgriff auf ein „old boy"-Netzwerk der Insel. Um Normabweichungen durchzusetzen, wurden während der Planungsphase persönliche Kontakte zu Mitgliedern der Gemeindebehörde von Douglas genutzt, die jedoch nicht den Sachverstand besaßen, bei einem derart umfangreichen und innovativen Projekt Abweichungen von Konstruktionsplänen sachlich zu beurteilen und die Zuverlässigkeit des geplanten Baumaterials zu bewerten. (vgl. Turner und Pidgeon 1997, S. 53) Für den Bau des Kindertheaters wurden beispielsweise Konstruktionspläne bei der Gemeindebehörde eingereicht, die von üblichen Sicherheitsstandards für Gebäude abwichen. (vgl. ebd., S. 57 f.) Statt hier einen Sicherheitsverstoß zu kommunizieren, bestätigte die Gemeindebehörde, dass die Konstruktionspläne den Sicherheitsbestimmungen entsprechen, bis sie schließlich Sondergenehmigungen für das Kindertheater ausstellte. Wie Turner ermittelt, führten die Sondergenehmigungen dazu, dass die Bauplanung nicht als Sicherheitsgefährdung wahrgenommen wurde. (vgl. ebd., S. 49) Zudem wurden die genehmigten Bausicherheitsverletzungen vor Ort nicht inspiziert. (vgl. Turner und Toft 1989, S. 190 f.) Turner interpretiert den Mangel an baulichen Kontrollen als Hinweis auf eine Normalisierung von sicherheitsverletzenden Normabweichungen. Da die aktuellen Sicherheitsvorschriften nicht auf das innovative Bauvorhaben anzuwenden waren, wurde die Ausstellung von Sondergenehmigungen als Regelfall akzeptiert, ohne die Gewährleistung der Sicherheit zu hinterfragen. (Turner und Pidgeon 1997, S. 73)

Des Weiteren spielte auch der zeitliche Druck, das Freizeitzentrum bis zum Beginn der Touristensaison fertigzustellen, eine Rolle für den Umgang mit Informationen zwischen den Architektenteams. (vgl. ebd., S. 46) Informationen, die für den jeweils eigenen Planungsbereich als irrelevant bewertet wurden, fanden keine Beachtung, insbesondere dann, wenn diese mit einer Vielzahl weiterer Informationen kommuniziert wurden. Darüber hinaus wurden Informationen aufgrund des hohen Zeitdrucks einfach übersehen. (vgl. ebd., S. 50 ff.) Zudem entwickelten sich durch das Beauftragen zweier verschiedener Betriebe, die sich jeweils mit verschiedenen Baubereichen des Zentrums befassten, weitere Informationsschwierigkeiten, die den späteren Unfallverlauf maßgeblich beeinflussten. Das Verhältnis zwischen beiden Betrieben charakterisiert Turner wie folgt: „(...) each with his or her own theories about the nature of the situation in which they find themselves, and often with a considerable degree of discretion in their actions". (ebd.) Im Folgenden wird das teilautonome Planungsverfahren als wesentlicher Faktor für den Unfallverlauf beschrieben und die Unfallentwicklung in Summerland geschildert.

2.2.1.1.2 Von der Planung zum Unfall

Das Summerland-Freizeitzentrum wurde von der Gemeindebehörde in Douglas in Auftrag gegeben. Die Kommune beauftragte zwei verschiedene Betriebe mit der Planung und Konstruktion des Gebäudes. Ein speziell auf den Bau von Freizeitzentren ausgerichtetes Unternehmen war für die Planung und Ausstattung der verschiedenen Vergnügungsbereiche im Gebäudeinneren zuständig, während ein örtliches Architekturbüro mit der Planung und dem Bau der Außenhaut der Anlage betraut wurde. Die Auftragsannahme des Architekturbüros war zudem an die Verpflichtung gebunden, eine kleine Architekturfirma in London einzubinden, die Architekten für die Kontrolle des Innenausbaus der Anlage zur Verfügung stellen sollte. Zudem war auch die Gemeindebehörde, wie bereits angemerkt, in Planungsentscheidungen involviert. Neben der geschilderten Ausstellung von Sondergenehmigungen war sie in offizieller Hinsicht mit der Überprüfung der Sicherheitsbestimmungen für die Gebäudekonstruktion und der Brandschutzbestimmungen beauftragt. (vgl. Turner und Pidgeon 1997, S. 45 f.) Aus dieser Form der Auftragsverteilung entstanden jedoch informationstechnische Unklarheiten. Verfügbare Informationen wurden häufig zusammenhanglos kommuniziert, sodass die Sicht auf das Projekt fragmentiert war. (vgl. ebd., S. 50 f.) Die vielfache Einbindung der Gemeindebehörde in Planungsentscheidungen führte dazu, dass Zuständigkeitsbereiche während der Planungs-und Bauphase verschwommen waren. Sicherheitsrelevante Informationen wurden als irrelevant beurteilt und vernachlässigt, da diese von den Arbeitsgruppen nicht dem eigenen Verantwortungsbereich zugeordnet wurden. (vgl. ebd.) Das hatte zur Folge, dass die Brandgefährdung durch die

2.2 Soziologische Katastrophenforschung

verwendeten Baumaterialien unentdeckt blieb. Aus der Nutzung von Galbestos für die Wände im Außenbereich in Verbindung mit der Verwendung von Acrylplastik für den oberen Innenbereich und das Dach entstand eine unerwartete Entflammbarkeit der Gebäudekonstruktion, die eine unvorhergesehene Ausbreitung des Feuers während des Unfallhergangs nach sich zog. (vgl. Turner und Toft 1989, S. 188) Der eigentliche Auslöser des Großbrands war ein ausrangiertes Kassenhäuschen an der Minigolfanlage außerhalb des Freizeitzentrums, das durch das Zündeln mit Streichhölzern dreier Schulkinder unabsichtlich Feuer fing. Obwohl der Brand unmittelbar von einigen Besuchern des Freizeitzentrums entdeckt und das Personal im Eingangsbereich direkt informiert wurde, konnten sich die Flammen binnen zehn Minuten bis ins Innere des Freizeitzentrums ausbreiten. Diese Entwicklung war möglich, weil der Brand des Kassenhäuschens kurz nach seiner Entzündung auf die mit Plastik verkleideten Stahlwände übergriff und sich durch die intensive Flammenbildung in den Innenbereich fraß. Dort angekommen schlug das Feuer unmittelbar auf die Acrylplastikplatten über, sodass in einem Zeitraum von einheinhalb Stunden die gesamte Fläche von Summerland in Flammen stand. (vgl. ebd., S. 173 ff.) Zum Zeitpunkt des Brandes befanden sich circa dreitausend Besucher und zweihundert Angestellte im Innenbereich des Zentrums, von denen fünfzig Personen keinen Weg ins Freie fanden. (vgl. ebd., S. 169) Die Schwierigkeit, sich aus dem Freizeitzentrum zu retten, hing einerseits mit der hohen Entflammbarkeit des kombinierten Baumaterials und der daraus resultierenden Brandbeschleunigung zusammen. Darüber hinaus ermittelt Turner jedoch weitere Faktoren, die den katastrophalen Unfallverlauf begünstigten. Seine Recherchen zeigen, dass das Personal die Feuerwehr erst einundzwanzig Minuten nach der ersten Brandmeldung kontaktierte. Zu diesem Zeitpunkt standen bereits die Spielhalle, die Erlebnisbar wie auch der Wintergarten im ersten Stock in Flammen. Das Verhalten des Personals ist nach Turner auf das Unterbewerten auftauchender Gefahren zurückzuführen.[9] Obwohl die Feuerwehr nach der ersten Brandmeldung unverzüglich hätte informiert werden sollen, konzentrierte sich das Personal stattdessen darauf, die Brandentwicklung eigenständig unter Kontrolle zu bringen. (vgl. ebd., S. 194)

---

[9] Turner bezieht sich in diesem Aspekt auf die psychoanalytisch orientierten Studien von Wolfenstein (1957), in denen sie die menschlichen Reaktionen auf Ereignisse wie Tornados, Überschwemmungen oder auch Kriege untersucht. Wolfenstein ermittelt, dass Individuen einen natürlichen Widerwillen gegen Gefahren aufweisen, um die Illusion einer menschlichen Unverwundbarkeit aufrechtzuerhalten. Diese Aversion, die Turner als „human reluctance" (Turner und Pidgeon 1997, S. 73) bezeichnet, äußert sich in der Missachtung von Warnzeichen, die auf potenzielle Gefährdungen hindeuten, und folglich in der Verleugnung von Gefahren. (vgl. ebd., S. 34 f.)

Des Weiteren ist die Unfallentwicklung auch maßgeblich auf Nachlässigkeiten des Managements von Summerland zurückzuführen. Wie Turner feststellt, lag im Zusammenhang mit der Touristensaison eine hohe Fluktuation des Personals in Summerland vor. Aufgrund des vielfach wechselnden Personals wurde die Durchführung von Brandschutzübungen als wirkungslos beurteilt und dementsprechend abgelehnt. (vgl. ebd., S. 184) Darüber hinaus zeigt Turners Untersuchung, dass die Sicherheit der Besucher in der Anlage nicht als Priorität kommuniziert wurde und in dieser Hinsicht keine Zuständigkeiten für Sicherheitsmaßnahmen zugewiesen wurden. Obwohl die Sicherheitsvorschriften im Inneren des Zentrums auf plakatierten Schildern festgehalten wurden und vielfach Alarmmelder existierten, wurde das Personal über diese Sicherheitsvorkehrungen nicht informiert. (vgl. ebd., S. 190) Wie Turner schlussfolgert, resultierte daraus ein defizitäres Sicherheitsbewusstsein unter dem Personal. Beispielsweise konzentrierten sich die für den Kassenbereich zuständigen Mitarbeiter während der Brandausbreitung primär darum, die Geldkassen sicherzustellen. (vgl. ebd., S. 184) Das mangelnde Sicherheitsbewusstsein hängt dabei auch mit dem Fehlen von offiziellen Evakuierungsplänen zusammen. Diesbezüglich ermittelt Turner Probleme in der Kommunikation zwischen dem Geschäftsführer, dem technischen Leiter der Anlage und der externen Hauptzentrale. Während die Hauptzentrale davon ausging, dass die Erstellung der Evakuierungspläne in den Zuständigkeitsbereich des Geschäftsführers und der technischen Leitung fällt, vertrat der Geschäftsführer die Ansicht, dass das Evakuierungsverfahren alleinig eine Aufgabe des technischen Leiters darstellt. Diese unterschiedlichen Standpunkte wurden jedoch zu keiner Zeit kommuniziert. Der technische Leiter vertrat hingegen die Auffassung, dass er in sicherheitsrelevanter Hinsicht lediglich für die Überprüfung und Wartung der technischen Anlagen in Summerland abgestellt sei. Innerhalb dieser wahrgenommenen Zuständigkeit stellte er aber ein hausinternes Brandbekämpfungsteam zusammen. Aufgrund der hohen Personalfluktuation war allerdings keinem einzelnen Mitarbeiter bekannt, wer diesem Team überhaupt angehörte. Laut Turner bestehen daher entgegen offizieller Aussagen Zweifel, ob überhaupt jemals eine Besprechung zwischen Teammitgliedern stattfand. (vgl. ebd., S. 179 ff.) Zudem wird aus den Untersuchungsberichten ersichtlich, dass der Geschäftsführer im Fall einer Notsituation auf die Eigeninitiative und den gesunden Menschenverstand seines Personals vertraute, um eine Evakuierung der Besucher zu gewährleisten. (vgl. Turner und Pidgeon 1997, S. 51 f.) Die Eigeninitiative des Personals äußerte sich jedoch in improvisiertem Verhalten, wodurch die Unfallentwicklung negativ beeinflusst wurde. Beispielsweise entschloss sich der Abteilungsleiter des Wintergartenbereichs dazu, die Stromversorgung auszuschalten, um einen potenziellen Kabelbrand zu verhindern. Da er mit der Stromanlage jedoch nicht vertraut war und infolgedessen alle er-

2.2 Soziologische Katastrophenforschung

reichbaren Schalter betätigte, löste er die Deaktivierung des Notstromgenerators aus. Dies hatte zur Folge, dass der gesamte Innenbereich des Summerland-Freizeitzentrums unbeleuchtet war und Panik unter den Besuchern ausbrach. (vgl. Turner und Toft 1989, S. 182 f.) Zu diesem Zeitpunkt hielt sich der größte Teil der Besucher noch im Innenbereich auf. Dieser Umstand ist wiederum darauf zurückführen, dass während der Brandausbreitung keine öffentlichen Lautsprecherdurchsagen getätigt wurden, durch die die Besucher über die Feuergefahr hätten gewarnt werden sollen. Da der technische Kontrollraum lediglich mit einem internen Haustelefon als Kommunikationsmöglichkeit ausgestattet war und die dort zuständige Kontrollbedienstete nicht wie das Personal im Innenbereich ein Walkie-Talkie zur Verfügung gestellt bekommen hatte, konnte diese während der Feuerentwicklung keinen Kontakt zu den Mitarbeitern im Innenbereich aufnehmen. Da die für den Kontrollbereich abgestellte Mitarbeiterin aufgrund der Personalfluktuation erst kürzlich im Freizeitzentrum tätig war, wurde ihr gegenüber lediglich ein Aufgabenbereich kommuniziert, der in der Kontrolle der Musik- und Lichtanlage für die Bühne bestand. Über die zentrale Feueralarmtafel im Kontrollraum, die bei Betätigung einen Großalarm in Summerland auslöst, wurde sie nicht instruiert. Darüber hinaus besaß sie eine klare Sicht auf die Brand- und Rauchentwicklung im Eingangsbereich, da sie jedoch durch das Fenster im Kontrollraum die Aufforderung des Bühnenansagers wahrnahm, der die Besucher anhielt, sich ruhig hinzusetzen, entschied sie sich gegen eine öffentlich Durchsage zur Brandgefahr. Als die Ausbreitung des Feuers im Innenbereich aber offensichtlich wurde, verließ sie den Kontrollraum, ohne eine Lautsprecherdurchsage zu tätigen. (vgl. ebd., S. 178 ff.) Infolgedessen erhielten die Besucher, die sich in verschiedenen Vergnügungsbereichen der Anlage aufhielten, keine Warnung über den sich stetig ausbreitenden Brand und verblieben in den verschiedenen Bereichen. Als die Feuerausbreitung kontinuierlich von den Besuchern bemerkt wurde und diese in den unbeleuchteten Hauptbereich flüchteten, entwickelte sich eine Panik, bei der eine Vielzahl von Besuchern ums Leben kam. (vgl. ebd., S. 176)

2.2.1.1.3 Fazit zur „Summerland"-Katastrophe
Die Schilderung der Unfallentwicklung in Summerland macht deutlich, dass die Voraussetzungen zur Brandausbreitung und die daraus resultierende Sicherheitsgefährdung in Distanz zum auslösenden Unfallereignis stehen und unabhängig davon über einen weiten Zeitraum präsent waren. Turners Untersuchungen zeigen, dass diese Bedingungen auf die jeweiligen Wirklichkeitskonstruktionen der verschiedenen Planungsbeauftragten zurückzuführen sind. Erst deren Einschätzungen zur Bausicherheit der Anlage und das rigide Festhalten an diesen Beurteilungen ermöglichte es, dass Abweichungen von Bausicherheitsnormen als „normal" ak-

zeptiert wurden. Zusätzlich wurden diese Sichtweisen durch das Fehlen von Sicherheitsstandards, die die innovative Konstruktionsweise des Zentrums hätten reglementieren können, unterstützt. Die fehlenden Rechtsnormen zur neuartigen Verwendung der Baumaterialien hatten demnach zur Folge, dass Informationen zur Entflammbarkeit der Stoffe im Entscheidungsverhalten nicht berücksichtigt wurden. Auch die defizitäre Übermittlung sicherheitsrelevanter Bauinformationen ist das Resultat der „bounded decision zones" und führte dazu, dass an der Auffassung, Summerland sei sicher konstruiert, festgehalten wurde. Die Defizite in der Informationsübermittlung spiegeln sich zudem in dem Umgang des Managements mit den Evakuierungsplänen wider. Die Ablehnung von Brandschutzübungen signalisiert, dass nicht nur die beauftragten Architekten, sondern auch das Management von Summerland an Annahmen festhielt, die zu irrtümlichen Realitätseinschätzungen führten. Auch der späte Feuerwehrnotruf des Personals stellt das Ergebnis einer irrigen Wirklichkeitskonstruktion dar. Darüber hinaus spielen zeitlicher Druck, die Anlage bis zur Touristensaison in Betrieb nehmen zu können, und eine hohe Personalfluktuation eine wesentliche Rolle bei der defizitären Übermittlung von Informationen. Letztlich zeigen die improvisierten Reaktionen des Personals auf den Brand, dass dieses Ereignis für das Personal unerwartet eintrat und insofern nicht in die Realitätseinschätzung eingebaut war. Dementsprechend standen den Mitarbeitern keine Entscheidungsprämissen zur Verfügung, durch die sie auf die Brandentwicklung hätten angemessen reagieren können. Das heißt, den Mitarbeitern war ihre Rolle im Notfall nicht bekannt, weil es in ihrer Vorstellung keinen Notfall gab.

2.2.1.2 Vaughans Theorie der „routine nonconformity"

Knapp zwanzig Jahre nach der Veröffentlichung von Turners „man-made disasters" bereichert Vaughan mit ihrer Analyse des „Challenger Shuttle"-Absturzes von 1986 die Organisationsforschung. Das Ergebnis dieser Falluntersuchung ist die Theorie der „routine nonconformity", mit der sie die systematische Produktion von Normbrüchen in Organisationen beschreibt. (vgl. Vaughan 1999, S. 271) Ihr Ansatz führt dabei grundlegend auf die Annahmen Durkheims zurück, der argumentierte, dass normkonformes und normabweichendes Verhalten fest miteinander verbunden sind. Sie stellen demnach zwei Seiten einer Medaille dar, d. h. sie besitzen den gleichen Ursprung, verhalten sich komplementär zueinander und beeinflussen sich gegenseitig. (vgl. Durkheim 1965, S. 68 f.) Vaughan beschreibt das ursächliche Entstehen von Normabweichungen wie folgt: „(...) The same characteristics of a system that produce the bright side will regulary provoke the dark side from time to time." (Vaughan 1999, S. 274) An diese Erkenntnis schließt eine

2.2 Soziologische Katastrophenforschung

dreiteilige Abweichungstypologie an, die zwischen individuellem Fehlverhalten, fehlerhaftem Führen und einer Katastrophe differenziert. Jede dieser drei Arten von Normabweichungen wird in ihrer allgemeinen Definition von Devianz in Organisationen erfasst. Diese lautet:

> (...) an event, activity or circumstance, occurring in/and/or produced by a formal organization, that deviates from both formal design goals and normative standards or expectations, either in the fact of its occurrence or in its consequence, and produces a suboptimal outcome as organizational deviance. (Vaughan 1999, S. 273)

Laut Vaughan sind „routine nonconformity" und „organizational deviance" austauschbare Konstrukte, die systematisch wiederkehrende und insofern voraussehbare Produkte von Organisationen darstellen und dabei jedoch das Potenzial für negative und unvorhersehbare Folgen transportieren. Die Eigenheit des Systems selbst erzeugt Normabweichungen, d. h. das Verhältnis zwischen vorgegebenen Regeln und Arbeitsabläufen, der Beziehung zur Umwelt wie auch den kognitiven Fähigkeiten der Mitglieder. Mit dem Begriff der Umwelt bezieht sich Vaughan auf die äußeren Kontextbedingungen, in denen Organisationen operieren. Damit sind sowohl allgemeine Umweltanforderungen gemeint, wie z. B. wirtschaftlicher Druck, als auch das reziproke Verhältnis zwischen verschiedenen Organisationen, wie z. B. die Beziehung zwischen privaten Unternehmen und staatlichen Einrichtungen. (vgl. ebd., S. 274) Vaughan betont, dass der Schlüssel zur Erklärung von organisationalen Normbrüchen in der Untersuchung der Beziehung zwischen der Formalstruktur, dem Verhältnis zur Umwelt und den kognitiven Praktiken der Organisationsmitglieder liegt und diese drei Kriterien deshalb eine zentrale Stellung bei der Untersuchung von Normabweichungen einnehmen. (vgl. ebd.) Durch die Analyse dieser Zusammenhänge stellt Vaughan primär fest, dass das kulturelle Verständnis der Organisationsmitglieder, d. h. die zur Gewohnheit gewordenen und geteilten Annahmen, Einfluss auf deren kognitive Deutungen im Organisationsalltag ausüben, und zwar in dem Sinne, dass Normenbrüche innerhalb der Organisation als normkonform betrachtet werden. (vgl. ebd., S. 280 f.) Die Konstruktion eigener Weltanschauungen in Organisationen führe dazu, dass sicherheitsrelevante Informationen fälschlich interpretiert und dadurch Warnzeichen, die auf Sicherheitsgefährdungen hindeuten, als normal angesehen würden. (vgl. Vaughan 1997, S. 409) Vaughan fasst diese Abläufe unter dem Begriff der Normalisierung von Devianz zusammen und unterstreicht damit, dass sich Normenbrüche als Norm selbst in Organisationen institutionalisieren können. Um ein Verständnis für diese Schlussfolgerung zu generieren, wird im Folgenden die Analyse des „Challenger"-Absturzes im Wesentlichen reproduziert.

2.2.1.2.1 Die „Challenger"-Katastrophe

Mit der Untersuchung des „Challenger"-Unglücks richtet sich Vaughans Analyse in erster Linie auf das Raumfahrtprogramm „National Space Transportation Systems" (NSTS) der NASA[10]. Dieses Raumfahrtkonzept zielt auf eine routinierte Beförderung von Astronauten und Privatpersonen ins Weltall ab. Die Planung der NASA sah vor, Weltraumflüge durch den Gebrauch wiederverwendbarer Feststoffraketen und Orbiter[11] bedeutend kostengünstiger zu gestalten und dadurch die Nachfrage für Raumfahrten zu erhöhen. (vgl. Vaughan 1997, S. 24 f.) Das dritte Modell der Shuttle-Baureihe, die Challenger, explodierte jedoch kurz nach dem Start bei ihrem ersten offiziellen Betriebseinsatz. Die gesamte Besatzung, die aus sechs Astronauten und einer Schullehrerin bestand, kam dabei ums Leben. (vgl. ebd., S. 7) Die technische Ursache der Explosion konnte schnell ermittelt werden, da jenes unfallauslösende Problem bereits innerhalb der NASA-Behörde bekannt war: Die O-Dichtungsringe an der Feststoffträgerrakete der Raumfähre erodierten bei einer Außentemperatur von 2 Grad. Die Startempfehlung für die Challenger lag jedoch bei einer Außentemperatur von mindestens 12 Grad. (vgl. ebd., S. 4 ff.) Die Ermittlungen der Präsidialkommission und des Nationalen Komitees für Wissenschaft und Technologie ergaben, dass NASA-Manager aufgrund eines hohen Zeit- und Planungsdrucks auf die Einhaltung des zuletzt festgelegten Starttermins[12] beharrten. Die Untersuchungskommissionen bewerteten die Gründe für diesen Druck unterschiedlich. Die Investigation ergab, dass eine Startverschiebung zum einen eine Erwähnung des NASA-Raumfahrtprojekts durch den Präsidenten der Vereinigten Staaten bei der jährlichen „State of the Union Adress"-Veranstaltung entfallen wäre. Zum anderen, dass ein Startaufschub der Challenger, ähnlich wie bei vergangenen Startverzögerungen des ersten Shuttle-Modells Columbia, von der Presse negativ kommentiert worden wäre. Und letztlich, dass die Entscheidung des Managements zur Startfreigabe auch darauf zurückzuführen ist, dass das Projekt „teacher in space"[13] durch eine Startverschiebung vom Weltraum nicht hätte medienwirksam übertragen werden können. (vgl. ebd., S. 12 ff.) Nach

---

[10] NASA (National Aeronautics and Space Adminstration) ist die Kurzform für die nationale Luft- und Raumfahrtbehörde in den Vereinigten Staaten von Amerika. (vgl. Van Nimmen et al. 1988, S. 3)

[11] Der Begriff „Orbiter" ist die fachliche Bezeichnung für das eigentliche „Space-Shuttle". (vgl. Vaughan 1997, S. 3)

[12] Der Starttermin der zehnten „Challenger"-Mission wurde in der Vergangenheit viermal verlegt,u. a. aufgrund von zu kalten Witterungsverhältnissen. (vgl. Vaughan 1997, S. 2)

[13] Das Projekt „teacher in space" bestand darin, die Unterrichtsstunde einer Lehrerin im Weltraum live zu übertragen, um auf diese Weise die Zuverlässigkeit und Routinemäßigkeit von Weltraumfahrten hervorzuheben. (vgl. Vaughan 1997, S. 12 ff.)

2.2 Soziologische Katastrophenforschung

offiziellen Angaben resultiert die Einhaltung des Starttermins daher aus dem Ziel des NASA-Managements, positiv ins öffentliche Interesse zu rücken, obwohl diese Entscheidung der Auffassung einiger Raketeningenieure widersprach, die vor den negativen Effekten kalter Temperaturen auf die O-Ringe an der Trägerrakete warnten. (vgl. ebd., S. 4 ff.) Dementsprechend wurde das Entscheidungsverhalten des Managements von den Untersuchungskommissionen als Verletzung der NASA-Sicherheitsstandards bewertet. (vgl. ebd., S. 12 ff.) Auf Basis derselben Untersuchungsberichte ermittelt Vaughan hingegen, dass die Entscheidung zur Startfreigabe trotz problematischer Witterungsverhältnisse sich konform mit den Sicherheitsstandards der NASA verhielt. (vgl. ebd., S. 335 f.) Die Ursache des Unglücks ist laut Vaughan nicht beim Management zu suchen, sondern in dem Umgang der NASA mit hochkomplexen Technologien und den damit verbundenen Risiken. (vgl. ebd., S. 409 f.) Dieses Ergebnis wird nachstehend rekonstruiert.

2.2.1.2.2 Das „Acceptable-Risk"-Verfahren der NASA

Der experimentelle Charakter von Weltraumfähren erfordert eine intensive und umfangreiche technische Überprüfung, die in der Organisation NASA durch die verschiedenen, auf technische Komponenten spezialisierten Abteilungen gewährleistet werden soll. Innerhalb der NASA-Behörde stellen technische Anomalien von geplanten Konstruktionseigenschaften wesentliche Teile des Entwicklungsprozesses dar, sodass die Vorgehensweise der Ingenieure (vereinfacht ausgedrückt) durch das Prinzip „aus Fehlern lernen" geprägt ist. (vgl. Vaughan 1997, S. 223 ff.) Die langen Planungsphasen bis zum Start dienen so zum einen der Lösung technischer Probleme und zum anderen der Ermittlung von Toleranzbereichen, durch die unbereinigte Anomalien entweder als akzeptable oder unakzeptable Risiken eingestuft werden. Dieses Verfahren wird innerhalb der NASA als „The Acceptable Risk Process" bezeichnet und anhand „universalistischer" Leitlinien in einer kollektiven Entscheidungsfindung der am Konstruktionsprozess beteiligten Ingenieure durchgeführt. Dieser Einschätzungsprozess besteht darin, sowohl die Glaubwürdigkeit wie auch die Wahrscheinlichkeit möglicher Gefährdungen durch die jeweiligen, als unkontrollierbar festgestellten Anomalien nachzuweisen, weil Komponentenkonstruktionen und methodische Vorgehensweisen ohne eine ingenieurwissenschaftliche Begründung nicht zurückgehalten oder gestoppt werden. (vgl. ebd., S. 80 ff.) Vaughan bemerkt, dass die Art dieses Verfahrens an sich problematisch ist, da die Entscheidungsgrundlage zur Abschätzung von Risiken lediglich in den berufsbezogenen Ingenieursprinzipien besteht, die innerhalb der NASA als universalistisch begriffen werden. (vgl. ebd., S. 90 f.)

Die detaillierte Protokollierung des „Acceptable Risk"-Verfahrens innerhalb der NASA ermöglichte Vaughan eine differenzierte Untersuchung derjenigen Prozesse, die in ihrem Ergebnis zu einer legitim erscheinenden Startfreigabe der Challenger führten. Wie die Sichtung der NASA-Protokolle, die in dem Zeitraum von 1981 bis 1986 entstanden, zeigt, sollte die Betriebsbereitschaft des NSTS schnellstmöglich erzielt werden. Die Richtlinien, die die offizielle Einsatzfähigkeit der Challenger bestätigen sollten, wurden bereits zu Beginn des Raumfahrtprogramms festgelegt. Demnach sollten vier Testflüge (STS-1 bis STS-4) erfolgen, bis das NSTS aus dem Entwicklungsstadium in die Betriebsmäßigkeit gesetzt werden konnte. (vgl. Vaughan 1997, S. 24 f.) Vaughans Recherchen dokumentieren jedoch Frühwarnsignale. Sie identifiziert in den Unterlagen eine Reihe technischer Anomalien, die auf die spätere sicherheitskritische Konstruktion der Challenger hinweisen. Nach dem dritten Testflug (STS-3) wurde von den Ingenieuren eine durch Motorengas verursachte Erosion des ersten O-Rings am hinteren Verbindungsstück der rechten Feststoffträgerrakete (SRB) festgestellt. Dieser Flugschaden spiegelte eine Abweichung von den geplanten Konstruktionseigenschaften wider und produzierte unter den Ingenieuren Unsicherheit hinsichtlich der zukünftigen Leistungsfähigkeit des Verbindungsstücks. Wie Vaughans Ermittlungen zeigen, wurden erste unvorhergesehene Erosionserscheinungen, die bereits nach dem zweiten Testflug (STS-2) auftraten, offiziell nicht gemeldet, da dieser Befund nichts Ungewöhnliches in der Entwicklungsphase innovativer Technologien darstellte. Der dritte Testflug mit auftretenden Anomalien veranlasste die Ingenieure jedoch dazu, ein Konstruktionsrisiko anzuerkennen und eine offizielle Risikoeinschätzung einzuleiten. Die Überprüfung der Erosionsanzeichen ergab, dass Mängel bei der zur Abdichtung genutzten Spachtelmasse das Ausströmen von heißem Gas auf den ersten O-Ring auslöste. Die Ingenieure reagierten auf das identifizierte Konstruktionsproblems gemäß den Richtlinien des „Acceptable Risk"-Verfahrens und setzten das Ausmaß der festgestellten Erosion in Beziehung zu einer Sicherheitsspanne, die determiniert, welche Erosionsmenge auftreten darf, ohne dass eine Beeinträchtigung der Abdichtungsfunktion der O-Ringe eintritt. Die zugrunde gelegte Sicherheitsspanne war bereits ein Maßstab, anhand derer die Erosion nach dem zweiten Testflug (STS-2) inoffiziell, d. h. ohne eine offizielle Einleitung des „Acceptable Risk"-Verfahrens, gemessen und bewertet wurde. Die Erosionsprüfung nach dem dritten Testflugs (STS-3) resultierte in einer Modifizierung des Kitts, durch die die Sicherheitsspanne, also der Toleranzbereich für erlaubte Erosionen, angehoben werden konnte und in deren Folge die festgestellte Erosion an den O-Ringen im Toleranzbereich lag. Dadurch kamen die Ingenieure zu dem Entschluss, dass das veränderte Konstruktionsdesign an den Trägerraketen ein akzeptables Risiko darstellt. Diese Bilanz wurde in einer offiziellen Flugbereitschaftsprüfung vorgestellt und diskutiert. Die Präsentation beinhaltete sowohl sämtliche Analysen und Befunde der Testflüge (STS-1 bis STS-3) wie auch Empfehlungen der Ingenieure für das Design der Feststoffraketen (SRB) als akzeptables Risiko. Aus der Diskussion folgte

2.2 Soziologische Katastrophenforschung

die offizielle Flugtauglichkeitsbestätigung der SRBs auf allen durchgeführten Prüfungsebenen (STS-1 bis STS-3). (vgl. ebd., S. 120 ff.) Wie Vaughan dokumentiert, ist die Zustimmung zur Verwendung von Feststoffraketen (SRB) als Trägerraketen des Shuttles fraglich, da Flüssigstoffraketen (LRB) im Gebrauch bedeutend sicherer, aber auch kostenintensiver sind. (vgl. ebd., S. 20 ff.) Denn im Gegensatz zu LRBs benötigen SRBs keine zusätzlichen Vorrichtungen für Brennstoffpumpen und keine Betankungseinrichtungen, da der Treibstoff aufgrund seiner festen Konsistenz auf Dauer in den Raketen gehalten werden kann. Dementsprechend sind SRBs deutlich schneller aufzubereiten und insofern schneller einsatzfähig. Allerdings besitzt der feste Treibstoff eine geringere Brennkraft als der flüssige Treibstoff, sodass in SRBs deutlich mehr Treibstoff enthalten ist. Dadurch ist eine manuelle Kontrolle der Treibstoffverbrennung im Shuttle jedoch nicht mehr möglich. (vgl. Pietrobon 1999, S. 163 ff.) Die Entscheidung für SRBs resultiert laut Vaughan aus den Budgetbeschränkungen der NASA, die sich auch auf das Produktionsverfahren der Shuttle-Komponenten auswirkten. (vgl. Vaughan 1997, S. 20 f.)

Die offizielle Bestätigung der Flugtauglichkeit des Shuttles in der Flugbereitschaftsprüfung hatte zur Folge, dass die während der Testflüge dokumentierte Erosion der O-Dichtungsringe als beseitigte Anomalie klassifiziert wurde. Aufgrund dieses Klassifizierungsstatus wurde jene Abweichung von den Sicherheitsstandards nur intern dokumentiert und nicht in die offizielle Bescheinigung der Flugtauglichkeit mit aufgenommen. Laut Vaughan zeigt die Ausstellung der Flugtauglichkeitsbescheinigung, dass das von den undichten O-Ringen ausgehende Risiko sowohl unter den Ingenieuren wie auch bei dem Management der NASA akzeptiert und jene technische Anomalie als normal betrachtet wurde. Statt das Verbindungsstück an der Trägerrakete neu zu konstruieren, wurde die Korrektur der Komponente, ohne Angaben darüber, dass dieses Konstruktionsteil von der erwarteten Leistungsfähigkeit abwich, als erwartungserfüllend beurteilt und, damit einhergehend, Weltraumfahrten unter diesen Bedingungen als sicher eingestuft. Vaughan betont, dass das Vorgehen, erwartungsenttäuschende Ergebnisse als erwartungserfüllend darzustellen, zeigt, dass es sich nicht, wie von Außenstehenden, d. h. von den Untersuchungskommissionen, festgestellt, um eine Praxis des Managements handelt, Anomalien geheim zu halten. Die Entscheidung der Ingenieure, die Erosionsproblematik aus der offiziellen Flugtauglichkeitsbescheinigung auszuklammern, belegt stattdessen die nüchterne Sachlichkeit in der Betrachtung des Dichtungsproblems als Resultat des Prozesses der Risikobewertung. (vgl. ebd., S. 120 ff.)

Nach der Absolvierung des letzten Testflugs (STS-4), bei dem das „korrigierte" Verbindungsstück an der Challenger montiert war, wurde das Raumfahrtprogramm schließlich als betriebsbereit qualifiziert. Die Bestätigung der Betriebsbereitschaft war jedoch problematisch, da in der Raumfahrtindustrie per Definition einsatzfähige Technologien mit einem minimalen Restrisiko ausgestattet sind, im Gegensatz zu Technologien, die sich noch in der Entwicklung befinden. Auch nachfolgende Verfahrensänderungen im Shuttle-Programm spiegelten die eigens konstruierte Risikowahrnehmung innerhalb der NASA wider. So wurden vorgesehene Tests, die den Orbiter und seine Komponenten wie auch die Feststoffraketen betrafen, in ihrem Umfang gekürzt und diejenigen Erwartungen an die Konstruktion, die laut Vorschrift eine Problemberichterstattung erfordern, im Verfahrensprogramm herabgesenkt. Die Modifikation der Qualitätsansprüche an die Konstruktion des Shuttles hing auch damit zusammen, dass die Einstufung des Raumfahrtprogramms in den betriebsbereiten Status zur Folge hatte, dass die festgelegten Ziele dieses Flugstatus, nämlich die routinierte Beförderung von Privatpersonen mit einer Vorgabe von vierundzwanzig Raumfahrtstarts pro Jahr, eingehalten werden sollte. Zu diesem Zeitpunkt wurde der bisherige Projektmanager durch einen langjährigen NASA-Mitarbeiter ersetzt, der bei seiner Besetzung davon ausging, dass das Shuttle-Programm für Routineeinsätze gemäß dem offiziellen Status betriebsbereit ist. Tatsächlich wiesen die Konstruktionsarbeiten der Ingenieure jedoch Entwicklungscharakter auf. (vgl. ebd., S. 125 ff.) Nachdem der neu eingesetzte NASA-Mitarbeiter in die Grundsätze und die Methode der Risikobewertung eingewiesen und über die inoffiziellen, d. h. lediglich intern dokumentierten Anomalien instruiert wurde, genehmigte er den ersten, nicht zu Testzwecken geflogenen Shuttle-Einsatz (STS-5). Da sich bei diesem Einsatz keine Probleme mit dem Konstruktionsdesign bemerkbar machten, wurde diese Flugmission als Erfolg verbucht und die Risikowahrnehmung der Ingenieure somit bestätigt. Auf Anraten einiger Ingenieure, die für den Bereich der Feststoffraketen zuständig waren, setzte die neue Projektführung den Status des Verbindungsstücks der Trägerrakete nach dieser Mission jedoch von dem Status „C1R" in den Status „C1", weil der O-Ring laut dieser Ingenieure nicht die Redundanzforderungen erfüllte und deshalb weitere Tests folgen sollten. Die Challenger war nämlich aufgrund der Reduzierung der Qualitätsansprüche lediglich mit einem O-Ring ausgestattet, obwohl die Redundanzanforderungen in der Flugtechnik definieren, dass vielfache funktional gleiche Teilstücke eingebaut werden müssen, um bei dem Versagen eines Teilstücks weiterhin einen sicheren Flug durch die funktionalen Äquivalente zu gewährleisten. Aus Sicht dieser besorgten Ingenieure war die Konstruktion eines einzelnen O-Rings an dem Verbindungsstück der Trägerrakete nicht geeignet, um die zur Startfreigabe erforderliche Abdichtung zu leisten. Ein Großteil der Ingenieure hingegen kritisierte diese Entscheidung, da der Statuswechsel ihrer Ansicht nach implizierte, dass sie ihre Aufgaben nicht wie erwartet erfüllt hätten. In ihren Augen entsprach der Konstruktionsstandard den Qualitätsansprüchen, ohne dabei zu beachten, dass diese im Vorfeld herabgesetzt wurden. Sie plädierten daher für die Beibehaltung des bis-

2.2 Soziologische Katastrophenforschung

herigen Designs, und rechtfertigten ihre Ansicht damit, dass das Verbindungsstück doch bereits „korrigiert" wurde und auch Tests zeigten, dass der Orbiter auch mit nur einem Abdichtungsring an der Feststoffträgerrakete schadenfrei starten konnte. Laut Vaughan spiegelt auch die Befürwortung des gleichbleibenden Designs die Konstruktion einer Risikowahrnehmung wider, durch die Abweichungen von technischen Standards als normal akzeptiert werden. (vgl. ebd., S. 129 ff.) Darüber hinaus war der Konstruktionsstatus „C1" an sich für die Organisation NASA problematisch. Denn laut dem NASA-Reglement ist der „C1"- Status mit einer Flugrestriktion verbunden, die erst durch weiterer Testwerte aufgehoben werden kann. Die Durchführung weitere Tests widersprach jedoch der offiziell bestätigten Betriebsfähigkeit des Shuttle-Programms. So wurde für den nächsten Raumfahrtstart (STS-6) eine Sondergenehmigung durch das NASA-Management eingeholt, um eine Starterlaubnis entgegen den Auflagen, die der „C1"-Status mit sich führt, zu erhalten. Die Ausstellung der Sondergenehmigung durchlief dabei keine sachgerechte Prüfung durch den Vorstand und wurde erst eine Woche vor dem geplanten Shuttle-Start endgültig genehmigt. Nach Vaughan stellt die Initiierung und Vergabe dieser Sondergenehmigung keinen Verstoß gegen die Sicherheitsstandards der NASA dar, sondern ist gemäß dem „Acceptable Risk"-Verfahren mit diesen konform. Um ein klares Verständnis für Vaughans Ergebnis zu erlangen, ist es notwendig, die Bedeutung des „C1"-Status näher zu erläutern. Jedes Komponententeil, das die Redundanzanforderungen nicht erfüllt, d. h. ohne zusätzliche mechanische Absicherung durch funktionale Äquivalente ausgestattet ist, erhält das Label „C1". Diese Kategorisierung bezieht sich aber auch auf Komponententeile, bei denen es technisch unmöglich ist, funktionale Äquivalente einzubauen. Beispielsweise ist es nicht möglich, an den Flügeln des Orbiters doppelte Sicherungen zu montieren, weil dies die Gleitfähigkeit der Flügel negativ beeinträchtigen würde. So trugen hunderte Komponententeile des Shuttles die Bezeichnung „C1". Und bei jedem dieser Konstruktionsteile implizierte dies dieselben Ausfallfolgen: den Verlust der Crewmitglieder, des Shuttles wie auch ein Versagen der gesamten Mission. Aber nicht jede Komponente, die als „C1" klassifiziert wurde, besaß deshalb die gleiche Ausfallwahrscheinlichkeit. Das zugeschriebene Risiko eines Ausfalls variierte zwischen den Shuttle-Teilen. Im Hinblick auf die Flügel des Orbiters bedeutet dies, dass diese Komponente zu keiner Zeit die Anforderungen des „C1R" hätte erfüllen können. Die Verbindungsstücke der Feststoffrakete allerdings schon. Da diese jedoch in ihrer Konstruktionsart als akzeptables Risiko eingestuft wurden, erhielt die Challenger, trotz des „C1"-Status dieses Komponenteils, eine Sondergenehmigung für den Start. (vgl. ebd., S. 133 ff.) Die Ausstellung dieser Sondergenehmigung beschreibt nur einen von vielen Fällen innerhalb der NASA, in denen Sondergenehmigungen trotz Normabweichungen gewährt wurden. Laut

Vaughan entwickelte sich das Einholen von Sondergenehmigungen zu einer Methode, die systematisch angewandt wurde, um Startfreigaben zu erhalten. Das Problem bestand jedoch darin, dass diese Vorgehensweise nicht das NASA-Reglement verletzte, sondern mit diesem übereinstimmte: Die Ausstellung von Sondergenehmigungen hatte sich innerhalb der NASA als Norm institutionalisiert, d. h. die Normalisierung von Normabweichungen wurde ein Teil der NASA-Kultur. (vgl. ebd., S. 223) Dieses Untersuchungsergebnis spiegelt sich in der Stellungnahme der Projektführung nach dem Absturz der Challenger wider:

> My understanding of waiver is that the design goal on the shuttle was to have redundant systems. That design goal is not met in all systems. There are some 829 C1 waivers on the shuttle system. There are 213 C1 waivers on the Solid Rocket Booster. (…) With a C1 designation we have to do one of two things. (…) redesign the joint so that it's redundant all the time or we have to get a waiver to the requirement. We chose to get a waiver (…). The waiver was merely to put the configuration requirements in consonance with the actual performance of the joint. (Vaughan 1997, S. 134)

Innerhalb der NASA war die Ausstellung von Sondergenehmigungen zur Umgehung technischer Qualitätsansprüche zur Startfreigabe ein Akt der Konformität, d. h. konform mit der vorherrschenden Organisationskultur[14]. Die Normalisierung von Anomalien durchzog das gesamte „Acceptable-Risk"-Verfahren. Gleichzeitig spielte sich dabei auch ein, welche Sondergenehmigungen in einer Vorstandssitzung vorgestellt werden sollten und welche nicht. (vgl. ebd., S. 135) So wurde ein von technischen Anomalien gekennzeichneter Arbeitsprozess durch die erfolgreiche Absolvierung eines Shuttle-Einsatzes unter normabweichenden Bedingungen zur Norm:

> The first decision to accept risk established quantitative engineering standard, that, when followed by successful mission, became a precedent for future decisions to fly with recurring anomalies. (Vaughan 2004, S. 328)

---

[14] Vaughans Verständnis einer Organisationskultur spiegelt die kognitive Perspektive auf Organisationen in der Organisationstheorie wider. Demnach umfasst eine Organisationskultur das organisationseigene Selbstbild, auf Basis dessen Normen, Regeln wie auch technischer Sachverstand die Überzeugungen und Handlungen in der Organisation strukturieren. Insofern wird unter dem Begriff der Organisationskultur eine Art Rahmenvertrag („master-contract") verstanden, der sich aus der fortlaufenden interpersonellen Interaktion zwischen den Organisationsmitgliedern entwickelt. (vgl. Smircich 1983, S. 342, S. 348 f.) Wie Vaughan feststellt, beruht das Selbstbild der NASA zum einen auf den ingenieurstechnischen Praktiken und deren Ethos und zum anderen auf der Historie großer Erfolge bei der NASA, wie beispielsweise die Mondlandung. (vgl. Vaughan 1997, S. 209)

2.2.1.2.3 Faktoren der Normalisierung von Devianz

Die Normalisierung von Normabweichungen wird laut Vaughan durch einen Zustand innerhalb der Organisation NASA verstärkt, den sie als „structural secrecy" bezeichnet. Mit diesem Begriff bezieht sich Vaughan auf gewisse strukturelle Bedingungen in der Organisation NASA, die das Leistungsvermögen der Ingenieure, Situationen zu verstehen wie auch angemessen zu deuten, kollektiv einschränkten und dadurch Sicherheitsgefährdungen verschleierten. Diese strukturelle Verschwiegenheit ist das Ergebnis vielfacher Bedingungen: Hochspezialisierte und autonom voneinander agierende Ingenieursabteilungen, Sicherheitsregulierungssysteme und Muster der Informationsverarbeitung. (vgl. Vaughan 1997, S. 238 f.) Darüber hinaus spielt auch die Umwelt eine Rolle bei der Normalisierung von Devianz. Im Folgenden wird das Zusammenspiel dieser Faktoren beschrieben.

2.2.1.2.3.1 Spezialisierung und Autonomie

In der Organisation NASA wurden Befunde zu technischen Anomalien zwischen den verschiedenen Ingenieursabteilungen nicht einzeln weitergegeben, sondern mit Informationen zu durchgeführten Korrekturen und/oder Modifizierungsvorschlägen vermischt und/oder informal wie auch vage in Form von mündlichen Beschwerden und/oder kurzen Aktennotizen kommuniziert. Dies hatte zur Folge, dass diese Normabweichungen nicht als potenzielle Gefährdungen der Flugsicherheit wahrgenommen wurden, sondern ihre Bedeutung verloren ging und von den Ingenieuren, dessen Situationseinschätzungen durch den Prozess der Risikobewertung bestätigt wurden, letztlich als Routineangelegenheiten gehandhabt wurden. (vgl. Vaughan 1997, S. 243 ff.) Des Weiteren erfolgten im Zuge der Informationsweitergabe über die verschiedenen Hierarchiestufen bis hin zur obersten Entscheidungsebene der NASA-Leitung systematisch Zäsuren, sodass der jeweilige Status in der Hierarchie letztlich den Informations- und Wissensstand der Personen determinierte. (vgl. ebd., S. 273) Der Ablauf systematischer Zäsuren ist zum einen darauf zurückzuführen, dass spezialisierte Fachkenntnisse die Fähigkeit des Verstehens derjenigen hemmen, die diesem Fachbereich nicht angehören. Da die verschiedenen Abteilungen innerhalb der NASA sich mit jeweils unterschiedlichen Fachbereichen befassen und im Regelfall mit divergierenden Fachtermini arbeiten, wurden Informationen aufgrund der Unfähigkeit, diese zu verstehen, nicht überprüft. Zum anderen zeigte sich, dass Informationen, die sich nachteilig auf die Ziele der Organisation NASA auswirken, bei der Weitergabe über die Hierarchieebenen herausgefiltert wurden. (vgl. ebd., S. 250 ff.; Bella 1987, S. 366) Darüber hinaus ermittelt Vaughan, dass die Verwendung von Kategorisierungsregeln, die auf eine Differenzierung zwischen spezifischen Problemarten und -umständen abzielen, um u. a. eine Informationsüberflutung bei der Führungsspitze zu vermeiden, zu einem Informationsverlust führten. Zudem stand nicht für jede Information auch eine Kategorie zur Verfügung, sodass die Berichte mit kategorisierten Informationen immer nur einen Teil der tatsächlichen Informationen abdeckten. (vgl. Vaughan 1997, S. 250 f.)

2.2.1.2.3.2 Sicherheitsregulierungssysteme

Die Beziehung zwischen internen und externen Sicherheitsregularien der NASA beschreibt Vaughan als ein interdependentes Verhältnis, das Hindernisse bei Ausübung sozialer Kontrolle innerhalb der NASA erzeugte. Zwei Dienststellen waren intern für verschiedene Bereiche der Flugsicherheit und der Qualitätsüberwachung abgestellt, die „Safety Reliability and Quality Assurance" (SR&QA) und das „Space Shuttle Crew Safety Panel" (SSCSP). Zudem war die SR&QA-Kommission mit der Kontrolle des „Acceptable Risk"-Verfahrens beauftragt. Zusätzlich wurde ein externes Expertenteam der Luft- und Raumfahrtindustrie (ASAP) mit der Überprüfung der Materialzustände der technischen Konstruktionskomponenten angestellt. (vgl. Vaughan 1997, S. 266 f.) Bei der Durchführung ihrer Aufgaben waren die verschiedenen Sicherheitsregulatoren von den Ingenieuren wie auch von der NASA selbst abhängig, was dazu führte, dass Informationen und Erkenntnisse über die O-Dichtungsringe nur begrenzt vorlagen.

Die Kommissionen SR&QA, SSCSP und ASAP entdeckten insgesamt geringe Probleme in dem Arbeitsverfahren der NASA, lediglich das SR&QA-Komitee identifizierte die Anomalien an dem Verbindungsstück der Feststoffraketen. Dieses Komitee kam dabei zu der gleichen Beurteilung wie die Ingenieure, die im Bereich der Trägerraketentechnik die technischen Abweichungen im Zuge des Risikobewertungsverfahrens als akzeptables Risiko klassifizierten. Sowohl die im Ergebnis defizitären Prüfungen der Gremien SSCSP und ASAP wie auch die kongruent beurteilten Resultate des SR&QA-Stabs sind auf die Abhängigkeit von Informationen der ingenieurstechnischen Abteilungen zurückzuführen. Die jeweiligen Bewertungen der Kommissionen beruhten nicht auf eigenen Analysen technischer Daten, sondern auf der Prüfung bestehender Ermittlungsergebnisse, d. h. der Informationen, die von den Ingenieuren eigens produziert wurden. Diese Abhängigkeit bei der Informationsaufnahme und -verarbeitung beeinträchtigte die Einschätzungen der Regulatoren insoweit, als ihre Kenntnisse über Problemquellen und Gefahrenpotenziale maßgeblich durch den Informationsgehalt der ingenieurstechnischen Beurteilungen geformt waren. (vgl. ebd., S. 264 ff.) Vaughan beschreibt dieses Verhältnis wie folgt:

> They not only witnessed but participated in, contributed to, and concurred with the work groups' cultural construction of risk in the years prior to the Challenger launch. (Vaughan 1997, S. 270)

2.2 Soziologische Katastrophenforschung

Darüber hinaus sind die Bewertungen der Sicherheitsregulatoren auf das Abhängigkeitsverhältnis zur NASA insgesamt zurückzuführen, d. h. auf deren monetäre Ressourcen und auf die zugestandene Legitimität[15] durch die Organisation. Zwischen 1970 und dem Challenger-Absturz im Jahr 1986 wurden 71% des SR&QA Personals entlassen, sodass eine angemessene Überwachung und Prüfung der technischen Arbeitspraktiken schwierig zu bewältigen war. Dies zeigte sich darin, dass Diskrepanzen in den internen Akten, wie beispielsweise die abwechselnde Verwendung der Klassifizierung „C1" und „C1R" für ein und dasselbe Verbindungsstück der Trägerraketen, von dem SR&QA-Komitee nicht erkannt wurde. Das SSCSP-Gremium hingegen wurde lediglich für die Entwicklungsphase des Space-Shuttles gebildet und mit Erreichung der Betriebsmäßigkeit aufgelöst, obwohl sich die technischen Arbeiten inoffiziell weiterhin im Entwicklungsstadium befanden. Zudem wirkte sich die Abhängigkeit von den finanziellen Ressourcen der NASA auch auf die Explorationen des externen ASAP-Ausschusses aus. Zwar wies ihr jährlicher Bericht umfangreiche Prüfungen über Probleme und Risiken auf, jedoch konnten die Ermittlungen nicht die Gesamtheit der zu beurteilenden Sicherheitsaspekte abdecken, da jenem Ausschuss ein Zeitkontingent von dreißig Tagen pro Jahr für die Begutachtungen zur Verfügung gestellt wurde. Zudem hatte dieses Komitee aufgrund seiner externen Anstellung, d. h. seiner Abwesenheit vom Arbeitsort, Schwierigkeiten dem aktuellen Kenntnisstand zu technischen Veränderungen zu folgen. (vgl. ebd., S. 267 ff.) Vaughan schlussfolgert, dass die Abhängigkeit von den Informationen der Ingenieure, die Bindung an die finanziellen Ressourcen der NASA wie auch das autonome Arbeitsverhältnis desjenigen Komitees, dessen Zuständigkeitsbereich ausgerechnet in der Kontrolle und der Sicherheitsprüfung der technischen Komponenten lag, das Leistungsvermögen des gesamten Sicherheitsregulierungssystems systematisch blockierten. Infolgedessen waren die beauftragten Sicherheitsregulatoren nicht in der Lage, Informationen selbst zu generieren und vorhandene Informationen zu interpretieren, die womöglich eine Veränderung der Risikowahrnehmung über die Hierarchieebenen hinweg bewirkt hätten. (vgl. ebd., S. 272)

2.2.1.2.3.3 Die Organisationsumwelt

Das Verhältnis zur Umwelt spielte eine wesentliche Rolle für die Entwicklung und Normalisierung von Normabweichungen in der Organisation NASA. Insbesondere neoinstitutionalistische Ansätze der Organisationsforschung heben die Bedeutsamkeit der externen Umwelt hervor und betonen damit, dass Organisationen immer

---

[15] Der Ausdruck „Legitimität" meint in dem verwendeten Kontext die offizielle Berechtigung der Regulatoren durch die Institution NASA, Sicherheits- und Qualitätsprüfungen in den technischen Abteilungen durchzuführen.

im Kontext eines Organisationsfelds operieren. Demnach muss bei der Untersuchung von Organisationen auch eine Analyse des Organisationsumfelds erfolgen, da in diesem Feld Institutionen vorzufinden sind, die durch Normierungen und Kontrollen Organisationen zur Anpassung an dieses Feld zwingen oder, im Gegensatz dazu, Organisationen durch mangelnde Normierungen und Kontrollen Freiheiten zugestehen. (vgl. Bonazzi 2008, S. 368 ff.) Clarke (1989) verweist mit seiner „garbage can"-Theorie darauf, dass Organisationen in Problemsituationen eine Vielzahl von Lösungsstrategien bereithalten, sich ihre Interventionen aber zugleich auch kontraproduktiv auswirken können und dadurch Probleme verschlimmern. Seine Analyse der Gebäudeexplosion von Binghamton, durch die gefährliche Chemikalien freigesetzt wurden, zeigt, dass es nicht nur innerhalb einzelner Organisationen zur Konstruktion akzeptabler Risiken kommen kann, sondern dass auch das Zusammenspiel verschiedener Organisationen, und damit ist vor allem das Aufeinandertreffen verschiedener Interessen gemeint, zu einer einheitlichen Risikoakzeptanz führen kann. (vgl. Clarke 1989, S. 30 ff.) Auch Vaughan bezieht sich in ihrer Analyse des Challenger-Absturzes auf ein reziprokes Verhältnis der Organisation NASA zu ihrer Umwelt. Ihre Ermittlungen zeigen, dass die Entscheidungsprozesse innerhalb der NASA wesentlich durch die Beziehung zur Umwelt geprägt waren:

> Although NASA was given the responsibility for meeting the nation's goals for space exploration, the ability to accomplish them was constrained by other organizations in NASA's environment, each seeking to fulfill its own political mandate. (Vaughan 1997, S. 22)

Die Bewilligung der finanziellen Mittel für das Raumfahrtprogramm, aber vor allem auch die Legitimität des Projektvorhabens, hingen maßgeblich von einer politischen Bindung ab. Um eine wirtschaftliche Rechtfertigung zu erlangen, wurde das NSTS-Raumfahrtprojekt mit militärischen Interessen verknüpft. Das „Space-Shuttle"-Programm wurde ein wichtiger Bestandteil der nationalen Sicherheit und war insofern an das Verteidigungsministerium gekoppelt. (vgl. Vaughan 1997, S. 19 f.; Van Nimmen et al. 1988, S. 5 f.) Diese Synergie hatte jedoch den Nachteil, dass die Ziele der NASA durch die Zwecksetzungen der amerikanischen Luftwaffe ergänzt wurden. Das heißt, dass die Space-Shuttles neben den technologischen Ansprüchen einer Weltraumfahrt zusätzlich auch militärische Erfordernisse erfüllen sollten, was jedoch zur Folge hatte, dass die Ziele, die mit dem Weltraumprogramm nun anvisiert wurden, im Widerspruch zueinander standen. Diese konfligierenden Ziele hatten einen starken Einfluss auf die Entscheidungsverfahren innerhalb der NASA. Beispielsweise wurden gewichtsreduzierende Konstruktionsänderungen am Orbiter vorgenommen, um den Einbau militärischer Anlagen zu kompensieren. Diese Modifizierung äußerte sich jedoch in der Ausrangierung

2.2 Soziologische Katastrophenforschung

zweier Fluchtraketen, die als „letzte Ausstiegsmöglichkeit" für die Astronauten im Orbiter bei Problemfällen vorgesehen waren. (vgl. Vaughan 1997, S. 21 f.) Zudem war das Raumfahrtprogramm von Budgetlimitierungen geprägt, die aus einem langwierigen Abwägungsprozess zwischen gegenwärtigen Entwicklungskosten und zukünftigen Betriebskosten resultierten und von der amerikanischen Regierung initiiert wurden. Die Budgetbeschränkungen setzte die NASA durch Budgetkürzungen für Sicherheitsprüfungen und die Reduzierung geplanter Zeitkontingente für Entwicklungsarbeiten an den technischen Shuttle-Komponenten um. (vgl. ebd., S. 20) Vaughan beschreibt diesen Prozess als Transformation von „cadillac to camel". (ebd.) Diese Entwicklung führte zu einem dauerhaften Produktionsdruck innerhalb der NASA. Der Bestand des Raumfahrtprogramms hing in erster Linie von dem kommerziellen Erfolg und somit von der Anzahl der erfolgreich durchgeführten Shuttle-Starts pro Jahr ab. Die daraus resultierende Vorausberechnung von sechzig betriebsmäßigen Shuttle-Starts pro Jahr erzeugte daher einen hohen Zeitdruck. (vgl. ebd., S. 23 f.) Auch der folgenreiche Entschluss zur Verwendung von Feststoffraketen (SRB) als Starthilfsträgerraketen anstatt Flüssigstoffraketen (LRB) resultierte aus diesem Produktionsdruck. Obwohl die NASA kaum Erfahrung mit der Nutzung von SRBs als Trägerraketen aufwies, da diese in der Regel auf militärische Ansprüche ausgerichtet sind (auch daran wird der Konflikt zwischen der Erfüllung militärischer und sicherheitsbetreffende Ziele deutlich), fiel die Entscheidung auf den Gebrauch von Feststoffraketen, weil diese sowohl für angesetzte Testflüge wie auch für betriebsmäßige Einsätze schnell wieder aufbereitet werden können. (vgl. ebd., S. 21) Wie Vaughan feststellt, spiegelte sich der Produktionsdruck auch in den kulturellen Überzeugungen der NASA wider. Denn seit Beginn des NSTS- Projekts waren die zeitlichen und finanziellen Limitierungen sowohl dem Management wie auch den Ingenieuren bewusst. Die formalen Beschränkungen begegneten den Ingenieuren täglich und beeinflussten auch das „Acceptable Risk"-Verfahren, sodass Restrisiken als akzeptabel eingeschätzt und im Alltag der Ingenieure als normal wahrgenommen wurden. Demnach verstärkte der allgegenwärtige Produktionsdruck ebenso wie die Bedingungen der „structural secrecy" die Normalisierung von Devianz innerhalb der NASA. (vgl. ebd., S. 222 ff.) Vaughan folgert, dass die spezifische Kultur der NASA auch durch die Einbettung in die kulturellen Überzeugungen der amerikanischen Gesellschaft bedingt ist:

> (…) capitalism and competition are *the* economic way; concerns with cost, production goals, and efficiency dominate industries (…) in making the choices that they did, the work group was not only responding to these overarching and overlapping cultural beliefs but reproducing, affirming and reinforcing them. They conformed, aligning their actions with the institutionalized cultural meaning systems and expectations that constituted their worldview. (Vaughan 1997, S. 237)

2.2.1.2.4 Fazit zur „Challenger"-Katastrophe

Aus der jahrelangen Konformität zum „Acceptable Risk"-Verfahren, in Wechselwirkung mit den Bedingungen der „structural secrecy" wie auch durch das reziproke Verhältnis zur Umwelt entstand innerhalb der Organisation NASA eine beständige Weltanschauung, in der sich Normabweichungen neutralisierten und zu einer Institutionalisierung von Devianz als Norm führten. Dieser Prozess war es, der für die fünfundzwanzigste Mission des NSTS und zugleich zehnte Raumfahrt des Challenger-Shuttles ein katastrophales Ende nahm. Ein viertel Jahrhundert später wurde das NSTS-Programm der NASA aus Rentabilitätsgründen eingestellt und ein neues Programm initiiert, namentlich „Multi-Purpose Crew Vehicle" (MPCV), das bemannte Raumfahrten mit „Mehrzweck-Raumschiffen" möglich machen soll. Die Mindestanforderungen dieses neuen Raumfahrttypus wurden ähnlich wie im Fall des NSTS-Programms ebenso im Vorfeld festgelegt wie der Termin der Einsatzfähigkeit und die Höhe der Finanzierung. Das Verfahren, in der Entwicklungsphase von Projekten Risiken zu erörtern und diese im Hinblick auf eine Differenz zwischen der angestrebten Norm und dem faktischen Zustand als akzeptierbar zu bewerten, wird von der NASA weiterhin eingesetzt. (vgl. NASA 2011)

2.2.2 Unvermeidbare Unfälle: Perrows „normal accident"-Perspektive

Perrows Theorie beruht auf der grundlegenden Annahme, dass soziotechnische Systeme eine Eigendynamik entwickeln, die Unfälle und Katastrophen trotz effizienter Sicherheitsvorkehrungen und ausgereifter Sicherheitstechnik unausweichlich macht. Laut Perrow besitzen jene Systeme eine immanente Störanfälligkeit, das heißt, dass die gesamten Komponenten eines Systems zu Fehlern disponiert sind und dazu neigen, wechselseitig aufeinander einzuwirken. Unabhängig von ihren eindeutig erkennbaren Gefährdungen, wie beispielsweise radioaktive Brennstäbe in Kraftwerken oder eingelagerte Pockenviren in Instituten der Infektionsforschung, seien soziotechnische Systeme dadurch mit einem unbeherrschbaren Risikopotenzial behaftet, das zwangsläufig zu Störungen[16] führt und somit Unfälle, obwohl diese selten auftreten, eine „normale" Konsequenz des Systems sind. (vgl. Perrow 1987, S. 16 ff.) Demnach sind Unfälle und Katastrophen nicht

---

[16] Als Störungen werden nach Perrow Zwischenfälle bezeichnet, welche in ihrem Auftreten die Funktion des Systems entweder völlig unterbrechen oder in einem derartigen Umfang beeinträchtigen, dass unmittelbare Reparaturmaßnahmen notwendig sind. Dabei ist auch zu betonen, dass Störungen sich nicht zwangsläufig zu Unfällen ausbreiten. (vgl. Perrow 1987, S. 100)

2.2 Soziologische Katastrophenforschung

undifferenziert auf menschliche Fehler zurückzuführen, sondern vielmehr das Ergebnis spezifischer Systemeigenschaften. Die inhärente Anfälligkeit für Zwischenfälle oder gar ganze Ausfälle führt Perrow auf manifeste Unzulänglichkeiten der Organisationen zurück. (vgl. ebd., S. 26) Die Fähigkeiten der in der Gesellschaft lebenden Individuen und insbesondere ihre Organisationsfähigkeit seien begrenzt, sodass keine Organisation in der Lage ist, hochentwickelte Technologisierungen zu kontrollieren.

> Our ability to organize does not match the inherent hazards of some of our organized activities. Better organization will always help any endeavor. But the best is not good enough for some that we decided to pursue. (Perrow 1984, S. 10)

So sollte laut Perrow in einer Gesellschaft, in der sich hochriskante Technologien stetig vermehren und selbst ein tieferes Verständnis über ihre Funktionsweisen nicht ausreicht, um sie zu kontrollieren, zur Debatte stehen, ob der Nutzen dieser Technologien das Eingehen derartig unabsehbarer Risiken rechtfertigt. (vgl. Perrow 1987, S. 15)

Im Folgenden werden Perrows untersuchungsleitenden Konstrukte vorgestellt, um einen Zugang zu seiner auf systemische Eigenarten ausgerichtete Erklärung von Unfällen und Katastrophen zu gewinnen.

2.2.2.1 Perrows untersuchungsleitenden Konstrukte

Um Störungen miteinander in Beziehung setzen zu können und so ein Konzept zu generieren, das sich auf Unfälle anwenden lässt, ordnet Perrow die verschiedenen Systemkomponenten sechs Bereichen zu, welche er unter dem Begriff „DEPOSE"- Komponenten zusammenfasst: Konstruktion (design), technische Ausstattung (equipment), Abläufe (procedures), Personal (operators), Betriebsmittel und -materialen (supplies) wie auch die Umwelt (environment). (vgl. Perrow 1987, S. 22 f.) Um zwischen unerheblichen Störungen und Unfällen differenzieren zu können, also letztlich Systemunfälle zu identifizieren, führt Perrow in Ergänzung zu den angeführten DEPOSE-Komponenten eine Systemunterteilung in vier Ebenen ein. Er unterscheidet zum einen zwischen „Teilen", den kleinsten Komponenten eines Systems, wie z. B. Ventile oder Schrauben, auf der ersten Ebene, und zum anderen „Einheiten" auf der zweiten Ebene, die funktional aufeinander bezogene Zusammensetzungen einzelner Teile darstellen, wie z. B. eine Zentrifuge oder ein Motor. (vgl. ebd., S. 99) Störungen auf der ersten und der zweiten Ebene, also Schäden oder Ausfälle an Teilen oder Einheiten, bezeichnet Perrow als „Störfälle". Zwischenfälle dieser Art beeinträchtigen das System in der Regel geringfügig, dennoch besitzen sie gleichzeitig das Potenzial, mit Komponenten auf der dritten und/oder der vierten Untersuchungsebene zu interagieren und so in einen Unfall überzugehen. (vgl. ebd., S. 105) Systembestandteile der dritten Ebene beschreibt Perrow als „Subsysteme", womit Kopplungen von mindestens zwei Einheiten beschrieben werden. Ein solches Aggregat bildet z. B. eine Lautsprecheranlage, welche sich aus wenigstens einem Lautsprecher und einem Verstärker zusammensetzt. Auf der vierten Untersuchungsebene verbinden sich letztlich die gesamten Systemkomponenten zu einem „Gesamtsystem", wie z. B. einem Schiff, Flugzeug oder Bergwerk. Alles was darüber hinausgeht, ist Teil der Systemumwelt. (vgl. ebd., S. 99) Störungen, die sich bis zur dritten und/oder vierten Ebene ausweiten, werden in Abgrenzung zur Gruppe der Störfälle als Unfälle determiniert. Bei dieser Ereigniskategorie führt Perrow eine weitere, für die Analyse von Unfällen wesentliche Unterscheidung ein: die Differenzierung zwischen Komponenten- und Systemunfällen. Während ein Komponentenunfall einen aufgrund des betrieblichen Ablaufs vorhersehbaren Zwischenfall oder Ausfall mindestens einer Komponente bezeichnet, beinhaltet die Zuordnung als Systemunfall mindestens zwei Störungen, die weitgehend autonom voneinander, d. h. in verschiedenen Einheiten oder Subsystemen, auftreten und miteinander unvorhersehbar oder undurchschaubar[17] interagieren. Insofern liegt der Unterschied zwischen einem Komponenten- und einem Systemunfall nicht in der jeweiligen Unfallauslösung, also in einer einzelnen Störung einer Einheit oder eines Subsystems, sondern darin, ob Wechselwirkungen zwischen mehreren Ausfällen vorhersehbar und durchschaubar sind oder nicht. Komponentenunfälle besitzen nach Perrows allgemeiner Einschätzung eine weitaus höhere Ereigniswahrscheinlichkeit als Systemunfälle, da die Kenntnis von möglichen Interaktionen zwischen Störungen nicht mit der Fähigkeit gleichzusetzen ist, diese zu verhindern oder in ihren Verlauf einzugreifen. (vgl. ebd., S. 105 f.) Systemunfälle beinhalten dagegen ein höheres Schadenpotenzial, da die Folgen von interagierenden Störungen für das System unerwartet auftreten, unberechenbar erscheinen und dementsprechend unkontrollierbar sind. Diese soziotechnischen Systemen innewohnende Eigenschaft zur Interaktion zwischen Störungen, mit der Folge, dass Zwischenfälle sich bis auf die Ebene des Gesamtsystems extendieren, beschreibt Perrow mit den zwei Dimensionen „Komplexität" und „Kopplung". Damit erklärt er spezifisch, in welcher Art und Weise das System im Inneren verknüpft ist und wie Störungen miteinander interagieren, sodass Systemunfälle überhaupt geschehen. (vgl. ebd., S. 136 ff.) Hohe Komplexität und enge

---

[17] Die Verwendung dieses Begriffs bezieht sich auf den Umstand, dass Interaktionen zwischen Systemkomponenten durchaus eingeplant sein können, aber wiederum selten in Funktion genommen werden. Dies hat zur Folge, dass potenzielle Wechselwirkungen zwischen Komponenten den Operateuren des Systems nicht präsent sind und in der auftretenden Situation als undurchschaubar erscheinen. (vgl. Perrow 1987, S. 114)

Kopplung stellen dabei inhärente Systemmerkmale dar, die ein Versagen dieses Systemtypus unvermeidlich machen. (vgl. ebd., S. 18) Im Folgenden sollen die Dimensionen Komplexität und Kopplung als Beschreibungsmaßstäbe soziotechnischer Systeme erläutert werden.

2.2.2.1.1 Komplexität versus Linearität

Der Begriff Komplexität bezeichnet die Tendenz zu unvorhergesehenen Interaktionen zwischen Systemkomponenten, dessen Verknüpfung nicht beabsichtigt ist. (vgl. Perrow 1987, S. 111 ff.) Perrow definiert die jeweilige Komplexität eines Systems über die Anzahl und die Interaktionen seiner Komponenten und setzt diese mit einer Neigung zu Störungen gleich. (vgl. ebd., S. 17) Komplexe Systeme zeichnen sich durch eine „Common-Mode-Funktion" aus, das heißt, dass die Komponenten eines Systems nicht nur einer, sondern mehreren Funktionen dienen. Aufgrund dieser Mehrfunktionalität steigt die Frequenz von unvorhergesehenen Interaktionen zwischen Komponenten und somit auch die Wahrscheinlichkeit von Störungen. (vgl. ebd., S. 107 f.) Die Systemeigenschaft der Komplexität ist dem in der Großindustrie vorherrschenden Systemmerkmal der „Linearität" entgegengesetzt, welches vorhersehbare und geradlinige Interaktionen unifunktionaler Systemkomponenten beschreibt. Störungen, die aus linearen Interaktionen resultieren, sind leichter zu lokalisieren und zu beheben als Störungen, dessen Ursprung in komplexen Interaktionen liegt, da Auswirkungen auf andere Systemkomponenten klar erkennbar sind.[18] (vgl. ebd.) Zwischenfälle, die auf komplexe Interaktionen im System zurückzuführen sind, verwirren hingegen das Bedienpersonal, weil es nicht mit solchen Störungen rechnet und die Ursache des Ausfalls aufgrund von Verzweigungen und Rückkopplungsschleifen in der Interaktion der Systemkomponenten undurchsichtig ist. (vgl. ebd., S. 128 f.) Zudem verfügt das Bedienpersonal in der Regel über spezialisierte Fachkenntnisse und ist gegenüber den restlichen Mitarbeitern im Betrieb isolierter, sodass ein Überblick über die Bandbreite potenzieller Interaktionen zwischen Systemkomponenten kaum möglich ist. (vgl. ebd., S. 127) Hinzukommend werden Informationen über Störungen an eine Vielzahl von miteinander verbundenen Kontrollinstrumenten übertragen, sodass Informationen von den Operateuren des Systems lediglich abgeleitet werden können. Derartig indirekte Informationen erhöhen die Wahrscheinlichkeit von Fehldeutungen,

---

[18] Zwar besteht auch in linearen Systemen die Möglichkeit, dass komplexe Interaktionen auftreten und diese für das Bedienpersonal nicht unmittelbar erkennbar sind, allerdings geschieht dies innerhalb eindeutig festgelegter Bereiche des Betriebsablaufs. So werden unvorhergesehene Interaktionen durch Kontrollinstrumente angezeigt und die Bedienmannschaft anhand dieser direkten Informationen über Störungen informiert. (vgl. Perrow 1987, S. 116)

da bei der Interpretation von Werten oder Anzeigelampen ein Toleranzbereich besteht. (vgl. ebd., S. 122 f.) In komplexen Systemen sind demnach Störungen grundsätzlich schwerer zu neutralisieren als in linearen Systemen. Um komplexen Interaktionen vorzubeugen und somit zu verhindern, dass sich ein Störfall zu einem Unfall ausweitet, sind Sicherheitsvorkehrungen, sogenannte Redundanzen, im System vorgesehen. (vgl. ebd., S. 134 f.) Wie jedoch beschrieben, treten komplexe Interaktionen unvorhergesehen auf und verschleiern den Ursprung der Störungen und somit auch den Weg zur Störungsbeseitigung. Daher besitzen die Operateure des Systems kaum Möglichkeiten, Störungen zu identifizieren und geeignete Sicherheitsmaßnahmen zu ergreifen. Und sobald andere Teile, Einheiten oder Subsysteme des Systems erreicht werden, besitzen komplexe Interaktionen das inhärente Potenzial, sich zu vervielfachen. (vgl. ebd., S. 111 f.) Die vorwiegende Taktik, komplexe Systeme um redundante Komponenten zu erweitern, bewirkt in dieser Hinsicht das Gegenteil, da additionale Redundanzen auch zusätzliche Komplexität bedeuten. (vgl. ebd., S. 108; Hagen 1980, S. 184 ff.)

2.2.2.1.2 Enge Kopplung versus lose Kopplung

Mit der Dimension Kopplung wird in erster Linie das Potenzial von Interaktionen zwischen Komponenten im System beschrieben. Eine enge Kopplung zwischen Systemkomponenten bedeutet, dass zwischen mindestens zwei miteinander verbundenen Bestandteilen des Systems kein bzw. kaum ein Spielraum existiert, sodass sich sämtliche Prozesse der einen Komponente direkt auf die Vorgänge der anderen auswirken. Ein solches Abhängigkeitsverhältnis führt dazu, dass die Gesamtheit einzelner Betriebsabläufe unveränderlich festgelegt ist und die Betriebsvorgänge an sich lediglich einen Weg zur Realisierung vorgegebener Ziele erlauben. (vgl. Perrow 1987, S. 136) Prozesse erfolgen in einem raschen Tempo und können im Betrieb weder einfach abgeschaltet werden, noch lassen sich Subsysteme von den übrigen Systemeinheiten isolieren. (vgl. ebd., S. 17 f.) Dies spiegelt nicht nur eine hohe Inflexibilität und eine ausgeprägte Zeitgebundenheit der Prozesse im System wider, sondern bedeutet zugleich auch, dass Unterbrechungen des Betriebsablaufs für das System kaum tragbar sind, wenn auf sie nicht unmittelbar und mit normierten Handlungen reagiert wird. Eng gekoppelte Systeme können sich insofern nur schwer regenerieren, es sei denn, es sind vorher Substitutionsmöglichkeiten und Sicherheitsvorkehrungen fest einkalkuliert. (vgl. ebd., S. 132 f.) Demgegenüber besitzen lose gekoppelte Systeme die Eigenschaft, Störungen zu absorbieren, ohne sich dabei zu destabilisieren. Verzögerungen im Betriebsablauf oder gar ganze Unterbrechungen werden von dem System schadenfrei ausgehalten und ohne den Einsatz unannehmbar hoher Kosten neutralisiert. (vgl. ebd., S. 134) Die relative Unabhängigkeit der einzelnen Systemkomponenten zueinander und der dadurch

2.2 Soziologische Katastrophenforschung

verfügbare Spielraum ermöglicht eine problemlose Substitution von Materialen, Operateuren oder Verfahren im System.[19] Abläufe können nach Bedarf modifiziert werden oder technische Geräte neu installiert wie auch entfernt werden. Lose gekoppelte Systeme sind vielseitig in Mitteln und verkraften im Gegensatz zu eng gekoppelten Systemen alternative Methoden zur Realisierung von Zielen. (vgl. ebd., S. 136)

2.2.2.2 Reentry: Der „normale" Unfall

Wie die Beschreibung der Dimensionen Komplexität und Kopplung zeigt, bilden komplexe Interaktionen und starre Kopplungen als immanente Eigenschaften soziotechnischer Systeme die Ursache für jene systemische Störanfälligkeit. Zeichnet sich ein System sowohl durch hohe Komplexität wie auch durch enge Kopplung aus, ist ein Unfall laut Perrow zwangsläufig vorprogrammiert und stellt ein „normales" Ergebnis des Systems dar. (vgl. Perrow 1987, S. 18) Ereignet sich in einem solchen System ein Störfall, ist dieser für die Operateure wegen der hohen Komplexität nicht sofort ersichtlich und hinsichtlich seines Ursprungs wie auch seines Umfangs schwer zu beurteilen. Aufgrund der starren Kopplung weitet sich die Störung womöglich aus und interagiert mit anderen, autonom aufkommenden Defekten, sodass jener anfänglich banale Störfall schnell unkontrollierbar wird. Da dem Bedienpersonal durch die Kontrollinstrumente in der Regel nur indirekte Informationen zur Verfügung stehen, können Störungen mitunter für einen langen Zeitraum unentdeckt bleiben, insbesondere dann, wenn zudem Defekte an technischen Kontrollanlagen auftreten oder sogar durch die Aktivierung automatischer Sicherheitsvorkehrungen mit weiteren Störungen interagieren. Verfügt das Bedienpersonal nicht über ein zusammenhängendes Verständnis für das Gesamtsystem, werden womöglich Schritte eingeleitet, die sich aufgrund des hohen Interaktionsgrades zwischen den Systemkomponenten im Nachhinein als zwecklos oder sogar nachteilig erweisen. Beispielsweise zeigt Perrows Analyse des Reaktorunglücks von „Three Mile Island"[20], dass eine simple unerkannte Störung des Systemteils „Dichtungsring" sich auf die Systemeinheit „Dampferzeuger" auswirkte und mit einer weiteren benachbarten Systemeinheit „Kühler" interagierte. In sehr kurzer Zeit weitete sich der Störfall auf das Subsystem „Druckwasserreaktor" aus, mit der Konsequenz, dass ein automatischer Sicherheitsmechanismus aktiviert und der

---

[19] Ungeplante bzw. zusätzliche Kosten stellen in keiner Organisation positive Sachverhalte dar, dennoch sind zeitweilige Kosten oder gar Qualitätsminderungen bedeutend leichter hinzunehmen als eine Schädigung des Systems selbst. (vgl. Perrow 1987, S. 134)

[20] „Three Mile Island" bezeichnet eine Kernreaktoranlage in Pennsylvania. Der Reaktorunfall im Jahr 1979 war bis Tschernobyl der schwerste Unfall in der Historie der Kernkraftindustrie. (vgl. Perrow 1987, S. 33)

Kernreaktor abgeschaltet wurde. Das Herunterfahren des Reaktors signalisierte dem Bedienpersonal, Wasser zur Kühlung in den Reaktorkern zu pumpen, allerdings korrelierte diese Maßnahme wiederum mit zuvor unabhängig durchgeführten Wartungsarbeiten, durch die zwei Ventile der Notspeisewasserleitungen statt geöffnet geschlossen waren. Dem Bedienpersonal war weder ersichtlich, dass es sich lediglich um einen defekten Dichtungsring handelte, noch dass die Notspeisewasserleitungen blockiert waren. Die Aktivierung der Pumpen löste sodann die Wasserzufuhr in den Leitungen aus, allerdings erreichte das kühlende Wasser nicht den Reaktorkern, da jene Leitungen blockiert waren. Dem Bedienpersonal wurde die Wassereinspeisung zwar durch Kontrollinstrumente angezeigt, nicht jedoch die Blockierung in den Leitungen, sodass die langsam eintretende Kernschmelze ein bedrohliches Rätsel darstellte. Bis das Bedienpersonal die auftretenden Störungen identifizieren konnte, war der Reaktorkern zunehmend freigelegt und die Schäden durch die Freisetzung von radioaktiver Strahlung gravierend. (vgl. ebd., S. 33 ff.)

Dieser undurchschaubare Systemablauf ist laut Perrow für ein hochkomplexes und eng gekoppeltes System, wie es ein Atomkraftwerk ist, typisch. Individuelle Fehler der Operateure sind in diesem Kontext sekundär, da die ausgeprägte Komplexität und Kopplung des Systems unvermeidlich zu fehlerhaften Reaktionen des Bedienpersonals führt. Das Problem liegt dabei in der Organisation selbst, und zwar in den widersprüchlichen Anforderungen an die Organisationsstrukturen. Auf der einen Seite erfordern soziotechnische Systeme aufgrund von hoher Komplexität zentralisierte Strukturen, damit die Kontrolle der Operateure über festgelegte Arbeitsschritte und konstante Abläufe geregelt ist. Und auf der anderen Seite benötigt ein derartiges System aufgrund seiner engen Kopplung dezentralisierte Strukturen, damit Operateure bei auftretenden Störungen einen gewissen Handlungsspielraum besitzen, um so flexibel auf Zwischenfälle reagieren zu können. (vgl. ebd., S. 25) Auch Maßnahmen zur Verbesserung der technischen Ausrüstungen oder erweiterte Ausbildungen des Personals ändern an dieser Situation nichts, sondern wirken sich kontraproduktiv aus, da sie die Komplexität des Systems steigern. (vgl. ebd., S. 55; Sagan 1995, S. 58 ff.) In Bezug auf die Luftfahrt relativiert Perrow hingegen seine Ansichten. Im Bereich der Flugsicherung, also bei der Kontrolle des Luftverkehrs, ist es nachweislich gelungen, die Komplexität und enge Kopplung des Systems durch eine effizientere Organisation und technische Verbesserungen zu reduzieren. (vgl. Perrow 1987, S. 29 f.; Vaughan 2004, S. 15 ff.) Hinsichtlich der industriellen Schifffahrt beobachtet Perrow allerdings eine gegenteilige Entwicklung. Im Folgenden soll deshalb insbesondere im Hinblick auf die nachstehende Analyse des Schiffsunglücks der Costa Concordia auf die Feststellungen Perrows eingegangen werden.

2.2.2.3 Das System Schiff

Wie Perrows Recherchen zeigen, steigt die Quote von Schiffsunfällen entgegen einer konträren Erwartungshaltung in der Gesellschaft fortlaufend. Obwohl die Schifffahrt zunehmend Normierungen auf nationaler und internationaler Ebene unterworfen ist und Schiffe verstärkt mit technischen Hilfsinstrumenten ausgestattet werden, wie z. B. Satellitennavigationssysteme, spezielle Seenot-Rettungssysteme oder Antikollisionssysteme, um das Unfallrisiko zu verringern, stieg die durchschnittliche Anzahl der Schiffsunfälle pro Jahr in den letzten Jahrzehnten kontinuierlich.[21] Wie Fallanalysen der amerikanischen Küstenwache (Coast Guard) im Zeitraum von 1970 bis 1974 zudem zeigen, spielten bei 89,4 % der untersuchten Schiffsunglücke Verletzungen von Schiffsverkehrsregeln und situative Fehleinschätzungen der Schiffsbesatzung eine Rolle. (vgl. Gardenier 1976, S. 349 ff.) Perrows eigene Analysen weisen darauf hin, dass nahezu 10 % der dokumentierten Schiffsunglücke als Systemunfälle zu bewerten sind. (vgl. Perrow 1987, S. 220 f.) In diesem Zusammenhang schreibt er der Schifffahrt einen fehlerinduzierenden Charakter zu und argumentiert, dass in einem solchen System Unfälle nicht auf vermeintliche Fehler der Besatzung zurückgeführt werden dürfen, weil die spezifische Kombination von Systemkomponenten jene Fehleranfälligkeit des Systems bedingt. (vgl. ebd.) Wie Perrow anhand der Untersuchungsprotokolle der amerikanischen Untersuchungsbehörde für Sicherheit im Transportwesen (NTSB) eruiert, werden Schiffsunglücke jedoch schnell mit einem mutmaßlichen Fehlverhalten der Besatzung erklärt. So zeigen diese Ergebnisse, dass in 80 % der Fälle ein menschliches Versagen für Schiffsunfälle verantwortlich gemacht wird. (vgl. ebd., S. 268) Nach Perrow weist das System Schifffahrt allerdings heterogene Fehlerquellen auf, die in einer derart selbstverständlichen Weise auftreten, sodass sie vom regulären Betriebsgeschehen schwer zu differenzieren sind. (vgl. ebd., S. 222)

Aus den Dimensionen Komplexität und Kopplung leitet Perrow sein Verständnis über ein fehlerinduzierendes System ab. Im Hinblick auf die Schifffahrt stellt er fest, dass Subsysteme wie Versicherungsgesellschaften und Reedereien zu lose gekoppelt sind, die soziale Organisation an Bord hingegen auf eine zu enge Kopplung hindeutet. Andere Aspekte, wie z. B. die Beziehung zur internationalen Seeschifffahrts-Organisation (IMO)[22], welche Völkerrechtsabkommen erarbeitet und auf diese Weise die internationale Schifffahrt reguliert, wie auch die verstärkte

---

[21] Perrow bezieht sich hierbei auf Berichte der amerikanischen Untersuchungsbehörde für Sicherheit im Transportwesen (NTSB), die sich im Zeitraum von 1970 bis 1980 mit der Analyse von 82 Schiffsunglücken befasste. (vgl. Perrow 1987, S. 230 f.; für genaue Aktenzeichen siehe in Perrow (1987) die Bibliografie auf S. 421 f.)

[22] Die Abkürzung IMO steht für International Maritime Organization. Die IMO verabschiedet internationale Abkommen zur Verbesserung der Sicherheit und Effizienz in der See-

Ausstattung mit technischen Instrumenten an Bord, sind mit komplexen Interaktionen verbunden, während die zentralisierten Organisationsstrukturen an Bord zu linear sind. Diese eigentümliche Beziehung zwischen Systemkomponenten bewirkt nach Perrow die Induktion von Fehlern in diesem System. (vgl. ebd.) Nachstehend soll der fehlerinduzierende Charakter des Systems Schifffahrt durch vier thesenbasierte Kategorien näher erörtert werden.

1. Der fehlerinduzierende Charakter liegt in der sozialen Organisation der Schiffsbesatzung.

Die zentralisierte Leitung an Bord eines Schiffs durch den Kapitän mindert nicht nur die Möglichkeit der Offiziere, in problematischen Situationen Fehler des Kapitäns zu verhindern oder auszubessern, sondern zwingt ihnen durch die Befehlsgebundenheit zugleich auch jene Wirklichkeitsinterpretation auf, die der Kapitän aus einer mehrdeutigen Situation zu einer eindeutigen konstruiert. Infolgedessen werden lediglich Informationen zugelassen, die dem konstruierten Wirklichkeitsbild entsprechen, während parallel Informationen ignoriert oder entwertet werden, die dieser Situationsinterpretation widersprechen. Während in der Luftfahrt der Pilot und der Ko-Pilot eines Flugzeuges ihre Wirklichkeitseinschätzungen gegenseitig überprüfen, lassen sich in der Schifffahrt eine Vielzahl von Fällen dokumentieren, in denen Offiziere auf Deck mit Ruhe beobachten, wie der Kapitän mit seinem Schiff havariert. Eine streng autoritäre Befehlsstruktur an Bord eignet sich demnach nicht mehr für komplexe Systeme, insbesondere nicht in kritischen Situationen. (vgl. ebd., S. 223 ff.) Zuspruch für eine solche Organisationsstruktur an Bord erfolgt jedoch sowohl von den Versicherungsgesellschaften wie auch von den Reedereien, da der Kapitän als einzig Verantwortlicher an Bord bei Unfällen zugunsten der Schiffseigner und Versicherer auch schnell als allein verantwortlich gilt. (vgl. ebd., S. 275) Zudem werden in dem System Schifffahrt Bedienungsfehler durch die soziale Organisation an Bord nahezu erzwungen. Es ist nicht außergewöhnlich, dass sich die Schiffsbesatzung aus zwanzig verschiedenen Nationen zusammensetzt und neben mäßigen Englischkenntnissen auch mäßig die jeweilige Bordsprache spricht, die durch den schiffszugehörigen Flaggenstaat bestimmt ist. Kommunikationsprobleme zwischen der Kommandobrücke und dem Maschinenraum sind eine normale Konsequenz dieser Gegebenheiten. Auch der, durch die branchenspezifische Personalfluktuation bedingte, stetige Wechsel von Besatzungsmannschaften verschärft die Situation an Bord, weil so in der Regel wenig

---

schifffahrt, zur Vermeidung von Meeresverschmutzungen und zur Förderung des Schutzes von Seeleuten hinsichtlich ihrer Arbeitsbedingungen. (vgl. IMO 2012a)

2.2 Soziologische Katastrophenforschung

Anreize gegeben sind, Ausstattungen und Ausrüstungen in einem ordentlichen Zustand zu halten oder Kontakte zu Besatzungsmitgliedern aufzubauen. (vgl. ebd., S. 220)

2. Der fehlerinduzierende Charakter liegt in dem auf das System Schifffahrt ausgeübten wirtschaftlichen Druck.

Im System der Schifffahrt kann ein Schiff laut Perrow mit „schwimmendem Kapital" gleichgesetzt werden, das sich durch eine termineinhaltende Abfahrt von Routen vermehrt. Diese Metapher geht auf die Überlegung zurück, dass in diesem System ökonomische Zwänge existieren, die sich als Zeitdruck auswirken und Kapitäne dazu nötigen, Risiken einzugehen. Die allgemein verbreitete Theorie, dass bei Schiffskapitänen eine sogenannte Risikohomöostase[23] stärker ausgeprägt ist als bei anderen Berufsrollen, ersetzt Perrow durch die Untersuchung jenes Systems, in dem ein solches Risikoverhalten beobachtet wird. Laut seiner Vermutung ist die Risikobereitschaft bei denen zu finden, die das System kontrollieren, ohne dabei einer Sicherheitsgefährdung ausgesetzt zu sein. (vgl. ebd., S. 225 f.) Durch die Implementierung zusätzlicher Sicherheitskomponenten, wie z. B. Antikollisionssysteme, Schiffsradar Transponder, VHF-FM-Funksprechanlagen oder Tiefenmesser, entstehe ein Sicherheitsspielraum, durch den neue Belastungsgrenzen erschlossen werden.[24] Diese Redundanzen ermöglichen den Kapitänen, vorgegebene Routen ökonomisch effizienter und müheloser, d. h. mit einem geringeren Arbeitsaufwand, zu befahren. Beispielsweise können durch die automatischen Kursermittlungen des eigenen wie auch anderer sich nähernder Schiffe selbst bei schlechten Wetterverhältnissen Seestrecken mit höheren Geschwindigkeiten zurückgelegt werden. Weitere Radarinstrumente ermöglichen es, den genauen Tiefgang eines Schiffes zu bestimmen, sodass Routen in Küstennähe, obwohl diese für industrielle Zwecke nicht vorgesehen sind, befahren werden, um eine kürzere und

---

[23] Die psychologische Theorie der Risikohomöostase (RHT) beruht vereinfachend auf der Annahme, dass Individuen dazu neigen, verstärkt Risiken einzugehen, wenn ihr Arbeitsgebiet mit zusätzlichen Sicherheitsvorkehrungen ausgestattet wird. (vgl. Peltzman 1975, S. 677 ff.)

[24] Antikollisionssysteme (CAS) wie auch Schiffsradar Transponder (MRIT) erarbeiten Radardaten, auf Basis derer Geschwindigkeiten und einprogrammierte Kurse des eigenen oder anderer Schiffe übermittelt werden können. Während das CAS zudem automatisch den geringsten Passierabstand (CPA) zwischen zwei Schiffen berechnet, übermittelt der MRIT sowohl die geladene Fracht wie auch den Tiefgang eines Schiffes. Tiefenmesser hingegen stellen eine Weiterentwicklung der früher verwendeten Lotleine dar und fungieren als Navigationshilfen, indem sie Kursabweichungen anzeigen. Durch die Einführung der VHF-FM-Funksprechanlagen ist es möglich geworden, dass zwei oder mehrere Schiffe untereinander Funkkontakt halten können. (vgl. Perrow 1987, S. 251 ff.)

somit schnellere Durchfahrt zu erzielen. Nach Perrow weisen derartige Verletzungen von Schiffsverkehrsregeln den engsten Zusammenhang mit wirtschaftlichen Interessen der Reedereien auf. Insbesondere in der Frachtschifffahrt sind z. B. Kollisionen zwischen Schiffen aufgrund zu hoher Geschwindigkeiten ein Indiz für einen enormen Druck, Liefertermine oder Vorgaben der Frachtumladung einzuhalten. (vgl. ebd., S. 250 ff.) Diese Praktiken spiegeln den Druck der Reedereien auf die Kapitäne wider, der sie dazu veranlasst, solche Risiken einzugehen, um vorgegebene Ziele zu realisieren. Der Einbau von Redundanzen steigert zwar die Leistungsfähigkeit der einzelnen Schiffe, jedoch bleibt das Risiko für diese auf der Meeresstraße konstant. Reedereien, die mit Vorwürfen der Druckausübung konfrontiert werden, können diese leicht durch eine Berufung auf ihre festgelegten Vorschriften entschärfen und dadurch formal belegen, dass die Sicherheit auf See vor wirtschaftlichen Interessen ein primäres Ziel darstellt. (vgl. ebd., S. 227) Des Weiteren steigern jene additionalen Sicherheitsvorkehrungen auch die Komplexität des Systems, da beispielsweise Radargeräte neben der Funktion der Kursermittlung auch dazu benutzt werden, Richtbaken[25] zu beobachten oder weitere Navigationshilfen zu überwachen. (vgl. ebd., S. 252) Darüber hinaus zeigen die Unfallanalysen der NTSB aus dem Jahr 1982, dass Funksprechanlagen auf See zweckentfremdet verwendet werden.[26] Statt Sprechfunkfrequenzen für Notrufe und Informationen zu wechselnden Witterungsverhältnissen auf See zu verwenden, dokumentierten die Unfallberichte der NTSB, dass Sendefrequenzen häufig für „Klatsch und Tratsch" blockiert werden. (vgl. ebd., S. 265 f.) Derartige Praktiken führen laut Perrow zu unvorhergesehenen Interaktionen, d. h. zu einer gesteigerten Komplexität im System, während gleichzeitig aufgrund der engen Kopplung der sozialen Organisation an Bord kaum ein Potenzial für geeignete Maßnahmen besteht, Störfälle zu bereinigen und so einen möglichen Unfalleintritt zu verhindern. (vgl. ebd., S. 261)

3. Der fehlerinduzierende Charakter liegt in der Struktur der Versicherungsgesellschaften.
Wie die Unfallstatistik der Versicherungsgesellschaft Lloyd's List aus dem Jahr 1981 zeigt, wird eine geringe Wahrscheinlichkeit dafür berechnet, dass Schiffe im Verlauf eines bestimmten Jahres havarieren.[27] Demnach kalkulieren Versicherungsgesellschaften kaum ein Risiko für einzelne Schiffe ein, obwohl

---

[25] Der Ausdruck Richtbake (oder auch nur „Bake") ist ein seemännischer Fachbegriff und bezeichnet Markierungen auf See, die als Richtlinien bestimmten Fahrwasser kennzeichnen, wie z. B. Einfahrten in Häfen. (vgl. Wiebeck und Althof 1980, S. 25)

[26] Für genaue Aktenzeichen siehe in Perrow (1987) die Bibliografie auf S. 421f.

[27] Für genaue Aktenzeichen siehe in Perrow (1987) die Bibliografie auf S. 420.

2.2 Soziologische Katastrophenforschung

die durchschnittliche Anzahl der Schiffsunfälle pro Jahr stetig steigt. Perrow schlussfolgert, dass die Unfallhäufigkeit eines einzelnen Schiffs die Höhe der Versicherungsprämie kaum beeinflusst. Dies hänge damit zusammen, dass die Haftungssumme für Verluste oder Beschädigungen lediglich auf Basis der jeweiligen Größe[28] des zu versichernden Schiffs ermittelt wird, also unabhängig davon, in welchem Umfang Sicherheitstechnik installiert wurde und ob bzw. wie oft Inspektionen von Schiffen erfolgten. Versicherungsgesellschaften sind weder dazu verpflichtet, sich vor dem Abschluss eines Versicherungsvertrags von dem Zustand des zu versichernden Schiffs zu überzeugen, noch fordern sie, dass Schiffe Inspektionen unterzogen werden. Perrow leitet daraus ab, dass die Struktur des Versicherungssystems den Reedereien keinen Anlass gibt, den auf Kapitäne ausgeübten Druck zu verringern oder die Investitionen für Sicherheitsvorkehrungen an Bord zu erhöhen. Demnach trage die Intransparenz im Seeversicherungswesen dazu bei, dass Reedereien weiterhin aufgrund wirtschaftlicher Interessen Druck auf Kapitäne ausüben, mit der Konsequenz, dass diese die Komplexität und Kopplung des Systems erhöhen. Des Weiteren merkt Perrow an, dass es an sich eine schwierige Aufgabe der Versicherungsgesellschaften sei, differenzierte und leistungsbezogene Versicherungstarife in Zusammenhang mit einer Unfallquote festzulegen, da Reedereien unterschiedliche Schiffstypen mit divergierenden Schiffsgrößen führten und jedes Schiff einzeln zu versichern sei. (vgl. ebd., S. 230 ff.)

4. Der fehlerinduzierende Charakter liegt in der Problematik nationaler und internationaler Normierungen.

Schiffsunfälle sind häufig dadurch gekennzeichnet, dass sie einen rechtlichen Fall schaffen, der die Grenzen nationaler Normierungen überschreitet und sich im Bereich internationaler Normierungen bzw. völkerrechtlicher Übereinkommen wiederfindet. Dabei besteht die Schwierigkeit, dass die Durchsetzung völkerrechtlicher Normen innerstaatlich zu bewältigen ist. (vgl. Schweisfurth 2006, S. 214 ff.) Wie Perrow feststellt, trägt dieser internationale Charakter der Schifffahrt dazu bei, dass anerkannte Normen der Sicherheit auf See in der Praxis nicht eingehalten werden. In Berufung auf den im Jahr 1962 veröffentlichten „Rochdale Report"[29] erörtert Perrow, dass die Handhabung internationaler

---

[28] Mit der Verwendung des Begriffs „Schiffsgröße" bezieht sich Perrow auf die Tonnage, d. h. den Raumgehalt eines Schiffes. Insofern wird nach Maßgabe des jeweiligen Schiffsraumgehalts und anhand des Summenhaftungsprinzips, das die anzuwendenden Rechnungseinheiten determiniert, die Haftungsbeschränkung des Reeders berechnet. (vgl. Herber 1999, S. 208 ff.)

[29] Perrow bezieht sich hier auf die von Lloyd's List im Jahr 1981 rezipierten Auszüge des Rochdale Reports. (vgl. Perrow 1987, S. 236)

Abkommen dazu geführt hat, dass Reedereien, die Schiffe betreiben, in einem Land ansässig sind, die betriebenen Schiffe hingegen werden unter Flagge eines anderen Landes geführt. Darüber hinaus ist es auch üblich geworden, dass die eigentlichen Eigentümer der Schiffe in einem anderen Land ansässig sind als die unmittelbaren Schiffsbetreiber, d. h. die Reedereien. Derartige Praktiken verzerren die Jurisdiktion zugunsten der Reedereien, die so im Hinblick auf ihre wirtschaftlichen Interessen Sicherheitsvorschriften gleichermaßen übergehen können wie fiskalische Abgaben. (vgl. ebd., S. 236 ff.)

Hinsichtlich der vier vorgestellten Kategorien, die in komprimierender Weise Perrows Systemverständnis der Schifffahrt erläutern, zeigt sich zusammenfassend, dass sowohl die soziale Organisation an Bord ebenso wie die Subsysteme Reederei, Versicherung und internationale Gerichtsbarkeit dazu beitragen, die Risikobereitschaft der Kapitäne auf See zu erhöhen und das Sicherheitsbewusstsein zu senken. Mangelnde Kontrollen von Kapitänen, das uneingeschränkte Interesse der Reedereien an Wirtschaftlichkeit und ebenso die Strukturen der Versicherungsunternehmen wie auch der internationalen Jurisdiktion determinieren den fehlerinduzierenden Charakter der Schifffahrt. Wie Perrow jedoch feststellt, ist es in einem fehleranfälligen System sicherer, menschliches Fehlverhalten zu diagnostizieren, weil ein solches Ergebnis nicht das System selbst hinterfragt.

> But in an error-inducing system it is safer to cry operator error or poor weather forecastes; neither of these targets, nor the bridge pier, will disturb the system. (Perrow 1984, S. 192)

2.2.3 Zur Unfallvermeidung: Das Konzept der „High Reliability Organizations"

Das Konzept der „High Reliability Organizations" oder kurz HROs basiert auf der Annahme, dass unerwartet eintretende Ereignisse in Organisationen von ihren Mitgliedern durch eine persistent hohe Achtsamkeit bewältigt werden können. (vgl. Weick und Sutcliffe 2003, S. 14 f.) Diese Erkenntnis geht auf die frühen Beobachtungen der Forschungsgruppe um La Porte, Rochlin und Roberts zurück, die das „Berkeley High Reliability Organizations Project" im Jahr 1984 initiierten. Den Untersuchungsgegenstand bildeten dabei Organisationen, die in ihrem Alltag hochentwickelte und mit einem Risikopotenzial ausgestattete Technologien einsetzen und dennoch äußerst geringe Unfallquoten aufweisen. Als erstes Forschungsobjekt wurde die soziale Organisation auf dem nuklearbetriebenen Flugzeugträger

2.2 Soziologische Katastrophenforschung

„USS Carl Vinson" der amerikanischen Militärmarine untersucht und im Hinblick auf Entscheidungsstrukturen, Informationsübertragungsprozessen, internalisierten Normen und den Umgang mit komplexen Technologien analysiert. (vgl. Rochlin et al. 1987, S. 76 ff.) Es folgten eine Reihe weiterer Studien, die ihren Fokus neben der Analyse anderer Flugzeugträger auch auf Organisationen der Luftraumüberwachung und der Schifffahrt richteten. (vgl. Rochlin 1996, S. 55 ff.) Es zeigte sich, dass es angesichts unberechenbarer und demzufolge unkontrollierbarer Risiken, die im Kontext der HRO-Forschung als „das Unerwartete" beschrieben werden, für Organisationen, die im Umfeld hochkomplexer Technologien operieren, zwingend ist, unvorhergesehene Ereignisse zu antizipieren, diese in dem Moment ihres Auftretens zu erkennen und somit eine Ausbreitung zu einem Unfall zu verhindern. (vgl. Weick und Sutcliffe 2003, S. 67) Die Bewältigung dieser Erfordernisse geht in erster Linie auf ein sogenanntes „sensemaking" in Organisationen zurück. In dem hier beschriebenen Zusammenhang ist damit die Fähigkeit gemeint, die Bedeutung von auftretenden Ereignissen zu hinterfragen, um so den Sinn vorliegender Situationen zu erfassen, also Umstände plausibel zu machen. (vgl. Weick et al. 2005, S. 410 f.) Dementsprechend wird betont:

> Sensemaking is not about truth and getting it right. Instead, it is about continued redrafting of an emerging story so that is becomes more comprehensive, incorporates more of the observed data, and is more resilient in the face of criticism. (...) People may get better stories, but they will never get *the* story. (ebd., S. 415)

HROs zeichnen sich dadurch aus, dass das Entscheidungsverhalten ihrer Mitglieder von Mitgliedern rekonstruiert und interpretiert wird, um den Sinn getroffener Entscheidungen offenzulegen und so weiteres Entscheiden vorzubereiten. (vgl. Weick 1993, S. 635 f.) Einen praktischen Bezug erhält dieses Spezifikum durch die daraus gewonnene Ableitung einer Handlungsorientierung, die sich durch hohe Achtsamkeit auszeichnet. Im Folgenden soll dieses Konzept kurz erörtert werden.

2.2.3.1 Das Konzept von Achtsamkeit

Die Konzeption von Achtsamkeit ist als eine Managementstrategie einzuordnen, die mit der Implementierung fünf prinzipieller Normen in Form einer Sicherheitskultur auf eine bestimmte Grundhaltung von Mitarbeitern abzielt. Durch die Orientierung an gewissen Sicherheitsprinzipien sollen Mitarbeiter Einstellungen generieren, die im Betrieb der Organisation zu zuverlässigen Entscheidungen führen und somit das Sicherheitsniveau erhöhen. (vgl. Weick und Sutcliffe, S. 15 f.) Die erste handlungsleitende Richtlinie appelliert zur Konzentration auf Fehler. Für die Mitarbeiter bedeutet dies zum einen, sich Irrtümer vergangener Zwischenfälle im

Bewusstsein zu halten und sich nicht auf einer geringen Unfallquote auszuruhen, um einem Abgleiten in die Routine und einer nachlässigen Haltung gegenüber Sicherheitsstandards entgegenzuwirken. (vgl. ebd., S. 23) Und zum anderen schließt diese Prämisse zugleich eine Lernbereitschaft ein, das heißt, dass vergangene Fehler dazu genutzt werden, neue Erkenntnisse über potenzielle Probleme und mögliche Problemlösungen zu gewinnen. Fehler werden insofern als Warnsignale betrachtet, die Aufschluss über mögliche Schwächen der Organisation geben. (vgl. ebd., S. 68 f.) Um jedoch aus Zwischenfällen lernen zu können, ist es notwendig, solche Pannen zu melden, zumal diese in HROs selten auftreten. In diesem Sinne zeichnen sich HROs auch insbesondere dadurch aus, dass Fehlermeldungen positiv sanktioniert werden, allein um Vertuschungsversuchen seitens der Mitarbeiter entgegenzuwirken. Wird gegen diese Norm verstoßen, also Anomalien gegenüber dem Management vorenthalten, zieht dies indessen negative Sanktionierungen nach sich. (vgl. Roberts et al. 2001, S. 74 f.) Das zweite Leitprinzip erhebt den Anspruch, vereinfachende Interpretationen zu dezimieren, d. h. eine einfache Erwartungshaltung zu unterbinden, da diese den Beobachter von Signalen für das Unerwartete ablenken und so zu blinden Flecken in der Wahrnehmung führen. Die Norm zielt darauf ab, konträre Erwartungshaltungen in der Interaktion von Mitarbeitern zu schaffen, um die jeweilige Kritikfähigkeit zu stärken. Ungleiche Erwartungshaltungen repräsentieren demnach eine Form von Vielfalt in der Organisation, durch die es möglich wird, bei der Betrachtung eines Zwischenfalls unterschiedliche Aspekte zu erkennen. (vgl. ebd., S. 73 ff.) Die dritte Richtlinie verweist auf eine gewisse Sensibilität für betriebliche Abläufe, durch die unerwartete Ereignisse antizipiert werden können, bevor sie sich zu größeren Problemen ausweiten. (vgl. ebd., S. 25 f.) Die Aufforderung zu einer besonderen Feinfühligkeit geht dabei mit einem tieferen Verständnis einher, das heißt mit einem Gespür für Situationen, das darauf gerichtet ist, „(…) zu jedem gegebenen Zeitpunkt eine kollektive kognitive Landkarte des laufenden Betriebs vor Augen zu haben". (ebd., S. 81) Insgesamt zielen die Appelle auf eine ausgeprägte Aufmerksamkeit für Fehler, eine Abneigung gegen Simplifizierungen wie auch eine hohe Sensibilität für Betriebsvorgänge auf eine frühe Erkennung von Anomalien ab, damit rechtzeitig Gegenmaßnahmen ergriffen werden können, wenn „das Unerwartete" eintritt. (vgl. ebd., S. 79) Neben einem solchen vorausschauenden Handeln ist das Konzept der HROs auch darauf ausgerichtet, eintretende Probleme an ihrer Ausbreitung zu hindern. Dieses Merkmal ist auf die Einsicht zurückzuführen, dass selbst in einem äußerst achtsamen System Pannen (und damit ist hier vor allem die Fehlbarkeit des Menschen gemeint) nicht unvermeidlich sind. Daher umfasst das vierte Leitprinzip ein sogenanntes Streben nach Flexibilität, womit in anderen Worten

2.2 Soziologische Katastrophenforschung

ein „Echtzeit-Lernen" angesprochen wird. Die Erkenntnis, dass Risiken entgegen allen Sicherheitsvorkehrungen letztendlich unkontrollierbar sind, läuft auf die Notwendigkeit hinaus, auf unerwartete Ereignisse unmittelbar und heterogen zu reagieren. Dies bedeutet näher, dass Anomalien bereits in ihrem situativen Auftreten bereinigt werden. Die Strategie „erst zu handeln, dann zu denken" korreliert dabei mit Improvisationen, durch die das System weiterhin funktionsfähig bleibt. Improvisierte Methoden sind mithin daran gekoppelt, unverzügliche Rückmeldungen bei der Korrektur von Fehlern zu leisten, um so auf ein möglichst variationsreiches Repertoire an Erfahrungen zurückgreifen zu können. Auf diese Weise soll die Ausweitung von Störungen unverzüglich unterbunden werden. (vgl. ebd., S. 82 ff.) In diesem Zusammenhang spielt auch die fünfte Prämisse, nämlich Respekt vor fachlichem Wissen und Können, eine wesentliche Rolle. HROs zeichnen sich speziell durch „aufgeschlossene Hierarchien" aus. Damit ist hier gemeint, dass sich Entscheidungsbefugnisse kontinuierlich ändern und an diejenigen delegiert werden, deren Informationsrepertoire gerade verlangt wird. Demnach entscheidet die Spezialisierung der Mitarbeiter, also das jeweilige Know-how, und nicht der Rang in der Hierarchie über die Entscheidungsfindung bzw. die Art der Problemlösung. (vgl. ebd., S. 29 f.) Dies schließt jedoch nicht aus, dass hierarchisch festgelegte Entscheidungsträger an der Bewältigung von Störungen beteiligt sind. Sie nehmen an der Selektion von Problemlösungen teil und unterstützen in dieser Form Auswahlprozesse, allerdings liegt die Verantwortung letztlich bei denjenigen Mitarbeitern, die hinsichtlich auftretender Fehler den informationsreichsten Wissensstand aufweisen. (vgl. ebd., S. 89 f.) Die Verbindung von Hierarchie und Know-how zielt dabei auf eine eigene flexible Ordnung in der Organisation ab und soll deutlich machen, dass Normen zur Achtsamkeit nicht nur auf Individuen gerichtet sind, sondern sich auch in den Organisationsstrukturen widerspiegeln.

2.2.3.2 Falluntersuchungen zu Schiffshavarien

In der HRO-Forschung stellen fallanalytische Untersuchungen im Bereich der Flugindustrie oder Schifffahrt ein häufig genutztes Instrument dar, um theoretische Annahmen zu verifizieren. (vgl. Rochlin 1996, S. 55 ff.) Die Havarien der Schiffe Titanic, Herald of Enterprise und Estonia bilden insbesondere Untersuchungsgegenstände der HRO-Forscher Roberts und Bea (2001). Ihre Ermittlungen auf Basis der offiziellen Untersuchungsergebnisse zeigen, dass zum einen Konstruktionsdefizite wie auch organisatorische Mängel diese Schiffsunfälle bedingen. In Bezug auf Designfehler wird im Fall der Titanic festgestellt, dass sich die Verwendung von niedrig legiertem Stahl für die Schottentüren nachteilig auf deren Stabilität auswirkte, sodass Abteilungen unter Deck in kürzester Zeit überflutet waren und sich die Schiffslage destabilisierte. Bei der Havarie der Herald of Enterprise zeigt sich, dass Bugklappen am Schiffsrumpf zu niedrig installiert wurden und sich außerhalb des Sichtfelds der Kommandobrücke befanden, sodass deren fehlende Schließung unbemerkt blieb. Auch bei der Havarie der Estonia werden Konstruktionsmängel der Bugklappen registriert, die in diesem Fall ein Wegbrechen des Bugvisierschlosses ausgelöst haben sollen. (vgl. Roberts und Bea 2001, S. 180 ff.) Nach Angaben des Instituts für Entwerfen von Schiffen und Schiffsicherheit Hamburg-Harburg, handelt es sich jedoch im Fall Estonia nicht um Konstruktionsmängel. Die Ergebnisse des im Institut berechneten Simulationsmodells zum Unfallhergang zeigen, dass die Estonia mit zu hoher Geschwindigkeit unter schlechten Seebedingungen manövrierte. Infolgedessen wirkten immense Kräfte auf das Bugvisier, so dass das Visierschloss wegbrach und in der Konsequenz die Schiffsstabilität aufgrund des steigenden Wassereinbruchs letztlich nicht mehr gegeben war. (vgl. Krüger und Kehren 2008, S.10 ff.)

Im Hinblick auf die Ermittlung von Organisationsdefiziten, zeigt sich im Fall Titanic, dass die Besatzung ungeschult war und sich bei der versuchten Evakuierung des Schiffs ratlos und unkoordiniert verhielt. In den Fällen Herald of Enterprise und Estonia wird festgestellt, dass aufgrund mangelhafter Besatzungsschulungen die einzuleitenden Evakuierungsmaßnahmen verzögert wurden und ein großer Teil der Besatzungsmannschaften infolge überlastender Arbeitspläne übermüdet war, so dass individuelle Fehler passierten. Demnach führten personaltechnische Einsparmaßnahmen zu einer Überforderung der Seeleute, was die Wahrscheinlichkeit für einzelne Fehler erhöhte. (vgl. Roberts und Bea 2001, S. 183 ff.) Zudem weisen Roberts und Bea darauf hin, dass in allen drei Fällen ungenügende Sinnerzeugungsprozesse die Eindämmung der sich ereignenden Zwischenfälle maßgeblich erschwerten. Während der Kapitän der Titanic nicht die von den Eisbergen auf seiner Route ausgehenden Risiken erkannte, konstruierte die Schiffsbesatzung ein kollektives Bild einer Situation, die so nicht existierte. Die fehlenden Kenntnisse im Umgang mit Rettungsbooten und Evakuierungsmaßnahmen wirkten sich negativ auf die Erwartungshaltung der Schiffscrew aus bzw. bedingten ihre rigide Wahrnehmung der Situation, in der die Sicherheit an Bord nicht als gefährdet angesehen wurde. Passagiere, die sich gegen eine Evakuierung wehrten und darauf plädierten, auf einem unsinkbaren Schiff zu sein, verstärkten dieses Bild. Infolgedessen wurden Signale, die auf eine Gefährdung hinwiesen, nicht hinterfragt, sodass ihre situative Bedeutung unbemerkt blieb. Auch die mit erheblicher Zeitverzögerung kommunizierte Überflutung der unteren Schottendecks wie auch der späte Notruf an andere Schiffe sind Indizien für die Unachtsamkeit an Bord. Hinsichtlich der Fälle Herald of Enterprise und Estonia wird ebenfalls ermittelt, dass sich die Abwesenheit adäquater Redundanzen auf die Wirklichkeitseinschätzungen der Schiffsbesatzung auswirkte. Die jeweils fehlende Überprüfung der Bugklappen

2.2 Soziologische Katastrophenforschung

durch die Offiziere verdeutlicht, dass keine sinnhafte Vorstellung darüber existierte, was erforderlich ist, um die Sicherheit an Bord zu gewährleisten. Die sukzessive Überflutung des vorderen Schiffsrumpfs wurde im Fall der Herald of Enterprise überdies erst bemerkt, als sich die Fähre schon destabilisierte und sich zum Wasser neigte. In allen drei Fällen zeigt sich, dass das Versäumnis, Warnsignale potenzieller Gefahren wahrzunehmen, die jeweiligen Eingriffsmöglichkeiten entscheidend beschnitt, sodass sich kleinere Pannen zu unerwartet großen Problemen ausweiten konnten. Wie Roberts und Bea bemerken, trägt die Manier der Schifffahrtsindustrie, Fähren in schwimmende Hotelanlagen zu verwandeln, nicht dazu bei, die Notwendigkeit für Sicherheitsstandards und Achtsamkeit sinnvoll zu vermitteln. Ihrer Einschätzung nach wären die vorgestellten Havarien durch ein Management der Achtsamkeit vermeidbar gewesen. (vgl. Roberts und Bea 2001, S. 186 ff.)

Die Tab. 2.1 gibt einen Überblick über die Unfallfaktoren bei den Havarien der Titanic, Herold of Enterprise und Estonia. Zudem wird diese Zusammenschau dazu genutzt, Folgen der jeweiligen Havarien aufzuzeigen. Dazu wird anhand eigener Recherchen die Reaktionen der IMO auf die jeweiligen Havarien in der Tab. 2.1 abgebildet wie auch die Anzahl der Todesopfer angeführt.

Tab. 2.1 Überblick über die Unfallfaktoren bei Schiffsunglücken. (Die inhaltlichen Daten der Tab. 2.1 sind den folgenden Quellen entnommen worden: Mankabady 1987, S. 29 ff.; Beckert und Breuer 1991, S. 236 ff.; Roberts und Bea 2001, S. 179 ff.l; IMO 1998, 2011; Jaeger 2008; Eckhardt 2012; Der Spiegel 1987)

	Titanic	Herald of Enterprise	Estonia
Auslösende Faktoren	Fehler, den Eisberg rechtzeitig zu sehen und den Schiffskurs zu ändern	Fehlende Schließung der Bugklappen Fehlende Kontrolle des Bootsmanns durch den Offizier Fehler des Kapitäns, Bugklappen zu kontrollieren	Erhöhte Schiffsgeschwindigkeit unter der Bedingung schwerer See
Beitragende Faktoren	Missachtung von Warnungen anderer Schiffe über gesichtete Eisberge Erhöhte Schiffsgeschwindigkeit Ungeschulte Besatzung Verbau von minderwertigem Stahl für Schotten	*Schlechtes Management* Mangelhafte Sicherheitsschulungen Überlastende Arbeitspläne (Übermüdung der Schiffsbesatzung)	*Schlechtes Management* Mangelhafte Sicherheitsschulungen Überlastende Arbeitspläne (Übermüdung der Schiffsbesatzung)

Tab. 2.1 (Fortsetzung)

Erschwerende Faktoren	Mangelhafte Evakuierungsmaßnahmen Evakuierungsmissachtung seitens der Passagiere Verspätetes Notrufsignal Nicht genügend Rettungsboote	*Mangelhafte Sicherheitsvorkehrungen für Notfälle* Unzureichende Fluchtwege Mangel an Rettungswesten Unzureichende Notfallmaßnahmen	Unzureichende Notfallmaßnahmen nach Unfalleintritt
Opferquote	1514 Tote von 2224 Personen an Bord	193 Tote von 409 Personen an Bord	852 Tote von 989 Personen an Bord
Offizielle Ermittlungsergebnisse	Fehlverhalten von Kapitän Edward Smith	Fehlverhalten von Kapitän David Lewry	Fehlverhalten von Kapitän Arvo Andresson
Völkerrechtliche Konsequenzen	SOLAS (1914) Einführung von Mindeststandards zur Sicherheit (z.B. Anspruch jeden Passagiers auf Rettungsbootplatz) Einführung von Funksprechanlagen an Schiffen SOLAS (1929) Regelung zur Festlegung gebündelter Routen Regelung zur Einhaltung mäßiger Geschwindigkeiten	SOLAS (1988) Erweiterung der Stabilitätskritierien für RoRo-Fähren	SOLAS (1995) Erweiterung der Stabilitätskritierien für RoRo-Fähren Erweiterung der STCW-Normen durch Einführung des STWC- Codes

Literatur

Beckert, Erwin, und Gerhard Breuer. 1991. *Öffentliches Seerecht*. Berlin: de Gruyter.
Bella, David. 1987. Organizations and systematic distortion of information. *Journal of Professional Issues in Engineering* 113 (4): 360–370.
Bensman, Joseph, und Israel Gerver. 1963. Crime and punishment in the factory: The function of deviancy in maintaining the social system. *American Sociological Review* 28 (4): 588–598.

Literatur

Bonazzi, Giuseppe. 2008. *Geschichte des organisatorischen Denkens.* Hrsg. von Veronika Tacke. Wiesbaden: VS Verlag für Sozialwissenschaften.
Braithwaite, John. 1984. *Corporate crime in the pharmaceutical industry.* London: Routledge & Kegan Paul.
Clarke, Lee. 1989. *Acceptable risk? Making decisions in a toxic environment.* Berkeley: University of California Press.
Clarke, Lee. 1999. *Mission improbable. Using fantasy documents to tame disaster.* Chicago: University of Chicago Press.
Colburn, Kenneth Jr. 1986. Deviance and legitimacy in ice-hockey: A mircostructural theory of violence. *The Sociological Quarterly* 27 (1): 63–74.
Conklin, John E. 1977. *Illegal but not criminal: Business crime in america.* Englewood Cliffs: Prentice-Hall.
Durkheim, Emile. 1965. *Die Regeln der soziologischen Methode.* Hrsg. u. eingeleitet von Rene König. Soziologische Texte Bd. 3. 2. Aufl. Neuwied: Luchterhand.
Gardenier, John S. 1976. Toward a science of marine safety. In *Internationales Symposium über die Sicherheit des Seeverkehrs,* 349–370. Rotterdam: Delft University Press.
Hagen, Edward W. 1980. Common-mode/Common-cause failure: A review. *Nuclear Safety* 21 (2): 184–192.
Herber, Rolf. 1999. *Seehandelsrecht. Systematische Darstellung.* Berlin: de Gruyter.
Hochstedler, Ellen. 1984. *Corporations as criminals.* Beverly Hills: Sage Publications.
Krüger, Stefan, und Felix I. Kehren. 2008. Research study of sinking sequence of MV Estonia Work Package 7 (WP7-T7). Hydrostatic analyses of the later phases of the capsizing and the sinking of MV ESTONIA. Institut für Entwerfen von Schiffen und Schiffsicherheit Hamburg-Harburg.
Luhmann, Niklas. 1968. *Zweckbegriff und Systemrationalität. Über die Funktion von Zwecken in sozialen Systemen.* Tübingen: J.C.B. Mohr (Paul Siebeck).
Mankabady, Samir. 1987. *The international maritime organization. Vol. 2: Accidents at sea.* London: Croom Helm.
Minkes, John, und Leonard Minkes. 2008. Introduction. In *Corporate and white collar crime,* Hrsg. John Minkes und Leonard Minkes, 102–121. Los Angeles: Sage Publications.
Morone, Joseph G., und Edward J. Woodhouse. 1986. *Averting catastrophe. Strategies for regulating risky technologies.* Berkeley: University of California Presss.
Peltzman, Sam. 1975. The effects of automobile safety regulation. *The Journal of Political Economy* 83 (4): 677–726.
Perrow, Charles. 1984. *Normal accidents. Living with high-risk technologies.* New York: Basic Books.
Perrow, Charles. 1987. *Normale Katastrophen. Die unvermeidbaren Risiken der Großtechnik.* Frankfurt a. M.: Campus.
Pietrobon, Steven S. 1999. High density liquid rocket booster for the space shuttle. *Journal of the British Interplanetary Society* 52:163–168.
Punch, Maurice. 2008. The organization did it. Individuals, corporations and crime. In *Corporate and white collar crime,* Hrsg. John Minkes und Leonard Minkes, 102–121. Los Angeles: Sage Publications.
Reiss, Albert J. 1951. Delinquency as the failure of personal and social controls. *American Sociological Review* 16 (2): 196–207.
Rheingold, Paul D. 1968. The MER/29 story – An instance of successful mass disaster litigation. *California Law Review* 56 (1): 116–148.

Roberts, Karlene H., und Robert G. Bea. 2001. When systems fail. *Organizational Dynamics* 29 (3): 179–191.

Roberts, Karlene H., Robert Bea und Dean L. Bartles. 2001. Must accidents happen? Lessons from high-reliability organizations. *The Academy of Management Executive* 15 (3): 70–79.

Rochlin, Gene I. 1996. Reliable organizations: Present research and future directions. *Journal of Contingencies and Crisis Management* 4 (2): 55–59.

Rochlin, Gene I., Todd R. La Porte, und Karlene H. Roberts. 1987. The self-designing high-reliability organization: Aircraft flight operations at sea. *Naval War College Review* 40 (4): 76–90.

Sagan, Scott D. 1995. *The limits of safety. Organizations, accidents and nuclear weapons.* Princeton: Princeton University Press.

Schofield, Derek. 1999. Maintaining judicial independence in a small jurisdiction. In *Parliamentary supremacy and judicial independence: A commonwealth approach*, Hrsg. John Hatchard und Peter Slinn, 73–80. London: Cavendish Publications.

Schweisfurth, Theodor. 2006. *Völkerrecht.* Tübingen: Mohr Siebeck.

Smircich, Linda (1983). Concepts of culture and organizational analysis. *Administrative Science Quarterly* 28 (3): 339–358.

Turner, Barry, und Nick F. Pidgeon. 1997. *Man-made disasters.* 2. Aufl. Boston: Butterworth-Heinemann.

Turner, Barry, und Brian Toft. 1989. Fire at summerland leisure centre. In *Coping with crisis. The management of disasters, riots and terrorism*, Hrsg. Uriel Rosenthal, Michael T. Charles, und Paul 't Hart, 169–196. Springfield: Charles C. Thomas.

Van Nimmen, Jane, Leonard C. Bruno, und Robert L. Rosholt. 1988. *NASA historical data book. Vol. 1: NASA resources 1958–1968.* NASA SP-4012. Washington, D.C.: Scientific and Technical Information Division, National Aeronautics and Space Administration (NASA).

Vaughan, Diane. 1997. *The challenger launch decision. Risky technology, culture, and deviance at NASA. Paperback ed.* Chicago: University of Chicago Press.

Vaughan, Diane. 1999. The darkside of organizations: Mistake, misconduct, and disaster. *Annual Review of Sociology* 25:271–305.

Vaughan, Diane. 2004. Theorizing disaster: Analogy, historical ethnography, and the challenger accident. *Ethnography* 5 (3): 315–347.

Weick, Karl E. 1993. The collapse of sensemaking in organizations: The mann gulch disaster. *Administrative Science Quarterly* 38 (4): 628–652.

Weick, Karl E., und Kathleen M. Sutcliffe. 2003. *Das Unerwartete managen. Wie Unternehmen aus Extremsituationen lernen.* Stuttgart: Klett-Cotta.

Weick, Karl E., Kathleen M. Sutcliffe, und David Obstfeld. 2005. Organizing and the process of sensemaking. *Organization Science* 16 (4): 409–421.

Wiebeck, Erno, und Wolfgang Althof. 1980. *Schiffbau/Schifffahrt.* Leipzig: Bibliographisches Institut.

Wolfenstein, Martha. 1957. *Disaster. A psychological essay.* London: Routledge & Kegan Paul.

Zillmer, Matthias. 2012. *Die Rechtsordnung der Isle of Man mit Schwerpunkt im Wirtschaftsrecht, verglichen mit dem englischen Recht.* Göttingen: V & R Unipress.

Internetquellen

Der Spiegel. 1987. Hohle Kästen. Der Spiegel 12/1987. http://www.spiegel.de/spiegel/print/d-13522761.html. Zugegriffen: 17. Okt. 2012.

Eckhardt, Emanuel. 2012. Der Stahl, die Nacht und das Eis. Die Zeit 12/2012. http://www.zeit.de/2012/12/Titanic. Zugegriffen: 18. Okt. 2012.

International Maritime Organization (IMO). 1998. Focus on IMO. http://www.imo.org/OurWork/Safety/Regulations/Documents/SOLAS98final.pdf. Zugegriffen: 22. Okt. 2012.

International Maritime Organization (IMO). 2011. Information sources on the international convention on standards of training, certification, and watchkeeping (STCW). http://www.imo.org/knowledgecentre/informationresourcesoncurrenttopics/informationresourcesoncurrenttopicsarchives/documents/stcw.pdf. Zugegriffen: 22. Okt. 2012.

International Maritime Organization (IMO). 2012a. Introduction to IMO. http://www.imo.org/About/Pages/Default.aspx. Zugegriffen: 29. Sept. 2012.

Jaeger, Ulrich. 2008. Verhängnisvolle Wende. Der Spiegel 2/2008. http://www.spiegel.de/spiegel/print/d-55294678.html. Zugegriffen: 17. Okt. 2012.

National Aeronautics and Space Administration (NASA). 2011. Preliminary report regarding NASA's space launch system and multi purpose crew vehicle. Persuant to section 309 of the NASA authorization act of 2010 (P.L. 111–267). http://www.nasa.gov/pdf/510449main_SLS_MPCV_90-day_Report.pdf. Zugegriffen: 3. Dez. 2012.

3 Theoretische Grundlage

Die fallanalytische Aufarbeitung der Havarie der Costa Concordia als einem Phänomen der sozialen Wirklichkeit bezieht ihre theoretische Grundlage aus dem systemtheoretischen Ansatz nach Niklas Luhmann. Für eine soziologische Betrachtung von Normenabweichungen und den Prozessen der Verantwortungszurechnung im Fall Costa Concordia wird Luhmanns Verständnis der Organisation aus dem Analysespektrum der Systemtheorie exzerpiert. Die Darstellung des Konzepts der formalen Organisation ist dabei durch ein normatives Interesse geleitet, das darauf abzielt, Mechanismen der sozialen Ordnungsbildung herauszuarbeiten, um auf diese Weise den Umgang der Organisation mit Normenverstößen, was das Verfahren der Verantwortungszuweisung impliziert, zu erläutern. Im Vordergrund stehen informell kommunizierte Verhaltenserwartungen, die auf die Ausbildung spezifischer Bedingungen in der Organisation zurückzuführen sind, aber zugleich auch von offiziell kommunizierten Verhaltenserwartungen abweichen. Diese Konstellation hat charakteristische Auswirkungen auf den Umgang der Organisation mit Normenverstößen. In dieser Hinsicht spielt auch die gesellschaftliche Organisationsumwelt eine Rolle. Das systemtheoretische Paradigma weist darauf hin, dass die Gesellschaft einen notwendigen Rahmen zur Organisationsbildung vorgibt und insofern als Parameter fungiert, durch den Organisationen Erwartungen identifizieren. Für die empirische Fallrekonstruktion ist es daher auch von Bedeutung, dass ein rechtliches Normengefüge in der Gesellschaft existiert und eine öffentliche Meinung in den Massenmedien produziert wird. So strukturieren Erwartungen des Rechtssystems ebenso die Reaktionsweisen der Organisation wie Erwartungen, die durch die öffentliche Meinung kommuniziert werden. Im Hinblick auf die rechtliche Erwartungshaltung ist für den Fall der Havarie der Costa Concordia einerseits wichtig, dass gegen nationales Seerecht und Völkerecht beziehungsweise gegen internationale Vertragsvereinbarungen nach Solas verstoßen wurde. Und zum anderen ist es ebenso relevant, dass in der Gesellschaft die Erwartungshaltung gegenüber Kreuzfahrtunternehmen besteht, dass diese Sicherheit auf Kreuzfahrtschiffen gewährleisten und dementsprechend in ihrer Branche ein kompetenter Dienstleister sind. Unfälle, wie die Havarie der Costa Concordia, lösen in diesem Sinne eine Kontroverse in der Gesellschaft aus. Ein solches Ereignis enttäuscht nicht nur die Erwartungen der Rechtsorganisation hinsichtlich erwarteter Normkonformität, sondern auch die Erwartungshaltung der öffentlichen Meinung im Hinblick auf die Kompetenz der unfallverursachenden Organisation. Das Studieninteresse besteht insofern auch darin, den Umgang der Organisation mit dieser enttäuschten gesellschaftlichen Umwelt nachzuzeichnen. Deshalb ist es für die Darstellung des Organisationsbegriffs unerlässlich, die Gesellschaft als Pool von Erwartungen einzubeziehen. Im Hinblick auf die empirische Falluntersuchung werden Organisationen folglich nicht als isoliert betrachtet. (vgl. Luhmann 1974, S. 39) Hierdurch soll zugleich Luhmanns soziologischer Empfehlung nachgekommen werden, dass ein Soziologe über die Analyse einzelner Systeme nicht die Einheit der Gesellschaft aus dem Auge verlieren darf. (vgl. Luhmann 2004, S. 202) Deshalb ist der nachstehende Abschnitt darauf ausgerichtet, den Systemtyp der Organisation zunächst im Kontext der modernen Gesellschaft zu verorten. Die Beschreibung des gesellschaftlichen Zusammenhangs, auf Basis dessen sich Organisationen konstituieren, wird zudem dazu genutzt, die Systemgrenze der Organisation kenntlich zu machen und dadurch einen Einstieg in die Prozesse der Ordnungsbildung von Organisationen erlangen.

3.1 Eine Einführung: Organisation und Gesellschaft

Die moderne Gesellschaft wird im Verständnis der Luhmann'schen Systemtheorie als eine funktional differenzierte Gesellschaft beschrieben. Damit wird zum Ausdruck gebracht, dass die Gesamtgesellschaft in einzelne, spezialisierte Teilsysteme gegliedert ist, wie z. B. Politik, Wirtschaft, Recht oder auch Wissenschaft und Medien, die jeweils eine für sie spezifische und allein für sie vorrangige Funktion in der Gesellschaft erfüllen. Demnach sind diese Teilsysteme als Funktionssysteme zu betrachten, die gesellschaftliche Probleme in dem jeweils dafür zuständigen System lösen und dadurch Gesellschaft verwirklichen. (vgl. Luhmann 2005a, S. 36) So bewältigt das Rechtssystem andere Probleme als das Medien- und Wirtschaftssystem und das Wissenschaftssystem andere als das Politiksystem. Für das Gesamtsystem Gesellschaft bedeutet dieses wiederum, dass es nur durch seine

3.1 Eine Einführung: Organisation und Gesellschaft

Funktionssysteme auf Probleme in der Umwelt reagieren kann. (vgl. Luhmann 2004, S. 75) Die verschiedenen Funktionssysteme bestehen und schaffen sich dabei rekursiv aus Kommunikationen. Das heißt, dass Funktionssysteme als soziale Systeme beschrieben werden, die aus zusammenhängenden, faktisch vollzogenen Operationen bestehen, die dann als soziale Operationen Kommunikationen darstellen. (vgl. Luhmann 2002a, S. 40 f.) Das Gesamtsystem Gesellschaft konstituiert sich folglich ebenfalls aus Kommunikationen und erzeugt damit inbegriffen auch weitere Möglichkeiten der Kommunikation. (Luhmann 2005c, S. 55 f.) Diesen Erkenntnissen geht eine in der Systemtheorie wesentliche Unterscheidung voraus: die Differenz von System und Umwelt als systemeigenes Verhältnis zur Gesellschaft. Damit ist gemeint, dass Systeme sich durch die Differenz zu ihrer Umwelt konstituieren, d. h. anhand der Unterscheidung zu dem, was sie nicht sind, sich selbst erzeugen und erhalten. Das bedeutet auch, dass Systeme in der Umwelt eines bestimmten Systems sich ihrerseits anhand der gesellschaftlichen Umwelt unterscheiden, insofern also auch an dem bestimmten System, und sich dadurch hervorbringen. (vgl. Luhmann 2006a, S. 35) Unter Kommunikationen werden demnach rekursive Operationen verstanden, die auch als Erzeugen einer Differenz betrachtet werden können. Durch die Rekursivität ihrer Kommunikationen sind soziale Systeme auf der Ebene ihrer Operationen geschlossen, sodass sie sich überhaupt erst von dem, was sie anhand ihrer selbst erzeugten Unterscheidung ausschließen, abgrenzen können. (vgl. Luhmann 2002b, S. 275 ff.) Nach Luhmann fungiert die von den Systemen genutzte Unterscheidung von System und Umwelt dabei als eine Wiederholung der Systembildung im System bzw. als Mittel einer systeminternen Ausdifferenzierung. Hinsichtlich des Gesamtsystems Gesellschaft bedeutet dies, dass sie als Umwelt für ihre Teilsysteme Wirtschaft, Recht, Medien oder Politik funktioniert, die sich jeweils in spezifischer Weise durch die Unterscheidung von System (sich selbst) und ihrer Umwelt (Gesellschaft) ausdifferenzieren und dabei je spezifisch operativ geschlossen sind.[1] (vgl. Luhmann 2006a, S. 37 ff.) Ausdifferenzierung heißt in diesem Sinne auch Reduktion von unbestimmter gesellschaftlicher Komplexität durch den Aufbau von bestimmter Komplexität im Systeminneren. (vgl. ebd., S. 41) Luhmann beschreibt das Verhältnis des Systems zu seiner Umwelt dabei durch ein Komplexitätsgefälle, das heißt, dass die Umwelt sich stets komplexer darstellt als das System. Diese Komplexitätsunterlegenheit muss das System wiederum durch selektive Kommunikationsstrategien ausgleichen. In Form einer selektiven Beziehung zur Umwelt rekonstruiert

---

[1] Wie Tacke (2001) diagnostiziert, bewirkt die Ausdifferenzierung des Gesamtsystems Gesellschaft eine Emanzipation und relative Autonomie der Funktionssysteme voneinander. (vgl. Tacke 2001, S. 117 f.).

das System ein Beziehungsgefüge eines komplexen Zusammenhangs in der Gesellschaft systemintern durch einen weiteren, für das System sinnhaften[2] Zusammenhang mit weniger Verbindungen. Der Begriff der Komplexitätsreduktion beschreibt demnach die Selektion von systemrelevanten Relationen als Leistung des Systems, durch die eine interne Ausbildung von Systemstrukturen[3] ermöglicht wird. (vgl. ebd., S. 47 ff.) Das bedeutet, dass Systeme durch den selektiven Aufbau von Strukturen ihr Verhältnis zur Umwelt ordnen. (vgl. ebd., S. 250 f.) Strukturen bilden sich nur in jeweils konkreten Systemen aus und sind dabei alleinig auf deren Operationen zurückzuführen. (vgl. Luhmann 2006b, S. 145) Vereinfachend dargestellt kann unter Komplexität auch eine unbegrenzte Vielzahl an Möglichkeiten verstanden werden, die im System auf ein „erlebbares" Format reduziert werden. (vgl. Luhmann 1974, S. 73) Ab hier lässt sich der Systemtyp Organisation einführen. Denn evolutionstechnisch haben sich innerhalb der gesellschaftlichen Funktionssysteme organisierte Sozialsysteme[4] anhand ihrer spezifischen Operations-

---

[2] Unter Sinnhaftigkeit soll ein laufendes Aktualisieren von systemrelevanten Möglichkeiten im Zuge des Selektionsprozesses verstanden werden. Der Begriff des Sinns kann in diesem Zusammenhang als Unterscheidung von momentan Aktuellem und einem Horizont an Möglichkeiten definiert werden. Das Prozessieren von Sinn im System ist an dieser Stelle hervorzuheben, weil die durch den Selektionsvorgang negierten Möglichkeiten nicht verschwinden, sondern im System haften bleiben und durch jede Selektion als Nachfolgeaktualität gewählt werden können. (vgl. Luhmann 2006a, S. 100 f.).

[3] Im Hinblick auf den zuvor vorgestellten Mechanismus der Komplexitätsreduktion bezeichnet der Begriff der Struktur die Einschränkung eines Spielraums an Handlungsmöglichkeiten. In Bezug auf den Prozess der Selektion, der systemintern einen sinnhaften Aufbau von ausgewählten Relationen ermöglicht, definiert die Struktur im Grunde genommen dann das, was durch die momentane Sinnrekonstruktion in Aussicht gestellt wird. (vgl. Luhmann 2006a, S. 396 ff.) Dass dies wiederum bedeutet, dass Strukturen eigentlich Verhaltenserwartungen darstellen, soll an dieser Stelle bewusst nicht vorweggenommen werden, da eine genaue Erörterung dieses Zusammenhangs in Abschn. 3.3 erfolgt.

[4] Im Forschungsfeld der allgemeinen Theorie von Systemen wird zwischen drei Konkretisierungsebenen unterschieden. Während die erste Ebene eine allgemeine Klassifizierung in Systeme umfasst, wird auf der zweiten Stufe konkreter zwischen verschiedenen Systemzuordnungen differenziert. Auf dieser Konkretisierungsebene findet sich neben den Kategorien Maschinen, Organismen und psychischen Systemen, d. h. Menschen in der Gesellschaft, auch die Klassifizierung in soziale Systeme. Da Luhmanns Interesse vor allem dieser Kategorie gilt, wird auf der dritten Ebene konkreter zwischen den verschiedenen Arten sozialer Systeme differenziert. Es wird zwischen Interaktionen, Organisationen und Gesellschaften als Arten sozialer Systeme unterschieden, die sich jeweils an eigenen Bestandskriterien orientieren. (vgl. Luhmann 2006a, S. 15 f.) Unter einem sozialen System soll generell ein Kommunikationssystem verstanden werden, das sich in einem Sinnzusammenhang von sozialen Handlungen äußert, die aufeinander verweisen und sich von einer Umwelt nicht dazugehöriger Handlungen abgrenzen lassen. (vgl. Luhmann 1974, S. 115)

3.1 Eine Einführung: Organisation und Gesellschaft

weise, Umweltkomplexität in systeminterne Komplexität zu verarbeiten, ausdifferenziert. (vgl. Luhmann 1974, S. 116) In jedem Funktionssystem ist eine Vielzahl von organisierten Sozialsystemen beschreibbar, wie z. B. Verwaltungseinrichtungen im Politiksystem, Gerichte im Rechtssystem oder auch Versicherungs- und Dienstleistungsunternehmen im Wirtschaftssystem. (vgl. Luhmann 2005a, S. 45 f.) Wie Luhmann konstatiert, ist die moderne Gesellschaft in all ihren Funktionssystemen auf die Bildung von Organisationssystemen angewiesen. Sie vermitteln zwischen der unbestimmten Umweltkomplexität der Gesellschaft und der geringen Fähigkeit des Menschen zur bewussten Erlebnisverarbeitung. Durch die Bildung von Systemen kann das Potenzial des Menschen für Komplexität bzw. die Selektivität des menschlichen Verhaltens gesteigert werden. (vgl. Luhmann 1974, S. 116 f.) Folglich stellt aber auch die Gesellschaft in all ihrer Komplexität eine unerlässliche Bedingung der Möglichkeit zur Ausbildung von Organisationssystemen dar. (vgl. Luhmann 2005b, S. 452). Denn durch ihre Strukturen arbeiten Organisationen sowohl wirtschaftliche, mediale wie auch rechtliche Bezüge auf. Insbesondere das Rechtssystem partizipiert in der Regel an jeder Organisation. Insofern können Organisationen auch als Treffräume für unterschiedliche Funktionssysteme betrachtet werden. (vgl. Luhmann 2000, S. 398) Gesellschaft und Organisation stehen sich in der Systemtheorie Luhmanns demnach in einem relativen Abhängigkeitsverhältnis gegenüber. (vgl. Luhmann 2005b, S. 452 ff.) Diese Beziehung vollzieht sich jedoch nicht auf der Ebene der systemeigenen Operationen, sondern beschreibt vielmehr ein Verhältnis „struktureller Kopplung", das sich auf einer anderen Wirklichkeitsebene vollzieht als die Operationen des Systems. Strukturelle Kopplung bedeutet demnach, dass Irritationen möglich sind, und zwar Irritationen in der jeweiligen Umwelt der Systeme. (vgl. Luhmann 1995, S. 56) Für das soziale System Organisation bedeutet dies dann, dass die Gesellschaft Bedingungen, Beschränkungen und Linien möglicher Einflussnahmen vorzeichnet. (vgl. Luhmann 2005b, S. 452 ff.) Damit sich Organisationen überhaupt ausdifferenzieren und Systemstrukturen ausbilden können, müssen sich Organisationen ihrer Umwelt gegenüber in gewissem Maße invariant verhalten. Ohne eine relative Invarianz sind Organisationen nicht imstande, im Hinblick auf wechselnde Umweltbedingungen operationsfähig zu bleiben. (vgl. Luhmann 2006a, S. 385 f.) Denn um die Sinnhaftigkeit von Änderungen in der Umwelt bewerten zu können und folglich Möglichkeiten überhaupt selektieren zu können, sind Organisationen darauf angewiesen, sich selbst als konstant anzusehen. Ein solches Konstant-Halten bestehender Strukturen bezeichnet die Systemgrenze der Organisation und macht Strukturänderungen erst möglich. (vgl. Luhmann 1974, S. 40) Demnach kann unter Systembildung (oder: Strukturbildung) ein Prozess verstanden werden, bei dem eine Grenze zwischen System und Umwelt dadurch stabilisiert wird, dass eine systemeigene Ordnung, die im Hinblick auf den Mechanismus der Komplexitätsreduktion weniger Möglichkeiten abbildet als in der Umwelt tatsächlich bereit stehen, auch bei veränderten Bedingungen unverändert bleibt. (vgl. ebd., S. 76) Dadurch sind Systemstrukturen auch bei wechselnden Bedingungen noch brauchbar, d. h. selbst dann, wenn faktische Geschehnisse in der Umwelt der sozialen Ordnung im System zuwiderlaufen. (vgl. ebd., S. 42) Problematisch ist jedoch, dass eine solche invariante Beziehung zur Umwelt eine folgenreiche Diskrepanz zwischen den Systemstrukturen und der Realität nach sich zieht. Zwischen dem, was von der Organisation als möglich betrachtet wird, kann dann im Verhältnis zu dem, was faktisch geschieht, im Widerspruch stehen. (vgl. Luhmann 2005a, S. 37) Insofern kann die soziale Ordnung auf Kosten einer angemessenen Anpassung der Organisation an die Umwelt gehen, was sich letztlich in Folgeproblemen in Form von Krisen äußern kann. (vgl. Luhmann 1964, S. 62) Dieses vielseitige Verhältnis der Organisation zu seiner Umwelt beschreibt den Bezugsrahmen, in dem sich die Prozesse der Ordnungsbildung und -stabilisierung von Organisationen abbilden.

3.2 Organisationen als autopoietisch geschlossene Sozialsysteme

Luhmann beschreibt Organisationen als soziale Systeme, „(…) die nur aus Entscheidungen bestehen und nur durch Reproduktion von Entscheidungen reproduziert werden (…)". (Luhmann 2006b, S. 145) Dies bedeutet nicht, dass eine Entscheidung schon eine Organisation ergibt, sondern vielmehr, dass Organisationen die Entscheidungen, aus denen sie bestehen, durch die Entscheidungen, aus denen sie bestehen, selbst produzieren und reproduzieren, sodass jede Entscheidung mit einer weiteren Entscheidung verkettet ist. Dass Organisationen sich aus der Kommunikation von Entscheidungen (re-) produzieren, stellt dabei eine besondere Art der Kommunikation dar. Da sich jede Entscheidung auf Basis einer vorherigen Entscheidung konstituiert, ist jeder Entscheidung immer eine Entscheidung vorauszusetzen. Dieses Reproduktionserfordernis erreichen Organisationen durch ihre spezifische Operationsweise. Denn dadurch, dass Entscheidungen mit Hilfe von Unterscheidungen[5] beobachten, und zwar in dem Sinne, dass sich Entscheidungen

---

[5] Der Begriff der Unterscheidung kann an dieser Stelle mit dem Begriff der Alternative synonym gesetzt werden. Alternativen stellen in dieser Hinsicht eine besondere Art von Unterscheidungen dar, weil sie voraussetzen, dass beide Unterscheidungsseiten bezeichnet werden können. (vgl. Luhmann 2006b, S. 133 f.) Demnach werden mit einer Entscheidung auch die negierten Alternativen mit kommuniziert, sodass neben der als Präferenz gewählten Alternative, in sich die jeweilige Entscheidung dokumentiert, die ausgeschlossenen

3.2 Organisationen als autopoietisch geschlossene Sozialsysteme

durch die Unterscheidungen von dem, was nicht für die Organisation in Betracht kommt, als Präferenzen (d. h. für die Organisation in Betracht kommendes) erzeugen und zugleich als Operationen weitere Unterscheidungen generieren, durch die sich wiederum weitere Präferenzen bzw. Entscheidungen hervorbringen, werden anschlussfähige Entscheidungen produziert, durch die Entscheidungen vorausgesetzt werden können. (vgl. ebd., S. 65 ff.) So kann selbst der Organisationsgründung eine Entscheidung vorausgesetzt werden. In diesem Fall dokumentiert sich die Entscheidung durch die Differenz zu dem, was vor der Organisationsgründung liegt, in der Präferenz der Organisationsgründung. Daraus wird deutlich, dass Organisationen als soziale Systeme lediglich anhand der Unterscheidungen beobachten, die sie selbst unterscheiden. Dabei muss jedoch auch beachtet werden, dass das Erzeugen einer Differenz erst durch die Umwelt ermöglicht wird. Denn ohne den Bezug zur Umwelt kann die eine Seite der Unterscheidung, nämlich das soziale System, sich nicht von der anderen Seite der Unterscheidung, das heißt allem Ausgeschlossenen in der Umwelt, unterscheiden. Ohne die Beziehung zur Umwelt, also ohne die zweite Seite der Unterscheidung, können soziale Systeme folglich keine Entscheidungen produzieren, die anschlussfähig[6] sind für weitere Entscheidungen. In dieser Hinsicht sind soziale Systeme von der Umwelt abhängig. Ebenso ist das Verhältnis des Systems zu seiner Umwelt aber auch als autonom zu betrachten, da soziale Systeme, wie dargestellt, nur anhand der Unterscheidungen operieren, die sie selbst unterscheiden. In diesem Sinne sind Systeme gegenüber ihrer Umwelt indifferent. (vgl. Luhmann 1997, S. 68) Die hier beschriebene Verfahrensweise des rekursiven Prozessierens von Entscheidungen, durch die sich Organisationen ihrer Umwelt gegenüber indifferent verhalten und sich dadurch erst ausbilden können, wird von Luhmann als Autopoiesis des Systems unter der Bedingung operativer Geschlossenheit bezeichnet.[7]

Des Weiteren haben Entscheidungen als Operationsmodus von Organisationen das Merkmal, dass sie auf eine an sie und durch sie gerichtete Erwartung reagieren. (vgl. Luhmann 2006b, S. 125 ff.) Demnach entsteht Entscheidungsdruck, wenn Erwartungen auf Handlungen zurückgerichtet werden, d. h. wenn Erwartungen selbst

---

Alternativen, d. h. alles andere, was hätte Entscheidung werden können, an der jeweiligen Entscheidung haften bleiben. (vgl. ebd., S. 64).

[6] Unter Anschlussfähigkeit soll im Wesentlichen verstanden werden, dass die Kommunikationen des Systems, im Fall der Organisation also die Entscheidung, mit Sinn ausgestattet werden. Anschlussfähige Entscheidungen sind demnach anhand der Strukturen des Systems determinierte sinnhafte Entscheidungen. (vgl. Luhmann 2006a, S. 28 f.).

[7] An dieser Stelle wird der Beschreibung Luhmanns, Organisationen als autopoietische und operativ geschlossene Systeme zu betrachten, in verkürzter Form Rechnung getragen. Für einen detaillierteren Zugang vgl. Luhmann 2006b, S. 39 ff.

erwartet werden. (vgl. Luhmann 2006a, S. 396 ff.) Durch das Erwarten bestimmter Erwartungen, und dies impliziert zugleich auch den Ausschluss anderer Erwartungen aus der Erwartungshaltung, können Erwartungen überhaupt erst stabilisiert werden und sich zu Systemstrukturen ausbilden, die gegenüber der Umwelt invariant gehalten werden. (vgl. Luhmann 1974, S. 42) Das heißt, dass soziale Systeme durch ihre Strukturen eine soziale Ordnung stabilisieren, die relativ unabhängig von Veränderungen in der Umwelt ist. (vgl. Luhmann 1964, S. 26) Strukturen ermöglichen daher erst die autopoietische Reproduktion von Entscheidungen. (vgl. Luhmann 2006a, S. 392) Systemstrukturen legen fest, ob „(…) die künftigen Gegenwarten in erwünschter oder in unerwünschter Hinsicht bestimmt werden." (Luhmann 1991, S. 25) Das bedeutet, dass Systeme durch die Stabilisierung von Erwartungen verschiedenartige Ereignisse überhaupt erst als Erwartungsenttäuschungen identifizieren und dadurch veranlasst werden, auf Enttäuschungsfälle durch Entscheidungen zu reagieren. (vgl. Luhmann 2006a, S. 396 ff.)

Diese knappe Darstellung der Bedeutung von Erwartungsstabilisierungen für soziale Systeme dient als Leitfaden für die nachstehenden Abschnitte. Darin wird eingehend behandelt, wie soziale Systeme durch die Stabilisierung einer sozialen Ordnung entstehen und sich erhalten. Die Erläuterung des Prozesses der Erwartungsbildung läuft darauf hinaus, mögliche Reaktionsweisen sozialer Systeme auf Enttäuschungsfälle abzubilden. Diese Ausführungen erfolgen dabei zunächst nur auf der Ebene unorganisierter Sozialsysteme.

3.3 Soziale Systeme als Systeme von Erwartungsstrukturen

Damit es zur Systembildung kommen kann, muss dem Problem der doppelten Kontingenz Rechnung getragen werden. Die Schwierigkeit der Systembildung liegt darin, doppelte Kontingenz operativ zu regulieren, damit Entscheidungen nicht beliebig getroffen werden, sondern anschlussfähig sind für weitere Entscheidungen. (vgl. Luhmann 2006a, S. 158 f.) Kontingenz setzt dabei unbestimmte Umweltkomplexität voraus und bezeichnet das, was von der sozialen Wirklichkeit aus gesehen auch anders möglich ist. (vgl. ebd., S. 152) Die zur Systembildung notwendigen Mechanismen der Selektion beziehen sich demnach auf eine kontingent konstruierte Wirklichkeit, das heißt, dass die Beziehungen, die das System durch seine Selektionsleistung als systemrelevant bzw. systemgünstig qualifiziert, auch andere sein könnten. Dabei bleiben die durch die Selektion negierten Alternativen an der ausgewählten Alternative haften, sodass anhand der Selektion selbst stets präsent bleibt, dass auch andere Selektionen möglich sind. (vgl. ebd.) Zugleich deutet dieser Zusammenhang an, dass die vom System als systemgünstig klassifi-

3.3 Soziale Systeme als Systeme von Erwartungsstrukturen

zierten Relationen sich auch als systemungünstig herausstellen können, was bedeutet, dass anders gewählte Selektionen im Nachhinein für das System günstiger erscheinen können. (vgl. ebd., S. 47) Weil alle Selektionen des Systems grundsätzlich auch anders möglich wären, kann Kontingenz daher auch als „Negation von Unmöglichkeit" definiert werden. (ebd., S. 152) Doppelte Kontingenz beschreibt ferner eine Steigerung von Kontingenz und bezieht sich dabei auf das Problem der Möglichkeit sozialer Ordnung. Die Schwierigkeit einer Ordnungsbildung liegt darin, dass niemand weiß, welche Erwartungen er oder sie so bilden muss, damit der oder die andere die Erwartung bildet, die man erfüllen möchte. Die Möglichkeiten des Einen sind ebenso kontingent wie die Möglichkeiten des anderen. (vgl. ebd., S. 153 f.) Damit sich eine elementare Ordnung ausbildet und doppelte Kontingenz nicht in Inaktivität endet, weil die Erwartungen eines Gegenübers nicht erwartet werden können, müssen sich Personen an Erwartungserwartungen orientieren. Erwartungserwartungen definieren, dass die Selektionen, also die Auswahl aus anderen Möglichkeiten, des einen für den anderen erwartbar sind. (vgl. Luhmann 1987, S. 33) Das Erwarten wird dadurch auf eine reflexive Ebene gebracht. Der eine erwartet, was der andere von ihm erwartet, sodass der eine seine eigene Erwartungshaltung mit der Erwartungshaltung des anderen abstimmen kann. (vgl. Luhmann 2006a, S. 412) Die Komplementarität der Erwartungshaltung stabilisiert die Verhaltenserwartung und führt dazu, dass relativ enttäuschungsfest erwartet werden kann. Erst dadurch, dass gewisse Verhaltenserwartungen erwartet und andere nicht erwartet werden, entsteht eine soziale Ordnung. Erwartungserwartungen sind demnach das Resultat doppelter Kontingenz. In dieser Hinsicht bezeichnet der Systembegriff genau diesen Mechanismus der sozialen Ordnung. Denn erst dadurch, dass Erwartungen in Bezug auf die Umwelt gebildet und durch die Reflexivität des Erwartens stabilisiert werden, entstehen soziale Systeme. (vgl. Luhmann 1987, S. 31 ff.) Erwartungserwartungen sind folglich Systemstrukturen. Durch seine Strukturen gelingt es einem System überhaupt, sich gegenüber einer veränderlichen Umwelt relativ invariant zu verhalten. (vgl. Luhmann 1964, S. 24) Denn soziale Systeme können nur dann durch Selektion andere Möglichkeiten aus der Umwelt negieren, wenn sie sich durch ihre Strukturen gegen die Wiederzulassung bereits negierter Möglichkeiten absichern. (vgl. Luhmann 2006a, S. 385) Da Selektionen immer nur eine Auswahl an Möglichkeiten darstellen, die auch anders gewählt werden können, sind Erwartungserwartungen kontingent konstruiert, das heißt, dass sie im Vorfeld die Möglichkeit der Erwartungsenttäuschung einschließen. Denn gerade weil Erwartungserwartungen festlegen, was als konform und was als abweichend zu gelten hat, unterliegen sie der Möglichkeit, enttäuscht zu werden. Erst Erwartungsstrukturen schaffen die Möglichkeit von Konformität und Abweichung und lassen heterogene Ereignisse überhaupt als Erwartungsenttäuschung erscheinen. (vgl. ebd., S. 397 ff.) Enttäuschungsfälle können dabei als Ereignisse beschrieben werden, die Momente der Unsicherheit im Erwarten mit sich bringen und genau deshalb wieder in „Normalstrukturen der Erwartbarkeit zurückgebettet werden" müssen. (ebd., S. 438) Die durch die enttäuschte Erwartung entstandene Unsicherheit muss demnach durch erwartbare Enttäuschungsreaktionen absorbiert werden. (vgl. ebd.) Erwartungserwartungen sind insofern mit Hilfskonstruktionen für den Enttäuschungsfall ausgestattet, die erwartbar machen, wie auf eine Enttäuschung reagiert werden muss. Das heißt, dass nicht nur Erwartungsenttäuschungen mit erwartet werden, sondern auch die Reaktionen der Erwartenden auf den Enttäuschungsfall. Erst dadurch können Verhaltenserwartungen stabilisiert werden. (vgl. Luhmann 1974, S. 121) Solche Vorwegnahmen von Enttäuschungsreaktionen werden dabei am Erwartungsstil selbst sichtbar und sind dadurch im Moment der Erwartungsenttäuschung schon kommunikationsfähig. (vgl. ebd., S. 436 f.) Das bedeutet, dass die Art und Weise, wie eine Erwartungsenttäuschung behandelt wird, durch den jeweiligen Stil des Erwartens bestimmt wird und deswegen schon im Vorfeld mit erwartet wird. (vgl. ebd.) Die Frage dahinter ist dann, welche Verhaltensmöglichkeiten angesichts von Enttäuschungsfällen überhaupt erwartet werden können. Luhmann differenziert in dieser Hinsicht zwischen einem kognitiven und einem normativen Erwartungsstil. Während kognitive Erwartungen im Enttäuschungsfall geändert und an die soziale Wirklichkeit angepasst werden, werden normative Erwartungen auch im Enttäuschungsfall beibehalten. (vgl. Luhmann 1987, S. 42) Bei einer kognitiven Erwartungshaltung wird die enttäuschte Erwartung als Folge einer „falschen" Erwartung betrachtet. Das System lernt aus der Erwartungsenttäuschung, indem es die Erwartung der sozialen Realität entsprechend modifiziert. Bei einer normativen Erwartungshaltung ist jedoch das Gegenteil der Fall. Der Enttäuschungsfall ist im Voraus irrelevant für die Erwartungshaltung, da die Erwartung aufgrund ihres normativen Charakters gegen faktische Ereignisse abgesichert ist und daher unabhängig von einzelnen Geschehnissen als enttäuschungsfest behandelt wird. Es kann weiterhin normativ erwartet werden, auch gerade weil im Augenblick der Enttäuschung bereits mit erwartet wird, wie mit dem Enttäuschungsfall umgegangen wird. Normative Erwartungen besitzen insofern eine kontrafaktische Dauergeltung[8]. (vgl. ebd., S. 42 ff.) Dieser Erwartungsstil wird dabei durch den Begriff der Norm definiert. Normen sind demnach „kontrafaktisch stabilisierte Verhaltenserwartungen." (ebd., S. 43) Werden Normen verletzt, kann erwartet werden, dass das System auch weiterhin auf

---

[8] Dass Verhaltenserwartungen durch das Attribut der kontrafaktischen Dauergeltung zeitlich generalisiert sind und dieser Prozess als Normierung bezeichnet wird, wird in Abschn. 3.3.2. genauer erörtert.

3.3 Soziale Systeme als Systeme von Erwartungsstrukturen

einem erwartungsgemäßen Verhalten insistiert. Das heißt, dass an der Norm festgehalten und der Fehler bzw. das Abweichen demjenigen zugerechnet wird, der die Norm enttäuscht. (vgl. ebd., S. 43 f.) Ob es sich um einen kognitiven oder normativen Erwartungsstil handelt, hängt also von der Reaktion der Erwartenden ab, nämlich ob diese durch Anpassung oder Festhalten auf die enttäuschte Erwartung reagieren. (vgl. ebd., S. 45) Hinsichtlich des Enttäuschungsfalls stellen dabei beide Erwartungsstile gleichwertige Problemlösungen dar. In Sachlagen ohne eine eindeutige Option des Lernens ist eher ein normativer Erwartungsstil erwartbar, während in Situationen, in denen keine Unterstützung bei Erwartungsenttäuschungen erwartbar ist, eher kognitiv erwartet wird. (vgl. Luhmann 2006a, S. 437 f.) Im Umkehrschluss bedeutet dies auch, dass der soziale Druck zu normkonformem Verhalten bei normativen Erwartungen in der Regel stärker ist als bei kognitiven Erwartungen. Im Gegensatz zum normativen Erwartungsstil, bei dem sich strikt behauptete und festzuhaltende Erwartungen weitaus konsensfähiger darstellen, wird es bei Kognitionen nämlich der faktischen Wirklichkeit überlassen, zu entscheiden, was als korrekt gilt. Der Konsens über das, was von der Realität als richtig bewertet wird, steht dabei im Augenblick eines kognitiven Erwartungsstils noch nicht fest und kann daher auch nicht allgemein als solcher behandelt werden. (vgl. ebd., S. 441 f.) Die Art des Erwartungsstils ist also nicht willkürlich gewählt, sondern bezieht sich mitunter auf die jeweiligen Umstände in der Umwelt und die vorzufindenden Systemstrukturen. Erst von der systeminternen Vorstrukturierung der Enttäuschungsreaktionen hängt ab, in welchem Umfang und in welcher Weise sich das System um die Ursachen der Enttäuschung gekümmert hat. (vgl. ebd., S. 398) Daher werden zur Stabilisierung kognitiver und normativer Erwartungen unterschiedliche Mechanismen zur Abwicklung von Enttäuschungsfällen bereit gehalten. (vgl. Luhmann 1987, S. 41 f.) Insbesondere das Festhalten an Normen beruht darauf, dass Ereignisse, die die Norm enttäuschen, vom System betreut und kanalisiert werden. (vgl. ebd., S. 50) Im Folgenden werden daher diejenigen Mechanismen vorgestellt, durch die Systeme Verhaltenserwartungen im Enttäuschungsfall stabilisieren.

3.3.1 Verarbeitungsmechanismen von Erwartungsenttäuschungen

Auf Enttäuschungen kognitiver Erwartungen können soziale Systeme neben der Änderung von Erwartungen als Form der Anpassung an die soziale Realität auch mit einer nachträglichen Normierung reagieren. Das bedeutet, dass die kognitive Erwartung der Wirklichkeit dadurch angepasst wird, dass sie gerade nicht aufgegeben wird, sondern der Erwartung kontrafaktische Dauergeltung verliehen wird. Der Erwartungsstil wird in diesem Fall von kognitiv auf normativ umgestellt. Solche Reaktionen werden z. B. nötig, wenn ein bestimmtes Verhalten im System unbedingt eingefordert werden muss. (vgl. Luhmann 1987, S. 48) Im Fall von Enttäuschungen normativer Erwartungen fallen die Reaktionen des Systems anders aus. Solche Enttäuschungsreaktionen sind in erster Linie darauf ausgerichtet, Normen im System als berechtigt erscheinen zu lassen, damit Erwartende auch in Enttäuschungsfällen bereit sind, weiterhin normativ zu erwarten. (vgl. ebd.) Ein einzelner Enttäuschungsfall deutet dabei schon Zweifel an der Geltung der Norm im System an, der sich jedoch nicht ausbreiten darf, sondern eingegrenzt werden muss, um den Konsens[9] darüber, dass im System in dieser Hinsicht normativ erwartet wird, zu bewahren. Deshalb werden Normenttäuschungen als Abweichung im System normalisiert, das heißt, dass Konsens darüber besteht, dass es sich bei dem Enttäuschungsfall lediglich um eine Ausnahme handelt. Das Verhalten desjenigen, der die Norm verletzt, wird dabei als Fehlverhalten deklariert und dadurch als Ausnahme isoliert. Das normabweichende Verhalten rekurriert dann nicht mehr auf die Norm, sondern verweist darauf, dass es sich bei der Erwartungsenttäuschung um eine Ausnahme handelt. Die Abweichung wird dabei nicht beseitigt, sondern als Abweichung stabilisiert, d. h. als Abweichung erwartbar gemacht, die dann als „Ausnahme" nicht mehr tangiert, sondern die Norm selbst stabilisiert. (vgl. ebd., S. 46 ff.) Die Ursache der Enttäuschung bzw. der Konflikt wird also dem Abweichler zugerechnet, sodass die Norm auch im Enttäuschungsfall vorzeigbar ist und an ihr festgehalten werden kann. (vgl. ebd., S. 56) Dadurch wird der Enttäuschungsfall nicht nur „isoliert, individualisiert, personalisiert", sondern auch „ein Bezugspunkt für eine durchgearbeitete Enttäuschungserklärung" gebildet. (ebd.) Die Enttäuschungserklärung darf die Norm jedoch nicht herausfordern bzw. sie schwächen. Sie muss den Enttäuschungsfall von der Norm deutlich distanzieren und diesen als faktische Tatsache der sozialen Wirklichkeit behandeln, die keinerlei „Sollwert" besitzt. (ebd., S. 57) Nur dadurch kann der Enttäuschungsfall symbolisch neutralisiert werden und die Norm nicht mehr schwächen. (vgl. ebd.) Die Erklärung der Enttäuschung als Abweichung ermöglicht insofern, dass an der Norm trotz faktisch widersprüchlicher Ereignisse festgehalten werden kann. (vgl. ebd., S. 58) Dadurch, dass in der Behandlung als Abweichung die Einstellung des Erwartenden evident wird, dass die verletzte Norm demonstrativ durchgehalten wird, wird auch eine fortlaufende bzw. kontrafaktische Geltung der Norm zum

---

[9] Dass es sich hierbei um keinen tatsächlichen, sondern einen unterstellten Konsens handelt, der jedoch die Geltung der Norm in gleicher Weise beanspruchen kann, findet in Abschn. 3.3.2 eine nähere Erörterung.

3.3 Soziale Systeme als Systeme von Erwartungsstrukturen

Ausdruck gebracht. (ebd.) So wird im System verhindert, dass enttäuschte Normen unbewusst verlernt werden und schließlich „selbst vom Erwartenden nicht mehr geglaubt werden". (ebd., S. 59) Denn wer eine Erwartungsenttäuschung hinnimmt, muss damit rechnen, dass künftig nicht mehr an der enttäuschten Erwartungserwartung festgehalten wird, sondern diejenige Erwartung erwartet wird, die dem Verhalten des Abweichlers entspricht. Der soziale Erwartungszusammenhang wird demnach neu strukturiert, und zwar mit der eingeschlossenen Möglichkeit, dass ein Durchhalten der Norm nicht mehr erwartet wird. In diesem Fall erweitert sich aufgrund der geduldeten Erwartungsenttäuschung der erwartbare Toleranzbereich. (vgl. Luhmann 2006a, S. 412)

Mitunter können auch Enttäuschungserklärungen personalisiert werden und demjenigen, der abweichend handelt, Absicht oder sogar persönliche Schuld unterstellt werden. Neben solchen negativen Beurteilungen können Enttäuschungserklärungen auch darauf hinauslaufen, Normabweichungen ins Irreguläre zu rücken und sie z. B. als bloße Unfälle zu deklarieren, um die enttäuschte Norm zu stabilisieren. Der Erwartende kann dann weiterhin eine normative Erwartungshaltung erwarten, und wird nicht in die Lage versetzt zu erwarten, dass seine Erwartung aufgrund eines Enttäuschungsfalls modifiziert werden muss. (vgl. Luhmann 1987, S. 57) Diese Mechanismen der Enttäuschungsabwicklung setzen jedoch die Möglichkeit voraus, sich über die verletzte Norm zu verständigen. Diese Bedingung kann nicht immer bzw. nicht zügig genug realisiert werden, insbesondere dann, wenn die gegen die Norm gerichtete Absicht im abweichenden Verhalten zu deutlich offenbart wird und dabei den Konsens über die Norm im System infrage stellen kann. In solchen Fällen greift das System auf Sanktionsmaßnahmen zurück. Da die Geltung einer Norm kontrafaktisch stabilisiert ist, hängt sie zwar nicht von Sanktionsandrohungen ab, dennoch können Sanktionierungen zum einen dazu dienen, die Norm trotz ihrer Enttäuschung nachträglich bzw. für künftige Fälle durchzusetzen, und zum anderen auch, um Erwartende im Vorfeld zu normativem Erwarten im System zu motivieren. Vor allem aber leisten Sanktionen, dass die verletzte Norm als durchzuhaltende Norm dargestellt wird. (vgl. ebd., S. 60 ff.) Damit die Sanktionen diese Leistungen erfüllen können, müssen sie deutlich an der enttäuschten Erwartung anschließen. Dies setzt zum einen voraus, dass Sanktionen nicht vage kommuniziert werden, und zum anderen, dass ein eindeutiger Zusammenhang zwischen der verletzten Norm und der Sanktion besteht, da nur Sanktionen folgen können, wenn genau zurechenbar ist, was sanktioniert wird. (vgl. Tenbruck 1972, S. 12 f.) Eine weitere Möglichkeit der Verarbeitung von Erwartungsenttäuschungen bezeichnet einen Mittelweg zwischen Nichtbeachtung und Sanktion. Das bedeutet, dass Erwartende eine Sachlage inszenieren, in der der normabweichend Handelnde der einzuhaltenden Norm als nicht „würdig" charakterisiert wird, also diskreditiert wird, und insofern nicht fähig ist, der Norm zu schaden. Dies kann z. B. in Form einer irrealen Darstellung von Charakterschwächen geschehen. (vgl. Luhmann 1987, S. 62 f.)

3.3.2 Generalisierung von Erwartungen

Zur Stabilisierung von Verhaltenserwartungen in sozialen Systemen ist ein gewisses Maß an Generalisierung erforderlich. Unter Generalisierung wird in diesem Sinne eine gewisse Indifferenz des Systems gegenüber seiner Umwelt verstanden, die sich in einer allgemeinen Gültigkeit von Strukturen äußert, durch die schon im Vorfeld feststeht, welche Verhaltenserwartungen von Systemzugehörigen erwartet werden können, und vor allem auch, dass diese Erwartungen unabhängig vom Einzelfall konstant gehalten werden. Generalisierung erleichtert demnach die genaue Abstimmung sozialen Verhaltens in Gruppen und vereinfacht die Orientierung an Verhaltenserwartungen untereinander. (vgl. Luhmann 1974, S. 120 ff.) Damit die Strukturen eines Systems sich gegenüber der Umwelt relativ invariant verhalten, ist es notwendig, Verhaltenserwartungen sowohl dauerhaft und konsistent wie auch konsensfähig zu stabilisieren. Die generalisierende Stabilisierung von Verhaltenserwartungen stellt dabei jedoch inkonsistente Ansprüche an das System. (vgl. ebd., S. 42 f.) Die Herausforderung, Verhaltenserwartungen einigermaßen im Einklang miteinander und allgemein gültig zu abstrahieren, d. h. kongruent zu generalisieren, ist deshalb problematisch, weil das System diese Anforderung auf drei verschiedenen Ebenen zugleich vollziehen muss: auf der zeitlichen, der sachlichen und der sozialen Ebene. (vgl. ebd., S. 121)

Auf der zeitlichen Ebene werden Verhaltenserwartungen normiert, damit ist gemeint, dass Erwartungen eine Normqualität erhalten, die es erlaubt, an der Erwartung auch im Enttäuschungsfall festzuhalten. Durch den Prozess der Normierung wird die Verhaltenserwartung gegen die faktische Lebenswelt abgesichert, das heißt kontrafaktisch stabilisiert, sodass die Erwartung im Hinblick auf die soziale Wirklichkeit enttäuschungsfest behandelt werden kann und (bestenfalls) eine kontrafaktische Dauergeltung besitzt. (vgl. Luhmann 1964, S. 56 f.) Systemzugehörige müssen dazu lernen, Erwartungsenttäuschungen mit zu erwarten und sich dabei aber gleichzeitig nicht in ihrer Erwartungshaltung beirren zu lassen. (vgl. Luhmann 1974, S. 121) Wie in Abschn. 3.3.1 dargestellt, setzt die Stabilisierung von Verhaltenserwartungen zu Normen dabei Vorgehensweisen zum Umgang mit Erwartungsenttäuschungen voraus. Die Normierung von Verhaltenserwartungen bewirkt jedoch noch nicht, dass Normen von Systemzugehörigen auch anerkannt und befolgt werden. Soziale Systeme müssen vielmehr Mechanismen bereitstellen,

3.3 Soziale Systeme als Systeme von Erwartungsstrukturen

die für eine Komplementarität von Verhalten und Norm sorgen und dadurch ein Divergieren dieser beiden Aspekte verhindern. Erst dadurch erhält eine kontrafaktisch stabilisierte Verhaltenserwartung eine Funktion für die soziale Ordnung eines Systems. (vgl. Luhmann 1964, S. 57) Daher werden Verhaltenserwartungen zudem auch in gewissem Umfang in sachlicher und sozialer Hinsicht generalisiert. Auf der sachlichen Ebene werden Verhaltenserwartungen weitreichend konstituiert, indem ihnen Identifikationspunkte zugeteilt werden. Durch die Bündelung von Verhaltungserwartungen zu Rollen werden beispielsweise einzelne Verhaltenserwartungen aufeinander abgestimmt und fungieren als Kriterien dessen, was Systemzugehörige erwarten können. Auch abstrakte Werte oder Zielvereinbarungen können dabei als Identifikationspunkte dienen. (vgl. Luhmann 1974, S. 121 f.) Auf der sozialen Ebene werden Rollen bzw. zusammenhängende Verhaltenserwartungen dadurch generalisiert, dass ihnen Konsens über nicht anwesende Dritte unterstellt wird und sie insofern als institutionalisiert betrachtet werden. So kann im System davon ausgegangen werden, dass jeder Systemzugehörige diese Erwartungen anerkennt. Ob es sich bei dieser Akzeptanz um eine tatsächliche Zustimmung, und somit um einen faktischen Konsens handelt, ist von sekundärer Bedeutung für das System. Die Unterstellung, dass jeder Systemzugehörige diesen Verhaltenserwartungen zustimmt, ist hinreichend, um sie als institutionalisiert zu betrachten, und macht individuelle Erwartungsprüfungen hinfällig. (vgl. Luhmann 1987, S. 64 ff.)

Das Erfordernis, Verhaltenserwartungen in drei verschiedene Richtungen zu generalisieren, kollidiert dabei mit dem Erfordernis, eine innere Konsistenz der Verhaltenserwartungen zueinander herzustellen. Die Normierung von gewissen Verhaltenserwartungen ist nicht ohne weiteres mit dem Anspruch vereinbar, über jene Erwartungen auch einen Konsens im System zu generieren. Nach Luhmann lassen sich daher alle Systemprobleme letztlich auf die Schwierigkeit der Stabilisierung von Verhaltenserwartungen zurückführen. (vgl. Luhmann 1964, S. 27) Dennoch ist in jedem sozialen System zumindest ein gewisses Maß an kongruenter Generalisierung zu erwarten, da die Festlegung von Verhaltenserwartungen auf der einen Ebene in mancher Hinsicht die Festlegung auf der anderen Ebene voraussetzt. (vgl. ebd., S. 57 f.) Die Prozesse der Normierung, der Bildung von Identifikationspunkten und der Institutionalisierung stützen sich demnach bis zu einem gewissen Grad wechselseitig. Ein erfolgreiches Beispiel kongruenter Generalisierung bildet in erster Linie die formale Organisation. Durch die formal geregelte Anerkennung von bestimmten Verhaltenserwartungen als Voraussetzung für die Mitgliedschaft in einer Organisation erlangen solche Mitgliedschaftserwartungen eine uneingeschränkte Geltung. (vgl. ebd., S. 59) Daher sind die folgenden Abschnitte darauf ausgerichtet, die Thematik formal organisierter Erwartungen zu spezifizieren und vor allem zu verdeutlichen, dass die durch Formalisierung erreichte kongruente

Generalisierung durch Entscheidung über Entscheidungsprämissen geschaffen wird. (vgl. Luhmann 2006b, S. 421)

3.4 Organisationen als formalisierte Sozialsysteme

Der Mechanismus der Formalisierung ermöglicht der Organisation, für Verhaltenserwartungen einen maximalen Grad an Generalisierung auf allen drei Generalisierungsebenen zu generieren. (vgl. Luhmann 1964, S. 59) Dadurch können Organisationen nicht nur ihre eigene Komplexität steigern, sondern auch ihr Verarbeitungspotenzial für unbestimmte Umweltkomplexität erhöhen und somit ihre interne Differenzierung vorantreiben. Im Hinblick auf eine schnell veränderliche Umwelt, die Organisationen mit widersprüchlichen Anforderungen konfrontiert, stellen generalisierte Verhaltenserwartungen, d. h. Erwartungen, die gegenüber der Umwelt indifferent gehalten werden, notwendige Bedingungen für die Stabilisierung der eigenen systemischen Ordnung dar. (vgl. Luhmann 1974, S. 123 ff.) In Organisationen wird Generalisierung erreicht, indem die für das System relevanten Erwartungen formalisiert werden. Erwartungen werden als formalisiert bezeichnet, „(…) wenn ein erkennbarer Konsens darüber besteht, dass die Nichtanerkennung oder Nichterfüllung dieser Erwartung mit der Fortsetzung der Mitgliedschaft unvereinbar ist". (Luhmann 1964, S. 38) Das heißt, dass eine Erwartung im System als formal gilt, wenn der Eintritt in eine Organisation bzw. die Mitgliedschaft unter der Bedingung der Akzeptanz dieser Erwartung steht. (vgl. ebd., S. 60) Mitglieder, die hingegen nicht mehr gewillt sind, formalisierte Verhaltenserwartungen anzuerkennen und ihnen entsprechend zu handeln, müssen aus der Organisation austreten. (vgl. Luhmann 2009a, S. 50) Gleichzeitig wird mit der Anerkennung der Mitgliedschaftsbedingungen auch akzeptiert, dass formalisierte Verhaltenserwartungen je nach Bedarf durch Entscheidung geändert werden können. (vgl. Luhmann 1964, S. 62) In dieser Hinsicht unterzeichnen Mitglieder mit dem Eintritt in eine Organisation eine Art „Blankoscheck", der ihnen die Verpflichtung auferlegt, auch bislang undefinierten Aufgaben vorab zuzustimmen, soll die Mitgliedschaft aufrechterhalten werden. (Kühl 2005, S. 102) Generalisierte Verhaltenserwartungen zeichnen sich demnach durch eine „strategische Unbestimmtheit" aus. (Luhmann 1964, S. 151) Da sich jedes Mitglied durch die Akzeptanz der Mitgliedschaftsbedingungen nicht nur verpflichtet, die Regeln einer Organisation, sondern auch deren fortwährende Änderbarkeit anzuerkennen, können die Systemerwartungen je nach Bedarf an die Mitglieder angepasst werden. (vgl. Luhmann 1991, S. 202) Es bleibt insofern ein Spielraum undefiniert, der im Ermessen der Organisation Verwendung findet und es möglich macht, neue Erwartungsbildungen auf Mitglieder abzuwälzen und diesbezüglich Folgebereitschaft zu verlangen. (vgl. Kühl 2005, S. 102 f.) Das bedeutet auch, dass Organisationen gegenüber nicht formalisierten Verhaltenserwartungen einen gewissen Gehorsam von ihren Mitgliedern erwarten können, da diese im Unklaren darüber sind, welche Erwartungen als zumutbar angenommen und welche als unzumutbar abgelehnt werden dürfen. Da sich Mitglieder mit der freiwilligen Entscheidung zum Eintritt in eine Organisation dazu verpflichten, die Geltung aller formalen Systemerwartungen anzuerkennen, lassen sie dabei gleichzeitig ihre individuellen Motivationsgründe hinter sich, d. h. sie wechseln mit der Übernahme einer Mitgliedsrolle von einem persönlichen zu einem dienstlichen Status. (vgl. Luhmann 1964, S. 42) Dadurch können Organisationen mit einer einheitlichen Motivation ihrer Mitglieder rechnen, die in der Erfüllung der Mitgliedschaftsbedingungen liegt und darauf ausgelegt ist, eine Beendigung oder negative Modifikation der Mitgliedschaft zu vermeiden. (vgl. ebd.) Jeglicher Ungehorsam gegenüber der formalen Erwartungshaltung der Organisation wirft dabei die Mitgliedschaftsanfrage auf, und zwar in dem Sinne, dass sich Mitglieder die Folgen einer ablehnend kommunizierten Folgebereitschaft zu jeder Zeit unterschwellig bewusst sind und die Möglichkeit der Mitgliedschaftsauflösung fortlaufend antizipieren: „Kann ich Mitglied bleiben, wenn ich diese oder jene Zumutung offen ablehne?" (ebd., S. 40) Obwohl in diesem Sinne die Grenzen der negierbaren Zumutungen für die Mitglieder verschwommen sind, steht dabei nach wie vor fest, dass die Mitgliedschaftsbedingungen, nach denen nur Mitglied bleiben darf, wer diese auch anerkennt, praktiziert werden müssen. (vgl. Luhmann 2009a, S. 50) Kurz gefasst zeigt sich daher vor allem, dass sich Organisationen in erster Linie durch das Kriterium der Mitgliedschaft von anderen Arten sozialer Systeme unterscheiden. (vgl. Luhmann 1964, S. 21)

3.4.1 Mitgliedschaft und Sanktion

In Organisationen erlangen systemrelevante Verhaltenserwartungen dauerhaft Geltung, indem sie auf die formale Mitgliedschaftsrolle bezogen werden und dadurch bewirken, dass jedes Mitglied weiß, mit welchen Verhaltenserwartungen zu rechnen ist und mit welchen nicht zu rechnen ist. (vgl. Luhmann 1964, S. 61) Ein solches Wissen über die formale Mitgliedschaftsrolle entbindet zugleich von der Verantwortung, die inhärenten Risiken erwartungskonformer Entscheidungen zu übernehmen. Denn unabhängig von den im System generalisierten Verhaltenserwartungen können jegliche Entscheidungen unvorhersehbare Folgen mit sich führen. Die im System festgelegten, zukünftigen Verhaltensweisen, die alle Mitglieder im Hinblick auf eine fortdauernde Mitgliedschaft nicht nur anzuerkennen, sondern auch zu erfüllen haben, entlasten sie von der Verantwortung, die Konsequenzen erwartungskonformer Handlungen zu tragen. (vgl. ebd.) Die Kopplung der Mitgliedschaft an bestimmte Verhaltenserwartungen wird dabei durch Entscheidung in Kraft gesetzt und kann nur durch Entscheidung geändert werden. (vgl. ebd., S. 62) Demnach formalisieren Organisationen Verhaltenserwartungen, indem diese durch Entscheidung zu Entscheidungsprämissen gebündelt werden und dadurch Reflexivität erhalten. Entscheidungsprämissen fixieren folglich die Bedingungen richtigen Entscheidens, sodass Entscheidungen, die sich an diesen Entscheidungsprämissen orientieren, nicht mehr überprüft werden müssen. Über ihre Akzeptanz wurde im Vorhinein per Entscheidung entschieden, sodass alle Mitglieder erwarten können, wie und wann von ihnen Entscheiden erwartet wird. (vgl. ebd., S. 145, S. 222 ff.) Entscheidungsprämissen schränken somit die Reichweite möglichen Entscheidens in der Organisation ein und machen daher ein bestimmtes Entscheidungsverhalten wahrscheinlicher. Künftige Entscheidungen werden dann nur noch unter dem Aspekt der Konformität und der Abweichung entschieden. (vgl. ebd., S. 224 f.) Die Formalstruktur lässt also, vereinfacht dargestellt, nur zwei Entscheidungsalternativen zu: Die unter Erwartungsdruck stehende Entscheidung wird sich entweder in einer konformen oder einer abweichenden Alternative dokumentieren, dies geschieht jedoch im Hinblick auf eine Vielzahl von Facetten.[10] (vgl. Luhmann 2006a, S. 400) Entscheiden sich Mitglieder für erwartungsnonkonforme Entscheidungen, tragen sie Beweislasten. Im Falle eines Konflikts, d. h. wenn eine solche Entscheidung beispielsweise nicht (oder nicht mehr) als funktional anerkannt wird, besteht die Gefahr, unter einen Rechtfertigungszwang zu geraten. (vgl. Kühl 2010, S. 101 f.) Dabei ist schon der Verstoß gegen eine einzelne formale Erwartung hinreichend dafür, dass die über den Organisationseintritt anerkennende Formalordnung angezweifelt wird. Unabhängig davon, welche Regel verletzt wird, bedeutet daher ein einziger Regelbruch eine Auflehnung gegen alle formalen Regeln des Systems: „Man kann nicht gegen einzelne von ihnen meutern, ohne gegen alle zu meutern." (Luhmann 1964, S. 63) Somit bleiben Abweichungen im Konfliktfall auch ohne soziale Unterstützung: „Wer abweicht, muß damit rechnen, allein zu bleiben". (ebd., S. 69) Jedes Organisationsmitglied ist daher aufgrund des Mechanismus der Formalisierung einer sozialen Kontrolle ausgesetzt. Damit soziale Kontrolle überhaupt umgesetzt werden kann, müssen Verhaltenserwartungen im Enttäuschungsfall gegebenenfalls sanktionsfähig sein. (vgl. ebd., S. 258) Mit dem Begriff der Sanktion definiert Luhmann jede bewusste Reaktion auf Erwartungs-

---

[10] An dieser Stelle ist die hier kurz zuvor erörterte Charakteristik von Entscheidungen vor Augen zu halten, die darin liegt, dass Entscheidungen ihre Identität in der Wahl von mehreren Alternativen haben, die sich in der gewählten Alternative dokumentiert. Für eine detaillierte Betrachtung des Entscheidungsbegriffs vgl. Luhmann 2005d, S. 391 ff.

3.4 Organisationen als formalisierte Sozialsysteme

enttäuschungen, die sich gegen den vermeintlichen Urheber richtet. (vgl. ebd., S. 254) In diesem Zusammenhang ist es für Organisationen u. a. essenziell, Erwartungen widerspruchsfrei zu formalisieren.[11] Ohne einen widerspruchsfreien Erwartungszusammenhang können Normabweichungen in der Organisation kaum oder nur schwierig identifiziert werden. (vgl. ebd.) Wenn die Befolgung einer formalisierten Erwartung einer anderen formalisierten Erwartung im System zuwiderläuft, wäre nicht ersichtlich, wann Erwartungen überhaupt enttäuscht würden. Mitglieder könnten sich je nach Bedarf auf ihre formale Rolle zurückziehen, sodass Normabweichungen nicht sanktionsfähig wären. Eine widerspruchsfreie Formalordnung ermöglicht also, dass Sanktionen an enttäuschten Verhaltenserwartungen anschließen können. (vgl. ebd.) Dies setzt aber voraus, dass Sanktionsmaßnahmen vorab, also mit dem Eintritt in eine Organisation, unter den Mitgliedern Anerkennung finden. Um Formen der Verarbeitung von Erwartungsenttäuschungen bereitzuhalten, werden also auch Sanktionen in der Organisation formalisiert bzw. durch Formalisierung generalisiert.[12] (vgl. ebd., S. 252) Dies erfordert zum einen, dass Sanktionen präzise formuliert werden, und zum anderen, dass ein eindeutiger Zusammenhang zwischen der enttäuschten Erwartung und der Sanktionierung besteht. Der Vollzug der Sanktion erfolgt dann ebenso wie die Erfüllung der formalen Mitgliedschaftsbedingungen nach Vorschrift. (vgl. ebd., S. 258) Im Gegensatz zu elementaren Kommunikationssystemen ist das Mittel der Sanktion in formalen Organisationen dann lediglich für die Motivation der Mitglieder zur Normtreue legitimiert und dient nicht dazu, die Norm nach einem Enttäuschungsfall zu rehabilitieren. Durch die Anerkennung der Mitgliedschaftsbedingungen herrscht bereits vorher ein allgemeiner Konsens darüber, dass derjenige, der eine formale Erwartung verletzt, sich fehlerhaft verhält und eine persönliche Schuld trägt. (vgl. ebd., S. 255) Ebenso ist die Erwartungsenttäuschung durch die Vergabe von jeweils spezifischen Mitgliedschaftsrollen eindeutig zurechenbar. (vgl. ebd.) Auch die Geltung der Sanktion ist im Vorfeld über die Akzeptanz der Mitgliedschaftsbedingungen formal abgedeckt und somit im Enttäuschungsfall erwartbar. Die durch den Eintritt in die Organisation erfolgte Zustimmung zu den Mitgliedschaftsbedingun-

---

[11] Hier ist darauf hinzuweisen, dass bei weitem nicht alle bestandsnotwendigen Erwartungen in der Organisation formalisiert werden können. Funktionsnotwendige Handlungen können bestenfalls über ein grobes Netz an formalisierten Erwartungen strukturiert werden. Ein solches Netz ist im Hinblick auf Umweltanforderungen jedoch weder passend noch ausreichend. (vgl. Luhmann 1964, S. 260).

[12] Neben einer formalisierten Sanktionsordnung halten sich Organisationen auch die Option offen, Abweichungen informell zu sanktionieren, wie z. B. über kollegiale oder personalpolitische Sanktionierungen. Informelle Sanktionstypen stellen dabei eine Notwendigkeit für die Organisation dar, weil sie das begrenzte Repertoire formaler Sanktionierungsmaßnahmen ergänzen. (vgl. Luhmann 1964, S. 262 ff.).

gen genügt folglich, damit formale Erwartungen trotz Verletzung im System weiterhin gelten. (vgl. ebd., S. 256 ff.) Der Vollzug von Sanktionierungen im System macht dann deutlich, dass die Mitgliedschaftsbedingung, wonach die Mitgliedschaft nur Fortbestand hat, wenn die formalen Erwartungen akzeptiert werden, praktiziert werden muss. (vgl. ebd., S. 255) Sanktionen räumen somit jeglichen Zweifel an der generellen Akzeptanz der formalen Erwartungshaltung des Systems aus. Infolgedessen können Sanktionen legitimerweise darauf hinauslaufen, den Austritt eines Mitglieds aus der Organisation herzuleiten. Dieser Sanktionsmaßnahme stehen diejenigen, die formale Erwartungen enttäuschen, sozusagen „machtlos" gegenüber, da die Bedingungen der Mitgliedschaft formale Sanktionsmaßnahmen legitimieren. (vgl. ebd., S. 256) Die Reaktionen der Organisation auf Erwartungsenttäuschungen dienen also nur noch dazu, die Verletzung der formalen Erwartung als Fehler darzustellen, möglichst einem einzelnen Mitglied die Schuld bzw. die Verantwortung zuzuschreiben und die Abweichung in dieser Form vom System zu isolieren. (vgl. ebd.) Insofern sind absehbare Sanktionsmaßnahmen nützlich, um zukünftige Normverletzungen abzustellen, sie stützen jedoch nicht die Darstellung der Norm, da diese bereits durch die Anerkennung der Mitgliedschaftsbedingungen gewährleistet ist. (vgl. ebd.) Erwartungsenttäuschungen sind dann lediglich für die Organisation kritisch, weil sie andeuten, dass nicht jedes Mitglied „(…) in jeder Hinsicht und in jeder Situation für richtig hält, was vorgeschrieben ist". (ebd.) Deswegen sind Normverletzungen auch als Fehlverhalten zu isolieren, um Rückwirkungen auf die generalisierte Erwartungsstruktur der Organisation zu verhindern. (vgl. ebd.) Auf diese Weise wird die Solidarität der Mitglieder hinsichtlich der enttäuschten Norm gestärkt und somit die Einheit des Konsenses über die zu akzeptierenden Mitgliedschaftsbedingungen bewahrt. (vgl. ebd., S. 257, S. 304) Es zeigt sich, dass die in Organisationen existierende Enttäuschungsgefahr eine Folge der Generalisierung von Verhaltenserwartungen darstellt. Mitglieder orientieren sich in ihrem Verhalten an einer Formalordnung, die sich in der Organisation bewährt hat, im Hinblick auf eine schnell veränderliche Umwelt kann diese formale Ordnung jedoch nicht zügig genug an die faktische Realität angepasst werden. Mitglieder rekurrieren demnach auf eine durch die Organisation geschaffene verallgemeinerte Erlebniswelt, die zwangsläufig auf Erwartungsenttäuschungen hinausläuft. (vgl. ebd., S. 251) Enttäuschungsgefahren spiegeln demnach die Schwierigkeit wider, soziale Ordnungen gegenüber einer immer komplexer werdenden Umwelt aufrechtzuerhalten.

Neben der Option der Sanktionierung inkludieren Mitgliedschaftsbedingungen weitere Verhaltenserwartungen der Organisation. Dazu gehören die primären Zwecksetzungen der Organisation wie auch die hierarchische Struktur. (vgl. ebd., S. 39 ff.) Die Erläuterung der Bedeutung von Organisationszwecken ist im Rahmen dieser Arbeit vor allem relevant, weil sich die Fragestellung der empirischen

Untersuchung mit der Möglichkeit von Zielkonflikten auseinandersetzt. Die nachstehende Erörterung der Funktion von Organisationszwecken zielt insofern darauf ab, das inhärente Potenzial der Organisation zu Zielkonflikten darzustellen. Die funktionale Beschreibung von Hierarchien in Organisationen dient hingegen dazu, eine theoretische Grundlage für das Verständnis der organisationalen Reaktionen auf den Schiffbruch der Costa Concordia zu schaffen. Insbesondere im Hinblick auf die Mechanismen der Verantwortungszurechnung erscheinen diese Ausführungen als wesentlich für die Fallanalyse.

3.4.2 Zielkonflikte

Zwecke werden als von der Organisation präferierte Ziele definiert, die zukunftsorientierte Entscheidungen ermöglichen. (vgl. Luhmann 2006b, S. 164) Zwecksetzungen stellen demnach ein elementares Organisationserfordernis dar, um im Verhältnis zur Umwelt operationsfähig zu sein. (vgl. ebd., S. 26) Zwecke bzw. Zielvorgaben werden durch Entscheidungen im System geschaffen, vorläufig akzeptiert und bei Bedarf gegebenenfalls geändert. (vgl. Luhmann 1968, S. 132) Unter Zwecken sind also Verhaltenserwartungen zu verstehen, die durch ihre gewählte Setzung eine spezifische Wirkung anvisieren und dadurch Situationsanforderungen entscheidbar machen. (vgl. ebd., S. 130 f.) Zwecke schränken insofern die Auswahl an Möglichkeiten zukünftigen Entscheidens ein. (vgl. Luhmann 2006b, S. 166) In dieser Hinsicht haben Zwecke in der Organisation eine strukturbildende Funktion. Sie geben eine gewisse Reihe von Entscheidungsmöglichkeiten vor, sodass weitere Entscheidungen folgen können, auf die dann wieder Bezug genommen werden kann, sodass sich Entscheidungen zu weiteren Entscheidungen verketten und der Organisation in Form von Bedingungen anschlussfähigen Entscheidens ihre Struktur verleihen. (vgl. ebd., S. 165) Zwecksetzungen als favorisierte Einschränkungen zu betrachten, bedeutet ferner, dass andere Gesichtspunkte, die in der Organisation als potenzielle Ziele eine geringere Präferenz finden, vernachlässigt werden. (vgl. Luhmann 1968, S. 46) Bei der Festlegung von Zwecken spielen zudem auch die Mittel zur Zweckerreichung eine wesentliche Rolle in der Organisation. Die Zwecksetzung zeichnet dabei einen Bereich von geeigneten Mitteln als systemrelevant aus. Als Mittel kommen nur solche in Betracht, die wenig kosten. (vgl. Luhmann 2006b, S. 26) Mithin erfüllt der Zweck die Funktion, die Auswahl seiner Mittel zu legitimieren. Das heißt, dass dem Zweck Mittel zugeordnet werden, die durch den Zweck selbst neutralisiert werden.[13] Demnach „heiligt der Zweck die

---

[13] In diesem Sinne sind Organisationen darauf ausgerichtet, zweckrational zu entscheiden. (vgl. Luhmann 1968, S. 156).

Mittel", und zwar auf eine Weise, dass mögliche Folgen der selektierten Mittel, die außerhalb des Zwecks liegen, durch den gesetzten Zweck als unbedeutend oder lediglich als geduldete Kosten interpretiert werden und die Nutzung der gewählten Mittel nicht unterbinden. (vgl. Luhmann 1968, S. 136) Durch ein solches Zweck/Mittel-Schema ist die Organisation in der Lage, zukunftsorientiert zu planen. (vgl. Luhmann 2006b, S. 98 f.) Dabei können jedoch verschiedene Zwecke im Widerspruch zueinander stehen. Luhmann führt solche Konflikte, wie in Abschn. 2.1.3 angedeutet, auf verschiedenartige Umweltanforderungen zurück, denen das System gleichzeitig nachzukommen versucht. (vgl. Luhmann 1968, S. 157) Organisationen programmieren demzufolge eine Reihe von Zwecken, die nicht miteinander vereinbar sind, aber dennoch nebeneinander Gültigkeit erlangen. (vgl. ebd., S. 161) Dabei handelt es sich nicht um unmittelbare Widersprüche in dem Sinne, dass die anvisierte Wirkung eines Zwecks erfüllt und wiederum nicht erfüllt werden soll. Vielmehr werden wünschenswerte Folgen eines Zwecks durch einen anderen Zweck neutralisiert. Dies bedeutet, dass die Mittel zur Realisierung eines Ziels durch eine andere Zielvorgabe abgewertet werden, sodass die Legitimität des gewählten Mittels infrage gestellt wird. (vgl. ebd., S. 159) Organisationen operieren hinsichtlich ihrer Zwecksetzung demnach relativ unbeständig, da je nachdem, welche Präferenzen von der Organisation gewählt werden, einmal der eine oder der andere Zweck vorgezogen wird. (vgl. ebd., S. 160) Dieser inkonsistente Umgang mit Zwecken hat zwar keinerlei Einfluss auf die Bedingung der Regelbefolgung als Prämisse der Mitgliedschaft, da die Zwecke mit dem Eintritt in die Organisation generell anerkannt werden müssen, auch wenn die Organisation diese im zeitlichen Verlauf modifiziert. (vgl. Luhmann 1964, S. 47) Jedoch lösen konfligierende Zielvorgaben einen Bedarf an Entscheidungsmaßstäben aus, die aufgrund ihrer Widersprüchlichkeit nicht über die Formalstruktur kodifiziert werden können. Die Organisation reagiert darauf, indem Verhaltenserwartungen, die zwar mit gewissen Zielvorgaben nicht vereinbar, jedoch anderen Zielvorstellungen gegenüber konform sind, informell kommuniziert werden. Das heißt, dass Konflikte zwischen Zielen durch das Unterlaufen der Formalordnung geregelt werden. (vgl. Luhmann 1968, S. 160 f.) Die Lösung von Zielkonflikten untersteht demnach der informellen Kommunikation in Organisationen.

3.4.3 Hierarchien

Hierarchien bezeichnen in Organisationen eine Ordnung von Weisungs- und Kontrollbefugnissen. (vgl. Luhmann 2006b, S. 20 f., 111) Sie erhalten ihre Autorisierung nicht dadurch, dass sie sich auf die persönliche Achtung der Organisationsmitglie-

3.4 Organisationen als formalisierte Sozialsysteme

der stützen, sondern zur Mitgliedschaftsbedingung erhoben werden und demnach mit dem Organisationseintritt anzuerkennen sind. (vgl. Luhmann 1964, S. 161, 209) Der jeweilige Status in der Hierarchie ist dabei nicht an die Form der Person geknüpft, sondern formal an „die Stelle"[14] gebunden. (vgl. ebd., S. 164) Das bedeutet, dass die Stellenbesetzung durch Vorgesetzte wie auch die Stellenkündigung nicht von der Befürwortung untergeordneter Mitglieder abhängt. Gerade weil Führungskräfte nicht von den ihnen unterstellten Mitgliedern gewählt werden, sondern mit dem Organisationseintritt formal zu Vorgesetzten ernannt werden, besteht die Erwartungshaltung im System, dass untergeordnete Mitglieder ihren Vorgesetzten gegenüber gehorsam sind. (vgl. ebd., S. 209) Demnach ersetzt Gehorsamkeit als Bedingung der Mitgliedschaft die Notwendigkeit einer persönlichen Achtung der Mitglieder gegenüber ihren Vorgesetzten. Gleichzeitig vergrößert sich dadurch der Entscheidungsspielraum der Weisungsbefugten, welcher in diesem Sinne offener für Entscheidungen ist, die formale Erwartungen verletzen. (vgl. ebd.) Dies bedeutet, dass Verhaltenserwartungen, die durch Vorgesetzte kommuniziert werden, auch dann Akzeptanz finden können, wenn die Erfüllung der Erwartungshaltung sich nicht konform zu der Formalordnung der Organisation verhält. Eine solche Folgebereitschaft ist darauf zurückzuführen, dass Entscheidungen von Vorgesetzen durch den primären Organisationszweck legitimiert sind. In diesem Sinne wird davon ausgegangen, dass das Entscheidungsverhalten hierarchischer Autoritäten durch Umweltanforderungen determiniert ist. Vorgesetzte spiegeln in diesem Sinne „eine verbindliche Interpretation der Außenwelt" wider. (ebd., S. 210) Darin zeigt sich auch die Funktionalität von Hierarchien für die Organisation. Zum einen ermöglichen Hierarchien, dass Verhaltenserwartungen an Mitglieder aufrechterhalten werden. Und zum anderen sind Hierarchien die Voraussetzung für das Ausbilden zweckmäßiger Erwartungen, da diese als Notwendigkeit der Anpassung an Umwelterfordernisse legitimiert sind. Luhmann interpretiert die Rolle der Führung daher auch als „funktionales Äquivalent zur Institutionalisierung von Normen". (ebd., S. 207) Darüber hinaus ist hervorzuheben, dass Hierarchien Kompetenzbegrenzungen aufweisen. Ein gewisser Status in der Hierarchie inkludiert sowohl bestimmte aufgabenbezogene Verantwortungsbereiche wie auch personelle Zuständigkeiten, und zwar in dem Sinne, dass untergeordnete Mitglieder eindeutig zurechenbar sind. (vgl. ebd., S. 209) Im Rahmen solcher Kompetenzzuständigkeiten legitimiert die Formalordnung die Befähigung zur Formalisierung von Verhaltenserwartungen. Infolgedessen verfügen Vorgesetzte über die Befugnis, über

---

[14] Vorerst ist es hinreichend darauf hinzuweisen, dass die jeweilige Mitgliedschaft an eine vorgegebene Stelle gebunden ist, durch die ein Mitglied in der Organisation eine Funktion erhält. (vgl. Luhmann 2006b, S. 225).

die Personalentscheidungen zu entscheiden. Eine Versetzung, Rekrutierung oder Entlassung von Mitgliedern steht mit Verweis auf die Mitgliedschaftsbedingungen in der Berechtigung der Vorgesetzten. Das bedeutet auch, dass das Nicht-Erfüllen kommunizierter Erwartungshaltungen zugleich immer Personalentscheidung in Gang setzen kann. (vgl. ebd., S. 215 f.) Das Merkmal der Determinierung von sachlichen Zuständigkeitsbereichen nimmt für die Analyse der Reaktionen auf den Schiffbruch der Costa Concordia und der Mechanismen der Verantwortungszurechnung eine besondere Rolle ein, da Schiffskapitäne in der sozialen Organisation an Bord an erster Stelle der Hierarchieebene stehen und somit für die Schiffsführung uneingeschränkt verantwortlich sind. Zudem stellt sich auch die Beobachtung der personellen Zuständigkeitsbereiche in Hierarchien im Hinblick auf die Reaktionen der Organisation Costa Crociere nach der Schiffshavarie als relevant dar. Im Hinblick auf den im zweiten Kapitel dieser Studie dokumentierten Forschungsstand ist es zudem sinnvoll, auf Luhmanns Annahmen zum Verhältnis von Hierarchien und Informationsübermittlungsprozessen in Organisationen einzugehen. Aufgrund ihrer Kompetenzbegrenzungen strukturieren Hierarchien die Weitergabe und Zurückhaltung von Informationen. Während Informationsfilterungen im Zuge des Transfers über die verschiedenen hierarchischen Ebenen für eine Bewusstseinsentlastung sorgen, bergen solche Informationsdezimierungsprozesse zudem die Gefahr, den eigentlichen Informationsgehalt abzuwandeln. (vgl. ebd., S. 210 f.) Nachteilig ist dabei jedoch für die Organisation, dass auch prekäre Informationen einen starken Filterprozess durchlaufen können, sodass Vorgesetzte, im Gegensatz zu ihren untergeordneten Mitarbeitern, nicht über ein akkurates Bild der Geschehnisse in der Organisation verfügen. (vgl. ebd., S. 202 f.) Ebenso ist es aber auch möglich, dass die transferbedingten Informationsabweichungen auf eine Ergänzung von Informationsgehalten hinauslaufen. (vgl. ebd., S. 210 f.)

3.5 Gattungen von Entscheidungsprämissen der Organisation

Entscheidungsprämissen fungieren als Voraussetzungen für eine Vielzahl zukünftiger Entscheidungen im System. (vgl. Luhmann 2006b, S. 222 f.) In Organisationen sind zwei Arten von Entscheidungsprämissen identifizierbar. Zum einen bilden sich Entscheidungsprämissen aus, die durch Entscheidungen kodifiziert wurden, d. h. auf bestimmte Entscheidungen zurückzuführen sind. (vgl. ebd.) Und zum anderen bilden sich Entscheidungsprämissen aus, die im System nicht eindeutig Entscheidungen zugerechnet werden können. (vgl. ebd., S. 224 f., 241 f.) Luhmann differenziert in dieser Hinsicht zwischen den entscheidbaren Entscheidungsprämissen und den unentscheidbaren Entscheidungsprämissen. (vgl. ebd., S. 145,

3.5 Gattungen von Entscheidungsprämissen der Organisation

222 f., 241 ff.) Überdies ist das Konstrukt der Entscheidungsprämissen komplementär zur Luhmann'schen Systemtheorie spezifiziert worden und findet daher für eine trennschärfere Betrachtung der Prämissen in dieser spezifizierten Form Verwendung. (vgl. Kühl 2010, S. 116 ff.) Infolgedessen werden die Begriffe der entscheidbaren und unentscheidbaren Entscheidungsprämissen durch die Bezeichnung der entschiedenen und nicht entschiedenen Entscheidungsprämissen namentlich substituiert. (vgl. ebd.) Diese Auswechslungsmaßnahme wird im Sinne der Systemtheorie Luhmanns als legitim betrachtet, da sie dem Leser ein auf Anhieb differenzierteres Verständnis zur Thematik der Entscheidungsprämissen eröffnet.

3.5.1 Entschiedene Entscheidungsprämissen: Die Form der „Stelle"

Die entschiedenen Entscheidungsprämissen bezeichnen Verhaltenserwartungen, über die offiziell in der Organisation entschieden worden ist und deshalb als Mitgliedschaftsbedingungen die Formalstruktur der Organisation markieren. Durch die Festlegung von Entscheidungsprämissen per Entscheidung ist im System ersichtlich, welche Entscheidungen als Entscheidung der Organisation gelten und somit bindend sind. (vgl. Luhmann 2006b, S. 238) In Form „der Stelle" werden die Entscheidungsprämissen der Organisation aufeinander abgestimmt und die Mitgliedschaft koordiniert. In diesem Sinne werden einzelne Verhaltenserwartungen konsistent zueinander in Beziehung gesetzt. Mit dem Organisationseintritt können Mitgliedern dann bestimmte Aufgaben zugewiesen oder gewisse Weisungsbefugnisse zugeteilt werden. (vgl. Luhmann 2006b, S. 231 f.) Die Stelle stellt dabei eine „inhaltsleere Identität mit auswechselbaren Komponenten" dar, sodass sie im Grunde genommen nicht existent ist. (ebd., S. 233) Denn die mit der Stelle verknüpften Aufgaben wie auch die ihr zugewiesene Ebene in der Hierarchie sind per Entscheidung austauschbar, ebenso wie die Person, die als Mitglied eine Stelle besetzt. (vgl. ebd.) Die Betrachtung der Stelle als „Leerstelle" negiert aber nicht ihre inhärente Möglichkeit, Entscheidungen einzelnen Mitgliedern zuzurechnen. Denn wenn eine Stelle in der Organisation geschaffen wird, dann wird sie auch über kurz oder lang von einem einzelnen Mitglied besetzt. Prinzipiell können drei Typen von entschiedenen Entscheidungsprämissen in der Organisation identifiziert werden, die in Form der Stelle miteinander harmonisiert werden: Entscheidungsprogramme, Kommunikationswege und Personal. (vgl. ebd., S. 225 f.)

3.5.1.1 Entscheidungsprogramme

Mit der Zwecksetzung werden regulative Bedingungen zur Zielerreichung in der Organisation festgelegt, die in Form von Entscheidungsprogrammen formalisiert werden. Entscheidungsprogramme ermöglichen dabei das konforme Verhalten der Mitglieder, indem sie vorgeben, welche Entscheidungen in der Organisation als korrekt und welche als fehlerhaft gelten. (vgl. Luhmann 2006b, S. 225 f.) Auf der Ebene der Entscheidungsprogramme wird zwischen Konditional- und Zweckprogrammen differenziert. (vgl. ebd., S. 261) Konditionalprogramme stellen sogenannte „Wenn-Dann"-Programme dar, durch die die Mitglieder Kenntnis darüber erlangen, was bzw. wie Aufgaben auszuführen sind: Wenn eine bestimmte Bedingung eintritt, dann muss in vorgegebener Weise entschieden werden. (vgl. ebd., S. 263) Bei den Konditionalprogrammen kann also zwischen einer auslösenden Bedingung und einer darauffolgenden Konsequenz unterschieden werden. (vgl. ebd., S. 261) Durch die Zweckprogramme wird hingegen formalisiert, welche Ziele realisiert werden sollen, ohne dabei eine genaue Vorgehensweise festzulegen. Insofern stellen Zweckprogramme die von der Organisation gesetzten Zwecke dar. (vgl. ebd., S. 265) In dieser Hinsicht liegt der Zweckprogrammierung die Differenz zwischen Zwecken und Mitteln zugrunde. (vgl. ebd., S. 266 f.) Mittel geben vor, was erforderlich ist, um einen anvisierten Zweck zu erreichen. Dabei gilt, dass alle Mittel, die nicht explizit verboten sind, also gegen die Formalstruktur der Organisation oder rechtliche Normen verstoßen, auch erlaubt sind. (vgl. ebd.) Die Differenzierung zwischen Konditional- und Zweckprogrammen darf jedoch nicht über ihr gegenseitiges Abhängigkeitsverhältnis hinwegtäuschen. Über Konditionalprogramme kann ebenso wenig ohne angegebene Ziele entschieden werden, wie über Zweckprogramme ohne vorliegende Bedingungen entschieden werden kann. Konditional- und Zweckprogramme stützen sich gegenseitig. (vgl. ebd., S. 262) Darüber hinaus dient die Strukturform der Entscheidungsprogramme dem System dazu, Erwartungen aus der Umwelt intern zu verarbeiten und sich so den gegebenen Umweltverhältnissen anzupassen. (vgl. Luhmann 2009a, S. 53)

3.5.1.2 Kommunikationswege

Neben den Entscheidungsprogrammen stellen die Kommunikationswege den zweiten Strukturtyp der entschiedenen Entscheidungsprämissen dar. Kommunikationswege regeln in der Organisation sowohl den Austausch von Informationen unter den Mitgliedern wie auch die Verteilung von Zuständigkeiten für Aufgabenbereiche. (vgl. Luhmann 2006b, S. 316) Dabei setzen Kommunikationswege die Form der Stelle voraus, die den Entscheidungen als „Adressen" dienen. (vgl. ebd.) Demnach resultieren Kommunikationswege aus den formalisierten Zuständigkeiten der Stellen, was weiterhin bedeutet, dass im Regelfall die Hierarchien über Kommunikationswege entscheiden. (vgl. Luhmann 1964, S. 200) Hierarchien als Instanz der Weisungs- und Kontrollbefugnisse in der Organisation (vgl. Abschn. 3.2.3) legen fest, wer mit wem kommunizieren darf bzw. welche Mitglieder anderen Mitgliedern unter- oder übergeordnet sind. Insofern können Kommunikationswege sowohl nach „oben" wie auch nach „unten" verlaufen und auf diese Weise Entscheidungen miteinander verknüpfen. (vgl. Luhmann 2006b, S. 325) Die Verknüpfung von Entscheidungen über die formalisierten Zuständigkeiten erleichtert mithin das Entscheidungsverhalten der Mitglieder. Entscheidungen, die von „oberen" Zuständigkeiten kommuniziert werden, müssen von „unteren" Zuständigkeiten mit Verweis auf die Mitgliedschaftsbedingungen befolgt werden. Infolgedessen müssen diese Entscheidungen von hierarchisch niedriger gestellten Mitgliedern nicht mehr geprüft werden, ungeachtet der Tatsache, ob sie die Entscheidungen ihrer Vorgesetzten als richtig oder falsch erachten. (vgl. ebd., S. 317)

3.5.1.3 Personal

Als dritten Strukturtyp der entschiedenen Entscheidungsprämissen fungiert die Prämisse Personal. Dabei sind die Entscheidungsprogramme und Kommunikationswege als übrige Komponenten der Stelle der Prämisse Personal vorauszusetzen. (vgl. Luhmann 2006b, S. 279) Dieser Aspekt beruht auf der Selbstverständlichkeit, dass ohne Aufgaben- und Zuständigkeitsbereiche wie auch Weisungsbefugnisse kein Personal auf eine Stelle rekrutiert werden kann. (vgl. ebd., S. 285) Mit der Prämisse Personal werden Entscheidungen über Personalentscheidungen bezeichnet, also Entscheidungen darüber, wer eine Stelle in der Organisation besetzen darf. (vgl. ebd., S. 287) Dadurch kann im Vorfeld bestimmt werden, welche Fähigkeiten und Einstellungen potenzielle Mitglieder bzw. Personen für eine Stellenbesetzung mitzubringen haben. Der Organisation dienen Personen dabei „als greifbare Symbole für das Unbekanntsein der Zukunft". (ebd., S. 284) Da Entscheidungen in der Organisation einer ungewissen Zukunft gegenüberstehen, erweisen sich Personen durch ihren eigenen Entscheidungsstil als nützlich. Zwar geben die jeweiligen Mitgliedschaftsbedingungen, die formal an eine Stelle geknüpft sind, eine Entscheidungsrichtung vor, dennoch bestimmt die Formalstruktur nicht, wie eine Entscheidung getroffen wird. In dem Sinne stellt das Personal „einen Kompromiss zwischen Vergangenheit und Zukunft" dar, bei dem nicht sicher feststeht, wie entschieden wird. (ebd., S. 285) In dieser Hinsicht kann über die Prämisse Personal in der Organisation festgelegt werden, welcher Personentypus, d. h. welche charakterlichen Einstellungsmerkmale, mit einer Stelle verknüpft werden sollen. Auf diese Weise können die für die Organisation als wünschenswert erachteten Entscheidungsstile selektiert werden. (vgl. ebd., S. 287 f.) Zusammenfassend stellt die Prämisse Personal also Entscheidungen über den Ein- und Austritt von Personen, wie auch Versetzungen mit oder ohne Beförderung in der Organisation dar. (vgl. ebd.)

3.5.2 Nicht entschiedene Entscheidungsprämissen: Die informale Organisation

Luhmanns Konstrukt der nicht entschiedenen Entscheidungsprämissen bezeichnet, dass in Organisationen Verhaltenserwartungen kommuniziert werden, über die nicht offiziell entschieden worden ist, diese aber dennoch eine Strukturhaftigkeit aufweisen. Diese Einsicht darf nicht den Blick dafür verstellen, dass auch die nicht entschiedenen Entscheidungsprämissen im System durch Entscheidungen in Kraft gesetzt werden, jedoch lässt sich diese Art von Entscheidungsprämissen weder auf formale Entscheidungen zurückverfolgen noch sind sie darauf ausgerichtet, bestimmte Entscheidungen vorzubereiten. (vgl. Luhmann 2006b, S. 240 ff.) Hierbei handelt es sich um Erwartungsstrukturen, die nicht über den Mechanismus der Formalisierung in der Organisation legalisiert werden, das heißt, dass sie keine formale Verbindlichkeit tragen. (vgl. Luhmann 1964, S. 285) Aus ihrer Erfüllung oder Nichterfüllung können keine Konsequenzen für die Weiterführung oder Aufhebung der Mitgliedschaft gezogen werden. (vgl. ebd., S. 48) Ihr Ordnungsprinzip besteht darin, dass sie den formalen Geltungsstatus negieren und sich als „informal" kennzeichnen. (ebd., S. 285) Informale Erwartungen sind demnach nicht mit Verweis auf die offiziellen Mitgliedschaftsbedingungen durchsetzbar, stattdessen gelten sie, „weil sie immer gegolten haben". (Luhmann 2006b, S. 242) Ihre Strukturhaftigkeit erlangen sie wie von selbst, indem sie sich in der Organisation als bewährt herausstellen und sich dadurch zu regelmäßigen Orientierungspunkten für das Entscheidungsverhalten der Mitglieder entwickeln. (vgl. ebd., S. 243 ff.) Eine einmalige Orientierung an einer informalen Erwartung bewirkt noch nicht ihre Ausbildung zur Struktur, macht sie also noch nicht für eine Reihe von Mitgliedern erwartbar. Erst wenn informale Erwartungen regelmäßig zum Angelpunkt für eine Vielzahl von Entscheidungen werden, die keiner formalen Entscheidung mehr bedürfen, sondern sich durch Wiederholungen als Routine eingelebt haben, können sie in der Organisation als institutionalisiert betrachtet werden. (vgl. Luhmann 1964, S. 176) Damit mangelt es dieser Gattung von Entscheidungsprämissen an „Positivität", nämlich die Dispositionsfreiheit, den durch konkrete Entscheidungen erzeugten formalen Geltungsstatus durch Entscheidung zu verändern oder ganz abzuerkennen. Luhmann beschreibt diese Form von Entscheidungsprämissen als die Kultur[15] einer Organisation, die wie von selbst entsteht und genau dort auf-

---

[15] Nach Luhmann sind Organisationskulturen für die Sozialordnung eines Organisationssystems funktional, da sie, ohne per Entscheidung über Prämissen zu entscheiden, zukünftigen, noch nicht feststehenden Präferenzen Rechnung tragen. Insofern gibt die Organisationskultur der unmittelbaren Gegenwart in der Organisation einen Orientierungsvorrang vor der noch nicht feststehenden Zukunft. (vgl. Luhmann 2006b, S. 249).

3.5 Gattungen von Entscheidungsprämissen der Organisation

taucht, wo Probleme in der Organisation nicht durch Entscheidung gelöst werden können. (vgl. Luhmann 2006b, S. 241 ff.) Informelle Erwartungsstrukturen erfüllen schon allein deshalb eine notwendige Funktion für das Organisationssystem, weil sie im Gegensatz zu den formalen Erwartungsstrukturen „unsichtbar" bleiben und dadurch die Formalordnung stabilisieren. (vgl. Luhmann 1964, S. 154) Formale und informale Erwartungsstrukturen werden daher als komplementäre Aspekte eines sozialen Systems begriffen.[16] (vgl. ebd., S. 30) Diese Erkenntnis geht auf die Einsicht Luhmanns zurück, dass nicht alle bestandsnotwendigen Leistungen formalisiert und nicht alle funktionsnotwendigen Leistungen legitimiert werden können. (vgl. ebd., S. 153) Da Organisationen mit widersprüchlichen Umwelterwartungen und Leistungsanforderungen konfrontiert werden, die systemintern verarbeitet werden müssen, erfordert die Bestandserhaltung des Systems Leistungen, die im Widerspruch zur Formalordnung stehen. (vgl. ebd., S. 63, 286) Es können jedoch nur Verhaltenserwartungen formalisiert werden, die anderen formalen Erwartungen nicht widersprechen. (vgl. ebd.) Denn sollten widersprüchliche Erwartungen des Systems offenkundig werden, würde dies das einheitliche Bild des Systems stören. (vgl. ebd., S. 154) Das Organisationssystem würde eine inkonsistente Formalstruktur hervorbringen, sodass nicht mehr eindeutig festgestellt werden kann, welche formalen Erwartungen für die Mitglieder primär gelten. Die Erfüllung einer formalen Erwartung würde mit einer anderen formalen Erwartung kollidieren bzw. gegen sie verstoßen. Das hieße also, dass Mitglieder mit der Befolgung einer Mitgliedschaftsregel zugleich eine andere Mitgliedschaftsregel verletzen und dadurch die Fortsetzung ihrer Mitgliedschaft riskieren. (vgl. ebd., S. 62 ff.) Eine solche Inkonsistenz würde die Formalordnung der Organisation destabilisieren. (vgl. ebd., S. 154) Deshalb kann es in einem formalen Organisationssystem „nur eine konsistent geplante, legitime formale Erwartungsordnung geben". (ebd., S. 155) In einer sich stetig verändernden Umwelt wirkt sich eine alleinige Orientierung an der Formalordnung jedoch kontraproduktiv auf den Systemerhalt aus, da über formale Regeln nicht schon vorab ausreichend viele Möglichkeiten ihrer situationsbedingten Anwendbarkeit festgelegt werden können. Ein sogenannter Dienst nach Vorschrift würde die Arbeitsprozesse in der Organisation lahmlegen. Die Formalstruktur eines Systems ist in diesem Sinne zu rigide bzw. einseitig, so-

---

[16] Dieses Verständnis schließt nicht aus, dass die informale Ordnung der formalen Ordnung zu widerlaufen kann. Informale Erwartungsstrukturen können Mitglieder ebenso zum Zurückhalten von Leistungen motivieren wie zum Erbringen von Leistungen. Die Richtung des Entscheidungsverhaltens der Mitglieder hängt davon ab, welche informelle Erwartungsstrukturen sich im Verhältnis zur Formalstruktur ausgebildet haben. (vgl. Luhmann 2006b, S. 22) Auch daran wird ersichtlich, dass die informale Ordnung im System immer als Folge der Formalordnung zu betrachten ist.

dass Regelungslücken informell ausgeglichen werden. (vgl. Kühl 2010, S. 117 f.) Grundsätzlich ist es zwar möglich, Systemerwartungen, die mit der Formalstruktur vereinbar sind, kontinuierlich im Nachhinein zu formalisieren, jedoch hätte ein solches Vorgehen zur Folge, dass Organisationen auf Umwelterfordernisse kaum anpassungsfähig reagieren könnten. (vgl. ebd., S. 119 f.) Informelle Erwartungsstrukturen bilden sich daher nicht nur aus, um Lücken der Formalisierung auszugleichen. Die Widersprüchlichkeit einer Vielzahl von Umwelterwartungen erfordert Systemleistungen, die der Formalstruktur widersprechen und daher informell kommuniziert werden müssen. Luhmann bezeichnet diesen Zusammenhang als „brauchbare Illegalität". (Luhmann 1964, S. 304) Beispielsweise können im Hinblick auf die formalisierten Kommunikationswege Vorgesetzte bewusst übersprungen werden, um Verfahrensweisen unmittelbar mit hierarchisch höheren Ebenen abzusprechen und so Abstimmungsprozesse in der Organisation zu beschleunigen. In Bezug auf die Konditionalprogrammierung kann von strikt festgelegten Vorgehensweisen abgewichen werden, um vorgegebene Ziele bei erschwerten Umständen, wie im Falle von wirtschaftlich bedingtem Zeitdruck, dennoch zu realisieren. Dies kann auch darauf hinauslaufen, dass Mitglieder abstraktere Ziele mit reflektieren, um die primäre Zwecksetzung der Organisation zu unterstützen. Kundenbedürfnisse werden dann z. B. nicht auf dem eigentlich festgelegten Weg befriedigt, sondern über innovativere, jedoch regelverletzende Maßnahmen realisiert. (vgl. Kühl 2010, S. 133 f.) Regelverletzungen können sich demnach positiv auf die formale Zwecksetzung der Organisation auswirken und eine laufende Anpassung an wechselnde Umweltbedingungen ermöglichen. Abweichungen von der Formalordnung sind in diesem Sinne funktional für die Organisation und lassen eine gewisse Toleranz gegenüber Normverstößen im System als berechtigt erscheinen. (vgl. Luhmann 1964, S. 304 ff.) Das System kann Regelverletzungen tolerieren, indem es sie entweder unbewusst hält, dezent ignoriert oder sogar bewusst duldet. Ebenso kann die Organisation auch mit Unterlassungsaufforderungen reagieren und ihre Mitglieder mit Verweis auf die Formalstruktur dazu anhalten, Abweichungen von der Formalstruktur einzustellen. Eine solche Inkonsistenz im Umgang mit Regelverstößen weist darauf hin, dass es sich bei dem Verhältnis zwischen formalen und informalen Erwartungshaltungen in der Organisation nicht um eine Beziehung handelt, über die offiziell entschieden worden ist. Die informale Ordnung besteht vielmehr relativ unabhängig von der Formalstruktur und weist insofern keine evidenten Verbindungen zu den Programmen der Organisation auf, wie vergleichsweise im letzteren Beispiel zur Zweckprogrammierung, sodass Abweichungen nicht einheitlich vom System behandelt werden. (vgl. ebd.) In einer Vielzahl von Fällen ist aber zu beobachten, dass Vorgesetzte Verstöße gegen die Formalordnung aufgrund ihrer Brauchbarkeit für die Organisation dulden. Obwohl der-

3.5 Gattungen von Entscheidungsprämissen der Organisation

artige Normabweichungen im Hinblick auf die Mitgliedschaftsbedingungen Sanktionen nach sich ziehen sollten, bleiben sie unbestraft, um zur Erfüllung informeller Erwartungen zu motivieren und dadurch diese Erwartungshaltung aufrechtzuerhalten, um so weiterhin von der Brauchbarkeit dieser Abweichungen zu profitieren. Dies ändert jedoch nichts daran, dass Vorgesetzte offiziell dazu verpflichtet sind, Regelverletzungen zu sanktionieren. Daher ist es nicht ungewöhnlich, dass beim Bekanntwerden eines Regelverstoßes Vorgesetzte beharrlich darauf plädieren, über Abweichungen nicht in Kenntnis gesetzt worden zu sein, um Normverstöße untergeordneten Mitgliedern zuzurechnen. (vgl. Kühl 2010, S. 122) Ob Regelverstöße formal oder informal sanktioniert werden, hängt dabei davon ab, ob die Abweichung bereits außerhalb der Organisation öffentliche Aufmerksamkeit erlangt hat und juristisch isolierbar ist, d. h. auf einzelne Mitglieder personalisiert werden kann. Treffen diese Kriterien zu, sind formale Sanktionsmaßnahmen für das System unverzichtbar. (vgl. Luhmann 1964, S. 262) Solche Sanktionierungen erfüllen wiederum selbst eine positive Funktion im System, indem sie die Solidarität der Normanhänger stärken und dadurch die soziale Ordnung des Systems stabilisieren. (vgl. ebd., S. 304) Darüber hinaus können sich auch Abweichungen einspielen, die nicht nur die offiziellen Mitgliedschaftsbedingungen verletzten, sondern gegen Rechtsnormen in der Gesellschaft verstoßen. Das Bekanntwerden von informell erwarteten Gesetzesverstößen könnte dabei mit potenziellen Legitimationsverlusten der Organisation einhergehen. Informelle Erwartungen des Systems, die gegen gesetzlich geregelte Arbeitnehmerrechte verstoßen, wie z. B. die Aufforderung zur kontinuierlichen Überschreitung der normalen Arbeitszeiten, um Aufträge noch fristgerecht fertigzustellen, würden beim Bekanntwerden die Aufmerksamkeit des Rechtssystems auf die Organisation lenken und regulative Eingriffe nach sich ziehen. (vgl. Kühl 2010, S. 116 ff.) Daher sind insbesondere bei öffentlich gewordenen Gesetzesverletzungen Konflikte bei der Zurechnung von Verantwortlichkeiten vorprogrammiert. Auf der einen Seite versuchen Vorgesetzte die Gesetzesübertretung zu personalisieren und untergeordneten Mitgliedern zuzurechnen, auf der anderen Seite sind hingegen hierarchisch niedriger gestellte Mitglieder darauf bedacht, das eigene abweichende Verhalten mit einer informalen Erwartungshaltung des Systems zu rechtfertigen. (vgl. ebd., S. 122 ff.)

Des Weiteren ist es für Organisationssysteme gar nicht möglich, alle Erwartungen an seine Mitglieder über die Formalordnung zu kommunizieren, selbst wenn dies illusorisch gesehen widerspruchsfrei möglich wäre. (vgl. Luhmann 1964, S. 27) Manche Erwartungen des Systems entziehen sich der Formalisierung, weil sie aufgrund der Schwierigkeit, sie eindeutig zu formulieren, nicht sanktionsfähig sind. Abstrakte Denkstile, Haltungen oder Einstellungen lassen sich daher nicht zur Mitgliedschaftsbedingung erheben. Beispielsweise können Anforderungen wie

Teamfähigkeit, Kompromissbereitschaft oder kulturelle Kompetenz nicht als Vorschrift programmiert werden, weil sich solche Ansprüche an das Personal jeglicher Kontroll- und Sanktionierungsmöglichkeiten entziehen. (vgl. Kühl 2010, S. 118 f.)

3.6 Von der Theorie zur Empirie – eine Überleitung

Um mit der Systemtheorie empirische Erkenntnisse zu gewinnen, muss man sich als soziologischer Forscher vor Augen halten, dass der systemtheoretische Ansatz bei der Betrachtung der Welt nur Kommunikationen als realitätsrelevant anerkennt. Ganz gleich, ob sich die Beobachtung der sozialen Realität auf bestimmte Objekte oder Prozesse bezieht – alles, was ein Systemtheoretiker beobachtet, ist Kommunikation. Und sobald Kommunikation stattfindet, entstehen nach Luhmann soziale Systeme. (vgl. Luhmann 2009b, S. 10) Ein soziologischer Forscher, der aus der Perspektive der Systemtheorie die Wirklichkeit betrachtet und in diesem Sinne die Systemtheorie als Beobachtungsstrategie verwendet, beobachtet also immer soziale Systeme, sei es Interaktionssysteme, Organisationssysteme, Funktionssysteme oder gar die Gesellschaft als ein übergreifendes Sozialsystem. (vgl. ebd., S. 9 ff.) Wie die Schilderung der für die Falluntersuchung wesentlichen Aspekte der Systemtheorie zeigt, werden soziale Systeme als autopoietisch geschlossene Systeme betrachtet, die sich anhand einer Differenz nämlich der Unterscheidung von System und Umwelt, konstituieren und nur anhand dieser Differenz, weitere Unterscheidungen unterscheiden und sich dadurch ausdifferenzieren. (vgl. Abschn. 3.2) Für den Forscher und seine Beobachtungsstrategie muss an dieser Stelle deutlich gemacht werden, welche Konsequenzen es nach sich zieht, wenn die Gegenstände der Untersuchung, d. h. soziale Systeme, mittels Unterscheidungen operieren. Nach Luhmann bedeutet die operative Handhabung von Unterscheidungen, dass beobachtet wird. Eine Beobachtung wird also durch den Gebrauch einer Unterscheidung definiert, und vor allem, dass die Unterscheidung dabei als Instrument fungiert, um eine Seite der Unterscheidung zu bezeichnen. (vgl. Luhmann 1991, S. 239) Durch die Abhandlung der theoretischen Grundlage ist bereits bekannt, dass sich soziale Systeme nur auf diese Weise von der Umwelt abgrenzen und erkennen können. Die Unterscheidung bezeichnet demnach das Eingeschlossene (System) im Verhältnis zu allem Ausgeschlossenen (Umwelt). (vgl. Abschn. 3.2) Wenn eine Beobachtung als Unterscheidung zwischen verschiedenen Möglichkeiten in der Realität selektiert, setzt die Beobachtung folglich immer Kontingenz voraus. Und das muss sich auch der soziologische Wissenschaftler bei seiner Analyse vor Augen halten, denn das heißt, dass sein erster Blick auf die Welt mit einer Kontingenzbeobachtung beginnt. Er (oder sie) selbst selektiert mit seiner Be-

3.6 Von der Theorie zur Empirie – eine Überleitung

obachtung (oder Unterscheidung) zwischen verschiedenen Möglichkeiten in der Realität und bezeichnet eine Seite der Unterscheidung durch die Wahl des Untersuchungsgegenstands. Das heißt aber auch, dass der Forscher durch seine Beobachtung nur das sieht, was er sieht, da er nicht beide Seiten zugleich beobachten kann. (vgl. Luhmann 1991, S. 24) Insofern ist zunächst jede Wirklichkeitsbeschreibung des Forschers an diese Beobachtungsperspektive gekoppelt. Die Form dieser Beobachtung wird nach Luhmann als „Beobachtung erster Ordnung" bezeichnet. (ebd., S. 25) Damit ist aber noch nicht viel gewonnen, weil bisher nur der erste Schritt des Systems zur Kommunikation und der Weg des Wissenschaftlers zur Eingrenzung der Wirklichkeit bzw. zum Erkennen seines Forschungsgegenstands dargestellt wurden. Sowohl für das System wie auch für den empirisch ausgerichteten Systemtheoretiker ist eine weitere Beobachtung entscheidend: die Beobachtung zweiter Ordnung. Denn um ein soziales Phänomen systemtheoretisch rekonstruieren zu können, muss der Forscher reflexiv arbeiten, d. h. er muss sich durch sein Theorieverständnis auf den Untersuchungsgegenstand zurückbeziehen. Das bedeutet nichts anderes, als dass die (erste) Beobachtung selbst beobachtet werden muss. Nach Luhmann wird also die erste Unterscheidung, durch die bezeichnet wurde, was beobachtet wird, anhand einer weiteren Unterscheidung beobachtet. Dadurch wird es möglich, die Art und Weise, wie beobachtet wurde, zu beobachten. (vgl. ebd., S. 240) Für den Wissenschaftler heißt dies, dass er durch die reflexive Bezugnahme auf sein Untersuchungsobjekt die Gelegenheit erhält, Erkenntnisse über den Forschungsgegenstand zu gewinnen. In abstrakterer Form ist auch genau dies gemeint, wenn es systemtheoretisch ausgedrückt heißt, dass sich Systeme durch ständiges Selbstbeobachten ausdifferenzieren. Soziale Systeme nehmen, indem sie ihre eigene Unterscheidung wiederum unterscheiden, also ihre Beobachtung beobachten, rekursiv auf sich selbst Bezug und können sich erst dadurch ausbilden. (vgl. Luhmann 2006a, S. 63 ff.) Sowohl der soziologische Forscher wie auch soziale Systeme operieren demnach auf der Ebene der Beobachtung zweiter Ordnung. Anzumerken ist jedoch, dass im Hinblick auf die Verwendung einer Unterscheidung die Beobachtung zweiter Ordnung im Grunde genommen eine Beobachtung erster Ordnung darstellt, weil wiederum eine Unterscheidung eingeführt wird, bei der nur eine Seite (und nicht die andere Seite) bezeichnet werden kann. (vgl. Luhmann 1991, S. 239 f.) Dies ändert jedoch nichts daran, dass der Wissenschaftlicher seine Analyse auf ein „beobachtendes System" richtet, das genau deshalb ein Kommunikationssystem darstellt. Damit bieten sich für den empirisch arbeitenden Systemtheoretiker weitere Chancen, die Welt zu beschreiben und zu analysieren. Denn wie die Systemtheorie durch Luhmanns Weiterentwicklung des Autopoiesisbegriffs bereit ist zu erkennen, müssen Kommunikationen weiterlaufen, damit soziale Systeme weiterhin bestehen können. Das heißt, dass die Verfahrensweise des Systems unter der Bedingung steht, anschlussfähig zu operieren und insofern Kommunikationen kommunizieren muss, die anschlussfähig sind für weitere Kommunikationen, damit sich die Autopoiesis des Systems fortsetzt. Und dafür bilden Systeme Strukturen aus. (vgl. Luhmann 2006a, S. 28 f.) Dadurch, dass Strukturen die Anschlussfähigkeit von Kommunikationen ermöglichen müssen, ergibt sich für den Forscher ein Sprungbrett zur Analyse der Probleme der Strukturbildung und -änderung. Wenn er die Kommunikationen eines zu untersuchenden Systems im Hinblick auf deren Anschlussfähigkeit erforscht, wird der Bereich des Unüberschaubaren erheblich eingegrenzt. Die Möglichkeiten der Ausbildung von Strukturen wie auch deren Änderungsfähigkeit werden nämlich durch die Bedingung der Anschlussfähigkeit determiniert, sodass die Chance besteht, hinter die eigentümliche Ordnungsbildung sozialer Systeme zu blicken. Dafür muss der Wissenschaftler sehen und verstehen, was das zu analysierende System als anschlussfähig betrachtet. Mit anderen Worten: Wann ist die Anschlussfähigkeit gestört und was unternimmt das System, um anschlussfähige Kommunikation fortzusetzen?

Literatur

Kühl, Stefan. 2005. Ganz normale Organisationen. Organisationssoziologische Interpretationen simulierter Brutalitäten. *Zeitschrift für Soziologie* 34 (2): 90–111.
Kühl, Stefan. 2010. *Organisationen. Eine sehr kurze Einführung.* Wiesbaden: VS Verlag für Sozialwissenschaften.
Luhmann, Niklas. 1964. *Funktionen und Folgen formaler Organisation.* Berlin: Duncker & Humblot.
Luhmann, Niklas. 1968. *Zweckbegriff und Systemrationalität. Über die Funktion von Zwecken in sozialen Systemen.* Tübingen: J.C.B. Mohr (Paul Siebeck).
Luhmann, Niklas. 1974. Soziologie als Theorie sozialer Systeme. In *Soziologische Aufklärung 1. Aufsätze zur Theorie sozialer Systeme,* Hrsg. Niklas Luhmann, 4. Aufl., 113–136. Opladen: Westdeutscher Verlag.
Luhmann, Niklas. 1987. *Rechtssoziologie.* 3. Aufl. Opladen: Westdeutscher Verlag.
Luhmann, Niklas. 1991. *Soziologie des Risikos.* Berlin: de Gruyter.
Luhmann, Niklas. 1995. Die Autopoiesis des Bewußtseins. In *Soziologische Aufklärung 6. Die Soziologie und der Mensch,* Hrsg. Niklas Luhmann, 55–113. Opladen: Westdeutscher Verlag.
Luhmann, Niklas. 1997. *Die Gesellschaft der Gesellschaft.* Frankfurt a. M.: Suhrkamp.
Luhmann, Niklas. 2000. *Die Politik der Gesellschaft.* Hrsg. von André Kieserling. Frankfurt a. M.: Suhrkamp.
Luhmann, Niklas. 2002a. *Das Recht der Gesellschaft.* Frankfurt a. M.: Suhrkamp.
Luhmann, Niklas. 2002b. *Die Wissenschaft der Gesellschaft.* Frankfurt a. M.: Suhrkamp.
Luhmann, Niklas. 2004. *Ökologische Kommunikation: Kann die moderne Gesellschaft sich auf ökologische Gefährdungen einstellen?* 4. Aufl. Wiesbaden: VS Verlag für Sozialwissenschaften.

Luhmann, Niklas. 2005a. Die Differenzierung von Politik und Wirtschaft und ihre gesellschaftlichen Grundlagen. In *Soziologische Aufklärung 4. Beiträge zur funktionalen Differenzierung der Gesellschaft*, Hrsg. Niklas Luhmann, 3. Aufl., 33–50. Wiesbaden: VS Verlag für Sozialwissenschaften.
Luhmann, Niklas. 2005b. Organisationen im Wirtschaftssystem. In *Soziologische Aufklärung 3. Soziales System, Gesellschaft, Organisation*, Hrsg. Niklas Luhmann, 4. Aufl., 451–478. Wiesbaden: VS Verlag für Sozialwissenschaften.
Luhmann, Niklas. 2005c. *Einführung in die Theorie der Gesellschaft*. Hrsg. von Dirk Baecker. Heidelberg: Carl-Auer-Verlag.
Luhmann, Niklas. 2005d. Organisation und Entscheidung. In *Soziologische Aufklärung 3. Soziales System, Gesellschaft, Organisation*, Hrsg. Niklas Luhmann, 4. Aufl., 389–450. Wiesbaden: VS Verlag für Sozialwissenschaften.
Luhmann, Niklas. 2006a. *Soziale Systeme. Grundriss einer allgemeinen Theorie*. 1. Aufl. Frankfurt a. M.: Suhrkamp. (Nachdr.).
Luhmann, Niklas. 2006b. *Organisation und Entscheidung*. 2. Aufl. Wiesbaden: VS Verlag für Sozialwissenschaften.
Luhmann, Niklas. 2009a. Allgemeine Theorie organisierter Sozialsysteme. In *Soziologische Aufklärung 2. Aufsätze zur Theorie der Gesellschaft*, Hrsg. Niklas Luhmann, 6. Aufl., 48–62. Wiesbaden: VS Verlag für Sozialwissenschaften.
Luhmann, Niklas. 2009b. Interaktion, Organisation, Gesellschaft. In *Soziologische Aufklärung 2. Aufsätze zur Theorie der Gesellschaft*, Hrsg. Niklas Luhmann, 6. Aufl., 9–24. Wiesbaden: VS Verlag für Sozialwissenschaften.
Tacke, Veronika. 2001. Funktionale Differenzierung als Schema der Beobachtung von Organisationen. Zum theoretischen Problem und empirischen Wert von Organisationstypologien. In *Organisation und gesellschaftliche Differenzierung*, Hrsg. Veronika Tacke, 141–169. Wiesbaden: Westdeutscher Verlag.
Tenbruck, Friedrich H. 1972. Zur deutschen Rezeption der Rollentheorie. *Kölner Zeitschrift für Soziologie und Sozialpsychologie* 13 (1): 1–40. (2. Aufl.).

Empirisches Vorgehen 4

In den folgenden Abschnitten wird die empirische Vorgehensweise der Falluntersuchung skizziert und das zugrunde gelegte Datenmaterial beschrieben. Dabei wird die Anwendung der Dokumentarischen Methode nach Mannheim (2003) mit den Erweiterungen durch Bohnsack (2000) als Untersuchungsverfahren für die Fallrekonstruktion begründet und die Schritte der Fallanalyse vorgestellt. Darüber hinaus wird auch die Vereinbarkeit von Systemtheorie und empirischer Forschung diskutiert und die Vorzüge der Systemtheorie als Beobachtungsstrategie für empirisches Arbeiten herausgestellt.

4.1 Das Verhältnis zwischen Systemtheorie und Empirie

Die Kompatibilität zwischen Empirie und Systemtheorie ist in der soziologischen Forschung umstritten. Das systemtheoretische Paradigma leidet unter dem Vorwurf, dass die Perspektive, Untersuchungsgegenstände über den Kommunikationsbegriff zu konstituieren, sich empirischen Erkenntnissen gegenüber verschließe (vgl. John et al. 2010a, S. 8 f.). Der Kern der Problematik liegt darin, dass die systemtheoretische Betrachtung der sozialen Wirklichkeit an eine Kontingenzbeobachtung gebunden ist, die mit der inhärenten Gefahr versehen ist, theoriebestätigend zu beobachten. Demnach ist der Forscher als Beobachter von Kommunikationen selbst Teil der Kommunikation und deshalb darauf angewiesen, Sinnfestlegungen vorzunehmen, um Kontingenz zu reduzieren. Die Bildung von Sinnzusammenhängen ist jedoch einer hohen Wahrscheinlichkeit ausgesetzt, dem zu untersuchenden Phänomen die eigene Sichtweise als Interpretationsleistung aufzudrängen. Die Handhabung der Systemtheorie als Beobachtungsstrategie kann in dieser Hinsicht darauf hinauslaufen, sich gegenüber einer Kontingenzbeobachtung durch die eigene Sinnproduktion erstaunlich „kontingenzscheu" zu verhalten. Die damit einhergehenden Differenzierungsverluste in der Beobachtung können daher potenziell in einer Rezeption systemtheoretischer Aspekte enden (vgl. Hirschauer und Bergmann 2002, S. 332 ff.). Deshalb existiert in der soziologischen Forschung die Empfehlung, die Systemtheorie als Beobachtungsstrategie in ihrer empirischen Anwendbarkeit methodologisch zu kontrollieren (vgl. Vogd 2010, S. 121 f.). Diese Forderung zielt jedoch nicht darauf ab, die Systemtheorie nicht an sich als ein empirisches Verfahren zu betrachten. Denn eine systemtheoretische Sichtweise auf die soziale Wirklichkeit ist zu keiner Zeit voraussetzungslos, da erst die Theorie den empirischen Gegenstand einer Untersuchung erzeugt (vgl. Vogd 2007, S. 296 f.). Ein soziologischer Betrachter, der „systemtheoretisiert", gilt daher zugleich auch als Empiriker und dies geschieht, „ohne darüber reden (und zu schreiben), dass und wie es geschieht" (vgl. Vogd 2005, S. 21 f.). Es besteht lediglich eine Lücke in der Systemtheorie, weil der analytische Beobachter in der systemtheoretischen Perspektive keine Anhaltspunkte findet, wie er das Verhältnis zwischen Interpretation und Beobachtung zu deuten hat. Das Defizit der Systemtheorie, keine expliziten Kriterien vorzugeben, durch die der Beobachter seine eigene Interpretationsleistung im Hinblick auf die zu beobachtenden Phänomene überhaupt erst zu erkennen vermag, muss insofern methodologisch ausgeglichen werden (vgl. Vogd 2007, S. 297). Auf diese Weise kann der Problematik, rein theoriebestätigend zu beobachten, entgegnet werden. Auch Luhmann hat bereits darauf hingewiesen, dass Methoden das Potenzial besitzen, die wissenschaftliche Forschung zu überraschen (vgl. Luhmann 1997, S. 37). Bevor auf die Wahl der hier verwendeten methodologischen Kontrolle eingegangen wird, soll zunächst betont werden, dass sich im Rahmen der Falluntersuchung bewusst für die Systemtheorie als Beobachtungsstrategie entschieden wurde. Denn wie im Folgenden erläutert wird, führt dieser Entschluss maßgebliche Vorteile für die Analyse von Normabweichungen mit sich.

4.2 Die Systemtheorie als Portal zur Beschreibung von Normabweichungen

Für die empirische Analyse der Havarie der Costa Concordia fällt die Auswahl einer Theorie nicht zufällig auf die systemtheoretische Perspektive. Wie Kühl (2007) beobachtet, eignet sich ein systemtheoretischer Zugang vor allem dazu, die Eigenheit von Normabweichungen in unterschiedlichen sozialen Kontexten zu untersuchen. Denn je nach Auswahl der Systemreferenz unterliegen Normenbrü-

4.2 Die Systemtheorie als Portal zur Beschreibung von Normabweichungen

che eigenen Bezeichnungs- und Behandlungsregeln. So wird in sozialen Gruppen, wie Familien oder Freundeskreisen, mit Normabweichungen anders verfahren als in komplexeren Zusammenschlüssen, wie es Organisationen sind. Auch die verschiedenen Funktionssysteme wie Politik, Wissenschaft oder Recht besitzen systemspezifische Programme für den Umgang mit Normenbrüchen (vgl. Kühl 2007, S. 289). Die Festlegung des Bezugspunkts einer Untersuchung verweist damit auf die Eigenlogik eines jeden Systems, anschlussfähige Kommunikationen nach Strukturbrüchen zu generieren, sodass es möglich ist, die systemeigene Besonderheit der Normabweichung deutlich zu machen.

Wie die Verwendung des Begriffs der Struktur in diesem Kontext schon anzeigt, ist die nachstehende Fallanalyse darauf ausgerichtet, beobachtete Kommunikationen über den Erwartungsbegriff zu definieren und zu interpretieren. Die Beobachtung und Deutung von Normabweichungen, und im Hinblick auf den Erwartungsbegriff handelt es sich dabei um Erwartungsenttäuschungen, beginnt mit einer Kontingenzbetrachtung. Das heißt, dass sich die Beobachtung der sozialen Wirklichkeit zunächst daran orientiert, dass zwar viele Möglichkeiten der Kommunikation in der Wirklichkeit bestehen, sich jedoch nur jeweils bestimmte Strukturen ausbilden, obwohl diese auch anders möglich wären (vgl. John et al. 2010b, S. 334). In Anbetracht des zu untersuchenden Phänomens, der Havarie der Costa Concordia, fällt die Wahl des Bezugspunkts auf die Systemreferenz Organisation. Da Luhmann Organisationen über Mitgliedschaft definiert und auf diese Weise beschreibt, dass sich Individuen in ihrer Rolle als Organisationsmitglieder formalisierten Erwartungen konform zu verhalten haben, kann die Kategorie der Formalität (und dies schließt Informalität als zweite Seite der Unterscheidung zugleich ein!) dazu genutzt werden, die soziale Ordnung der Organisation empirisch fassbar zu machen. Dadurch ist es durchführbar, beobachtete Regelabweichungen von Organisationen einer differenzierten soziologischen Analyse zu unterziehen und ihre eigene Funktionalität für die Organisation herauszuarbeiten (vgl. Kühl 2007, S. 273, 289). Die Kommunikationen, die anhand des Erwartungsbegriffs, also durch die Kategorie der Formalität, beobachtet werden, stellen dann nicht mehr Ausschnitte einer sozialen Realität dar, sondern können vielmehr als funktionale Reaktionen auf jene Ordnung der Organisation begriffen werden, die es zu untersuchen gilt. Um einen Beobachtungsansatz in einer Welt, die aus anschlussfähigen Kommunikationen besteht, zu erhalten, fokussiert die Falluntersuchung darauf, Normabweichungen selbst als Anfangspunkte der Beobachtung zu nutzen. Mit diesen Beobachtungsansätzen soll es möglich werden, die an die Strukturbrüche anschließenden Kommunikationen als Entscheidungen der Organisationen zu interpretieren, die weitere Kommunikationsanschlüsse ermöglichen, und in diesem Sinne die soziale Ordnung der Organisation stabilisieren und den Systembestand aufrechterhalten. Durch die selektive Form der Entscheidung, denn es wären auch andere Entscheidungen möglich, können Rückschlüsse auf Organisationsstrukturen getroffen werden und erst in diesem Rahmen zeigt sich dann, ob die beobachteten Normabweichungen tatsächlich funktionale Antworten auf das Verhältnis der Organisation zu ihrer Umwelt darstellen.

4.3 Zur methodologischen Kontrolle der Systemtheorie

Im Rahmen dieser Studie wurde geplant, die Havarie der Costa Concordia neben der empirischen Verwendung der Systemtheorie mit einem hypothesentestenden Forschungsdesign zu untersuchen. Die Rekonstruktion des Unfallhergangs wie auch die systemtheoretische Interpretation des Falls sollte anhand von sechs Thesen erfolgen. Durch die Sichtung der Operationalisierungsmöglichkeiten, die die qualitative Sozialforschung zur Analyse von Daten bereithält, drängte sich jedoch der Entschluss auf, diese Absicht zu verwerfen. Die Umgestaltung der methodischen Vorgehensweise ist dabei auf drei wesentliche Gründe zurückzuführen. Zum einen wird die Bindung der Falluntersuchung an vorgefertigte Hypothesen als problematisch eingeschätzt, weil die systemtheoretische Analyse dadurch potenziell als willkürlich betrachtet werden kann. Denn die Art und Weise, wie analysiert wird, kann durch die Kopplung an Thesen nicht objektiv nachvollzogen werden. So erscheint es dann auch kaum möglich, eine Thesenbildung anhand ihrer empirischen Überprüfung zu begründen, ohne dabei lediglich die Systemtheorie selbst zu reproduzieren (vgl. Vogd 2007, S. 309; Bohnsack 2000, S. 17 ff.). Zum anderen wird es im Rahmen der Fallanalyse präferiert, dem zu untersuchenden Phänomen die Gelegenheit zu geben, sein Relevanzsystem zu entfalten, d. h. seine eigenen Konstruktionen und sein spezifisches kommunikatives Regelsystem dem Beobachter gegenüber aufzufächern (vgl. Bohnsack 2000, S. 23 ff.). Auch gerade deshalb erweist sich die empirische Verwendung der Systemtheorie als sinnvoll, was jedoch nicht bedeutet, dass uneingeschränkt interpretiert werden darf. Im Hinblick auf die Fallrekonstruktion muss darauf geachtet werden, die Chronologie der beobachteten Kommunikationen einzuhalten. Dies schließt Kontextwechsel der Beobachtungen nicht aus, allerdings müssen diese innerhalb der jeweiligen Chronologie erfolgen, weil Sprünge in der zeitlichen Reihenfolge die zusammenhängende Beobachtung der Kommunikationen auseinanderreißt (vgl. Vogd 2007, S. 310). Demnach ermöglicht eine chronologische Beobachtung die Rekonstruktion derjenigen Kommunikationen, die von der Organisation im Sinne der Autopoiesis als anschlussfähig ausgewählt wurden. Dass es sich bei der Beobachtung von Kommunikationen aus systemtheoretischer Sicht um die Beobachtung der

4.3 Zur methodologischen Kontrolle der Systemtheorie

Beobachtungen des Systems handelt, also um Beobachtungen zweiter Ordnung, führt zum dritten Grund, ein hypothesenprüfendes Verfahren abzulehnen. Denn die Besonderheit der Beobachterhaltung wird bei diesem Forschungsdesign nicht aufgegriffen, ganz im Gegensatz zur dokumentarischen Methode, die selbst als rekonstruktives Verfahren bezeichnet werden kann (vgl. Bohnsack 2000, S. 34, 149). Die rekonstruktive Eigenschaft der dokumentarischen Methode besteht darin, dass sie die Beobachtungen des Forschers als „Rekonstruktionen von Alltagskonstruktionen" begreift (Bohnsack 2010, S. 293). Das bedeutet nichts anderes, als dass der Forscher die Alltagsbeobachtungen beobachtet und demnach die Beobachterhaltung zweiter Ordnung einnimmt. Die dokumentarische Methode zeigt sich insofern nicht nur kompatibel mit der Systemtheorie, sondern arbeitet auch mit demselben Beobachterstandort. Die systemtheoretische Beobachtungsstrategie und die dokumentarische Methode lassen sich also gut miteinander kombinieren und werden deshalb im Rahmen der Falluntersuchung zusammen angewandt. Im Folgenden wird die dokumentarische Methode vorgestellt.

4.3.1 Die dokumentarische Methode

Die dokumentarische Methode ist ursprünglich auf den Wissenssoziologen Karl Mannheim zurückzuführen[1] (vgl. Bohnsack 2000, S. 64). Mannheim zeigte auf, dass soziale Phänomene nur interpretiert werden können, wenn der dahinterstehende Erlebniszusammenhang in der Analyse mit berücksichtigt wird. Eine Handlungspraxis ist demnach an einen Erfahrungsraum gekoppelt, der für die Handelnden als kollektive Sinnbindung fungiert. Das heißt, dass diejenigen, die an einem bestimmten Erlebniszusammenhang partizipieren, einander verstehen, weil sie durch eine gemeinsame Sinnbildung miteinander verbunden sind. Außenstehende können die Handlungen einer Gruppe nur dann nachvollziehen, wenn sie den kollektiven Sinn, der den Handlungsprozess determiniert, rekonstruieren (vgl. ebd., S. 67 f.). In dieser Hinsicht differenziert Mannheim zwischen zwei Bedeutungsdimensionen: der konjunktiven und der kommunikativen Erfahrung. Die konjunktive Erfahrung vollzieht sich atheoretisch, da sie auf die Existenz einer kollektiven Handlungspraxis verweist, in der sich eine gemeinschaftliche Sinnbildung durch den Prozess der Handlung selbst entfaltet. Der analytische Beobachter beschreibt gewisse Verhaltensweisen und unterstellt dabei, dass das jeweilige Verhalten an

---

[1] Im Rahmen der hier vorliegenden Untersuchung beschränkt sich die Wiedergabe der Erkenntnisse Mannheims auf die wesentlichen Grundzüge. Für einen detaillierten Zugang zu seiner wissenssoziologischen Konzeption vgl. Mannheim 2003.

einen kollektiven Erfahrungsraum gebunden ist, der sich in gerade diesem Verhalten zeigt. Dagegen bezieht sich die kommunikative Erfahrung darauf, dass sich auf einer kollektiven Ebene über die Handlungspraxis verständigt werden kann, was das Verstehen des Sinngebildes voraussetzt. Der Beobachter transformiert insofern die Beschreibung eines gemeinsam genutzten Sinngebildes in eine generalisierte Form, indem der Herstellungsprozess des gemeinsamen Erlebniszusammenhangs theoriegeleitet rekonstruiert wird (vgl. ebd., S. 69 ff.). Während die konjunktive Erfahrung also auf das Verstehen einer kollektiven Handlungspraxis abzielt und sich in diesem Sinne auf die Rekonstruktion des faktisch vollzogenen Vorgangs konzentriert, fokussiert sich die kommunikative Erfahrung auf die Interpretation der Handlungsart und -weise. Die Interpretation erfolgt dabei durch eine theoretische Erklärung des in der sozialen Wirklichkeit beobachteten Phänomens, um die Typik des gemeinsam genutzten Erlebniszusammenhangs herauszuarbeiten, das heißt, die kollektive Sinnkonstruktion anhand der zugrunde gelegten Theorie zu generalisieren (vgl. ebd.). So wird auch deutlich, dass die kommunikative Erfahrung immer an eine vorherige konjunktive Erfahrung gebunden ist. Mannheims Arbeiten gelten insofern als Ursprünge der dokumentarischen Methode, da er herausstellte, dass der generalisierte Stil eines Verhaltens in der theoriegeleiteten Interpretation einer kollektiven Verhaltensweise, die sich dokumentarisch erfassen lässt, empirisch greifbar ist. Dieses Grundverständnis wurde von Bohnsack und seiner Arbeitsgruppe in Richtung empirischer Praktikabilität ausgebaut (vgl. Vogd 2010, S. 123). Aus Bohnsacks Weiterentwicklung der dokumentarischen Methode folgt ein zweistufiges, aufeinander aufbauendes Interpretationsverfahren, das zwischen einer formulierenden und einer reflektierenden Interpretation differenziert. Bohnsack betont, dass der Übergang von dem ersten Analyseschritt, der formulierenden Interpretation, zum zweiten Analyseschritt, der reflektierenden Interpretation mit Luhmanns beschriebenem Perspektivenwechsel der Beobachtung erster Ordnung zu der Beobachtung zweiter Ordnung korrespondiert (vgl. Bohnsack 2000, S. 149). Darüber hinaus ist die reflektierende Interpretation eng mit dem dritten Verfahrensschritt, der komparativen Analyse, verbunden. Bereits während der interpretativen Reflexion des Falls wird angestrebt, Vergleichshorizonte einzuführen. Dabei wird das zu untersuchende Phänomen in Beziehung zu anderen Fallbeispielen gesetzt, die Aufschluss darüber geben, inwiefern mit demselben Bezugsproblem in anderen sozialen Kontexten verfahren wird. Eine explizierende Fallkontrastierung erfolgt dann in der komparativen Analyse selbst, die letztlich darauf abzielt, aus dem Vergleich zwischen verschiedenen Fällen generalisierte Typiken zu entwickeln, die die unterschiedlichen Fallzusammenhänge abstrahierend in Beziehung zueinander setzen (vgl. Vogd 2009, S. 55 f.).

Aufgrund der bereits im zweiten Kapitel erfolgten Darstellung verschiedenster Fallstudien wird in der empirischen Rekonstruktion der Havarie der Costa Concor-

4.3 Zur methodologischen Kontrolle der Systemtheorie

dia sowohl auf die Einführung von Vergleichshorizonten wie auch auf die Generierung einer Typenbildung verzichtet. Deshalb gliedert sich die Untersuchung in eine formulierende Interpretation und eine reflektierende Interpretation. Nachstehend werden diese beiden Analyseschritte näher erläutert.

4.3.1.1 Die formulierende Interpretation

Die formulierende Interpretation ist zunächst darauf ausgerichtet, den Verlauf an Themen, die sich durch die Beobachtung des zu untersuchenden Phänomens abbilden, zu veranschaulichen. Dafür wird das zugrunde gelegte Datenmaterial im Hinblick auf die Themenvariation strukturiert und die verschiedenen zum Ausdruck gebrachten thematischen Inhalte wiedergegeben (vgl. Bohnsack 2000, S. 150). Hierbei handelt es sich um eine Beobachtung erster Ordnung, da sich der Forscher lediglich auf die Rekonstruktion dessen konzentriert, was sich durch die Datenanalyse als Thema entfaltet (vgl. Vogd 2010, S. 124). Der Beobachter gliedert den zu erforschenden Fall dabei in Ober- und Unterthemen, sodass eine erste Fallkontrastierung hergestellt werden kann. Die sichtbar werdende Themenstruktur wird im nächsten Schritt mit Inhaltsanalysen unterfüttert (vgl. Bohnsack 2000, S. 150). Für solche inhaltliche Beschreibungen ist es zentral, dass lediglich diejenigen Aspekte der sozialen Realität paraphrasiert werden, die das zu untersuchende Forschungsobjekt tangieren, um die Bestimmung und Eingrenzung des thematischen Rahmens zu gewährleisten (vgl. Vogd 2005, S. 33). Insofern bleibt der analytische Beobachter konsequent im Relevanzsystem des Forschungsobjekts und verzichtet darauf, Informationen außerhalb dieses Rahmens einzubinden (vgl. Vogd 2009, S. 57 f.). Im Hinblick auf die nachstehende Falluntersuchung bedeutet dies explizit, dass lediglich das, was sich durch die Betrachtung der Wirklichkeit für den Untersuchungsgegenstand als relevant erweist, in die Fallkontrastierung aufgenommen wird. Dies geschieht jedoch, ohne die aufgezeigten Themen in ihrem Zusammenhang zu interpretieren, d. h. ohne Handlungsmotive zu unterstellen (vgl. Vogd 2005, S. 33). Auf den beobachteten Ausschnitt der sozialen Wirklichkeit kann also allein durch Faktizität hingewiesen werden. Darüber hinaus werden im Zuge der Wiedergabe der thematischen Inhalte inferentielle Beziehungen zwischen den Themen herausgearbeitet, und zwar in dem Sinne, dass Themen durch logisches Schlussfolgern miteinander verknüpft werden (vgl. ebd.). Während es sich bei der formulierenden Interpretation von Interviews oder Gruppendiskussionen in dieser Hinsicht um die Herausarbeitung von semantischen Inferenzen handelt, weist die Identifikation inferentieller Beziehungen bei einer Fallbeobachtung darauf hin, dass beobachtete Handlungen in Zusammenhang mit weiteren beobachteten Handlungen stehen. Demnach besteht die inferentielle Beziehung darin, dass die Konsequenz einer Handlung sich in einer weiteren Handlung dokumentiert und dies die thematische Verknüpfung ausmacht.

Die formulierende Interpretation ist im Grunde genommen als eine abstrahierende Inhaltsanalyse zu verstehen, deren Ziel es ist, den Untersuchungsgegenstand rekonstruktiv zu ordnen und im Hinblick auf den Analyseschritt der reflektierenden Interpretation vorzubereiten (vgl. Vogd 2010, S. 128 f.).

4.3.1.2 Die reflektierende Interpretation

Während die formulierende Interpretation auf die Rekonstruktion des zu behandelnden Themas und deren Gliederung fokussiert, konzentriert sich die reflektierende Interpretation auf die Nachbildung und präzisierende Erklärung des Rahmes, innerhalb dessen das zu untersuchende Thema behandelt wird (vgl. Bohnsack 2000, S. 150). Das heißt, dass der analytische Beobachter der Frage nachgeht, wie ein Thema bzw. der darin formulierte Problembezug von dem zu untersuchenden Forschungsgegenstand bearbeitet wird. Dieser Prozess wird auch als Sinngenese beschrieben, um hervorzuheben, dass der Forschende den Orientierungsrahmen zu identifizieren hat, durch den die artikulierten Aussagen oder beobachteten Handlungen des Untersuchungsobjekts ihre eigene Sinnhaftigkeit entfalten. Der jeweilige Orientierungsrahmen zeigt sich dabei durch die Analyse der kommunikativen Anschlüsse. Durch die Interpretation des kommunikativen Geschehens werden die spezifischen Selektionszusammenhänge, die in der Kommunikation erzeugt werden und erst Sinnhaftigkeit konstruieren, identifiziert. Eben diese Selektivität des Sinngeschehens bezeichnet dann den Orientierungsrahmen, durch den der thematische Problembezug von dem Forschungsgegenstand in spezifischer Weise behandelt wird (vgl. Vogd 2005, S. 34 f.). Zum einen wird daran deutlich, dass es sich bei der reflektierenden Interpretation um eine Beobachtung zweiter Ordnung handelt, da der Forschende die thematischen Relationen analysiert bzw. die Kommunikationen des Untersuchungsobjektes interpretativ rekonstruiert (vgl. Vogd 2010, S. 124). Und zum anderen zeigt sich auch, dass der systemtheoretische Beobachter seine Beobachtungen gewissermaßen perspektiviert. Indem er sein Augenmerk auf die autopoietische Reproduktion der Kommunikation lenkt, beobachtet er die systemeigene „Problemlösungsfähigkeit" des zu untersuchenden sozialen Systems und kann anhand der Interpretation der spezifischen Problembearbeitungsweise des Forschungsobjekts theoriegeleite Schlüsse ziehen. Nach Vogd kann die reflektierende Interpretation daher auch als funktionale Analyse im Sinne Luhmanns verstanden werden. Denn durch die Beobachterhaltung der zweiten Ordnung ist es möglich, die Selektivität der kommunikativen Anschlüsse als Antwort auf den vorangegangenen Problembezug zu interpretieren (vgl. ebd.). Demnach wird die spezifische Art und Weise, wie der Untersuchungsgegenstand mit dem thematischen Problem umgeht, als selektiver Prozess der Herstellung anschlussfähiger bzw. sinnhafter Kommunikation ausgelegt, sodass die Reaktionen des Systems durch den theoriegeleiteten Beobachter als funktionale Antworten interpretiert werden, die wiederum den Orientierungsrahmen widerspiegeln. Darüber hinaus werden im Zuge der Darstellung des zu erkennenden Orientierungsrahmens empirische Vergleichshorizonte angeführt. Der zu untersuchende Fall wird dabei in Beziehung zu anderen Fallbeispielen gesetzt, sodass Gemeinsamkeiten oder auch Unterschiede herausgearbeitet werden können. Das Ziel des Fallvergleichs besteht darin zu prüfen, ob sich der identifizierte Orientierungsrahmen auch in anderen Fallrekonstruktionen dokumentieren lässt (vgl. Vogd 2005, S. 35). Wird bei dem Vergleich heterogener Fälle festgestellt, dass sich dieselbe Art und Weise, eine Problemstellung zu bearbeiten, wiederfinden lässt und sich zudem der herausgearbeitete Orientierungsrahmen von anderen, in Fallrekonstruktionen beschriebenen Bearbeitungsweisen desselben Problembezugs unterscheidet, kann der eigens identifizierte Orientierungsrahmen vom Einzelfall abgelöst und zum Typus ausgearbeitet werden (vgl. Nohl 2006, S. 13). Wie bereits erwähnt, wird jedoch im Rahmen der hier vorliegenden Studie auf eine Einführung von Vergleichshorizonten wie auch eine Typikbildung verzichtet. Stattdessen werden die formulierende und die reflektierende Interpretation in der Fallrekonstruktion bis ins Detail vollzogen. Im nachstehenden Abschnitt wird nun die empirische Datengrundlage der Untersuchung vorgestellt.

4.4 Beschreibung des empirisches Datenmaterials

Die empirische Rekonstruktion des Falls der Havarie der Costa Concordia bezieht ihre Datengrundlage zum einen aus der offiziellen Dokumentation der Ermittlungsergebnisse zuständiger Behörden und den aufbereiteten Daten der Navigationsanlagen an Bord, welche von dem Verbraucherschutz-Verband Codacons zur Verfügung gestellt wurden. Und zum anderen wird die Berichterstattung der Massenmedien zum Unfallereignis inhaltsanalytisch eingebunden wie auch die offiziellen Stellungnahmen der Reederei Costa Crociere. Die offiziellen Untersuchungsberichte wie auch die digitalen Navigationsdaten auf der einen Seite und die Dokumentation der Unfallthematisierung der Medien als auch die Stellungnahmen der Reederei auf der anderen Seite werden als zwei qualitativ divergierende Bezugsrahmen in ihrer empirischen Verwendung separat voneinander gehalten und lediglich in der soziologischen Reflexion des Falls in Beziehung zueinander gesetzt. Nachfolgend wird der Datenkontext der Falluntersuchung erläutert.

Die Rekonstruktion des Unfallhergangs und die Identifizierung von Normabweichungen basieren in erster Linie auf den Daten des Untersuchungsberichts der von dem Gericht in Grosseto beauftragten Sachverständigen wie auch den Ermittlungsergebnissen der Küstenwache von Livorno.[2] Zusätzliche Teilaspekte, die im Rahmen dieser Studie als relevant erscheinen, werden durch die Berücksichtigung von Informationen der Befragungsprotokolle von dem Maschinisten A. Fiorito und dem ehemals bei der Reederei Costa Crociere angestellten Kapitän M. Palombo eingeführt, welche im Zuge des Beweissicherungsverfahrens der Staatsanwaltschaft generiert wurden.[3] Da sich das offizielle Sachverständigengutachten zum größten Teil auf Informationen des digitalen Datenspeicherungssystems (VDR) bezieht und insofern eher technisch geprägt ist, eignet sich diese Dokumentationsform zur Rekonstruktion des Schiffskursverlaufs und der Kommunikation zwischen den Besatzungsmitgliedern und dem Kapitän auf der Kommandobrücke. Der Untersuchungsbericht der Küstenwache ist hingegen für Teilaspekte relevant, die im offiziellen Sachverständigengutachten nicht angeführt werden. Hierbei handelt es sich um differenzierte Informationen zum Evakuierungsprozess, die sich beispielsweise konkret auf das Krisenmanagement der Organisation Costa Crociere beziehen. Die von dem Verbraucherschutz-Verband Codacons bereitgestellten Daten beziehen sich explizit auf die visuellen Anzeigen der technischen Anlagen auf der Kommandobrücke und werden an denjenigen Stellen eingesetzt, an denen die Datenerfassung der offiziellen Untersuchungsberichte Lücken aufweisen.[4] Die protokollierten Aussagen einer Reihe von Besatzungsmitgliedern im Beweissicherungsverfahren der Staatsanwaltschaft sind neben der informativen Ergänzung von Unfallaspekten auch für die Identifizierung informeller Praktiken im Schiffsbetrieb zweckmäßig. Die offiziellen Stellungnahmen der Reederei Costa Crociere dienen dazu, den Umgang dieser Organisation mit dem Unfallereignis darzustellen.[5] Die mediale Berichterstattung zur Havarie der Costa Concordia ist als empirischer Bezugspunkt der Fallanalyse von Nutzen, da die spezifische Thematisierung des Unfalls die gesellschaftlichen Reaktionen auf dieses Ereignis widerspiegelt

---

[2] Der Zugriff auf das gerichtliche Sachverständigengutachten „Relazione Tecnica Dei Consulenti Nominati Dal Gip Del Tribunale Di Grosseto" ist im Internetquellenverzeichnis unter Carpinteri et al. 2012 zu finden. Der Ermittlungsbericht „Inchiesta Sommaria Relativa Al Sinistro Marittimo, Naufragio Della Nave Da Crociera Costa Concordia" der Küstenwache von Livorno ist im Internetquellenverzeichnis unter Marsili et al. 2012 einsehbar.

[3] Das Befragungsprotokoll des Maschinisten A. Fiorito ist unter Procura della Repubblica 2012a einsehbar. Die Aussagen des ehemaligen Kapitäns M. Palombo sind unter Procura della Repubblica 2012b zu finden.

[4] Die Daten des Verbraucherschutzbunds Codacons sind im Internetquellenverzeichnis unter Piccinelli 2012, 2013 zu finden.

[5] Die offiziellen Stellungnahmen der Reederei Costa Crociere sind im Internetquellenverzeichnis unter Costa Kreuzfahrten 2012a, 2012b einsehbar.

4.4 Beschreibung des empirisches Datenmaterials

und in dieser Hinsicht die Erwartungshaltung der Gesellschaft nachzeichnet.[6] Insbesondere im Hinblick auf die kommunikativen Reaktionsweisen der Reederei sind aus theoretischer Sicht Rückkopplungen zu erwarten. Für die Darstellung der Unfallthematisierung der Massenmedien wurden insgesamt 76 Artikel aus der Berichterstattung selektiert. Die Auswahl der Berichte richtet sich dabei nach zwei Kriterien. Zum einen wurden Artikel ausgewählt, deren Informationen mindestens in drei weiteren Berichterstattungen vorzufinden waren. Und zum anderen wurde bei der Selektion der Artikel darauf geachtet, ein Spektrum unterschiedlicher Konnotationen der Schlagzeilen herauszuarbeiten, um dadurch eine Varianz der öffentlichen Meinung, wenn diese gegeben war, zu skizzieren. Die Anzahl der ausgewählten Artikel, differenziert nach den verschiedenen Medienverlagen, ist in der Tab. 4.1 dargestellt.

Nachdem in diesem Kapitel die empirische Vorgehensweise der Fallanalyse erläutert und das Datenmaterial in seiner spezifischen Verwendung vorgestellt wurde, erfolgt im nächsten Kapitel die Rekonstruktion der Havarie der Costa Concordia.

Tab. 4.1 Auswahl der Artikel, differenziert nach Medienverlagen

Name der Zeitung (Internetausgabe)	Anzahl der selektierten Artikel
Berliner Zeitung	1
Bild Zeitung	2
Der Spiegel	17
Der Tagesspiegel	1
Die Welt	8
Die Zeit	3
Europe Online Magazine	1
Financial Times Deutschland	4
Focus	6
Frankfurter Allgemeine Zeitung	5
Frankfurter Rundschau	3
Hamburger Abendblatt	2
Handelsblatt	3
Italienische Pressemitteilungen	9
Stern	4
Süddeutsche Zeitung	7

---

[6] Die für die Darstellung der medialen Berichterstattung ausgewählten Artikel sind im Quellenverzeichnis unter den Internetquellen zu finden.

Literatur

Bohnsack, Ralf. 2000. *Rekonstruktive Sozialforschung. Einführung in Methodologie und Praxis qualitativer Forschung.* 4. Aufl. Opladen: Leske + Budrich.
Bohnsack, Ralf und Iris Nentwig-Gesemann. 2010. *Dokumentarische Evaluationsforschung. Theoretische Grundlagen und Beispiele aus der Praxis.* Opladen: Verlag Barbara Budrich.
Hirschauer, Stefan, und Jörg Bergmann. 2002. Willkommen im Club! Eine Anregung zu mehr Kontingenzfreudigkeit in der qualitativen Sozialforschung – Kommentar zu A. Nassehi und I. Saake in ZFS 1/2002. *Zeitschrift für Soziologie* 31 (4): 332–336.
John, René, Anna Henkel, und Jana Rückert-John. 2010a. Methodologie und Systemtheorie- ein Problemaufriss. In *Die Methodologien des Systems. Wie kommt man zum Fall und wie dahinter?* Hrsg. René John, Anna Henkel, und Jana Rückert-John, 7–12. Wiesbaden: VS Verlag für Sozialwissenschaften.
John, René, Anna Henkel, und Jana Rückert-John. 2010b. Systemtheoretisch Beobachten. In *Die Methodologien des Systems. Wie kommt man zum Fall und wie dahinter?* Hrsg. René John, Anna Henkel, und Jana Rückert-John, 321–330. Wiesbaden: VS Verlag für Sozialwissenschaften.
Kühl, Stefan. 2007. Formalität, Informalität und Illegalität in der Organisationsberatung. *Soziale Welt* 58 (3): 271–294.
Luhmann, Niklas. 1997. *Die Gesellschaft der Gesellschaft.* Frankfurt a. M.: Suhrkamp.
Mannheim, Karl. 2003. Eine soziologische Theorie der Kultur und ihrer Erkennbarkeit (konjunktives und kommunikatives Denken). In *Karl Mannheim. Strukturen des Denkens,* Hrsg. David Kettler, Volker Meja, und Nico Stehr, 2. Aufl., 155–322. Frankfurt a. M.: Suhrkamp.
Nohl, Arnd-Michael. 2006. *Interview und dokumentarische Methode. Anleitungen für die Forschungspraxis.* Wiesbaden: VS Verlag für Sozialwissenschaften.
Vogd, Werner. 2005. *Systemtheorie und rekonstruktive Sozialforschung. Eine empirische Versöhnung unterschiedlicher theoretischer Perspektiven.* Opladen: Verlag Barbara Budrich.
Vogd, Werner. 2007. Empirie oder Theorie? Systemtheoretische Forschung jenseits einer vermeintlichen Alternative. *Soziale Welt* 58 (3): 295–321.
Vogd, Werner. 2009. *Rekonstruktive Organisationsforschung. Qualitative Methodologie und theoretische Integration – eine Einführung.* Opladen: Verlag Barbara Budrich.
Vogd, Werner. 2010. Methodologie und Verfahrensweise der dokumentarischen Methode und ihre Kompatibilität zur Systemtheorie. In *Methodologien des Systems. Wie kommt man zum Fall und wie dahinter?* Hrsg. René John, Anna Henkel, und Jana Rückert-John, 121–140. Wiesbaden: VS Verlag für Sozialwissenschaften.

Internetquellen

Carpinteri, Francesco, Cavo Dragone, Giuseppe, Dalle Mese, Enzo, und Maestro, Mario. 2012. Ufficio del GIP presso il tribunale di Grosseto. Procedimento penale 12/285 RGNR 12/117 RGGIP. Oggetto: Naufragio della nave Costa Concordia. Avvenimento del 13 Gennaio 2012. Relazione tecnica dei consulenti nominati dal gip del tribunale di Grosseto. http://www.scribd.com/fullscreen/105718306?access_key=key-24ceg9f7twksubh3q1mq. Zugegriffen: 23. Dezember 2012.

Literatur

Costa Kreuzfahrten. 2012a. Costa Concordia-Update. http://www.costakreuzfahrten.ch/B2C/CH/Info/concordia_statement.htm. Zugegriffen: 28. Dezember 2012.
Costa Kreuzfahrten. 2012b. Verantwortung zeigen. Sicherheit hat für Costa Kreuzfahrten oberste Priorität. http://www.costakreuzfahrten.de/B2C/D/AreaNews/CompanyCommunications/company-communications.htm. Zugegriffen: 1. Januar 2013.
Marsili, Umberto, Carnevali, Stefano, Ruberto, Marco, & Bruno, Ivan. 2012. Inchiesta sommaria relativa al sinistro marittimo. naufragio della nave da crociera "Costa Concordia" 13 Gennaio 2012 isola del Giglio. Capitaneria di porto di Livorno. http://www.scribd.com/fullscreen/110536929?access_key=key-25t9o2c9ryj8pc71mfrb. Zugegriffen: 27. Dezember 2012.
Piccinelli, Mario. 2012. Il naufragio del Costa Concordia. Codacons. http://video.repubblica.it/dossier/naufragio-giglio-costa-concordia/schettino-amma-fa-n-inchino-al-giglio/107633/106013. Zugegriffen: 15. Januar 2013.
Piccinelli, Mario. 2013. Ricostruzione del naufragio del Costa Concordia. Codacons. http://www.youtube.com/watch?v=csZzD-HfX8E. Zugegriffen: 8. Februar 2013.
Procura della Repubblica. 2012a. Presso il tribunale di Grosseto. Verbale assunzione di informazioni. http://www.quotidiano.net/file_generali/documenti/PDF/2012/01/_verbali.pdf. Zugegriffen: 2. Februar 2013.
Procura della Repubblica. 2012b. Presso il tribunale di Grosseto. Verbale assunzione di informazioni. http://www.quotidiano.net/file_generali/documenti/PDF/2012/01/palombo.pdf. Zugegriffen: 1. Februar 2013.

Rekonstruktion des Falls 5

In diesem Kapitel wird die Havarie der Costa Concordia durch eine formulierende und reflektierende Interpretation soziologisch aufgearbeitet.

5.1 Formulierende Interpretation

In diesem Kapitel wird der Schiffbruch der Costa Concordia wie auch die gesellschaftlichen Reaktionen auf dieses Ereignis anhand des im vorherigen Abschnitt beschriebenen empirischen Datenmaterials aufgearbeitet. Zunächst wird der Unfallablauf differenziert rekonstruiert, damit im Anschluss daran diejenigen Normenverstöße, welche im Zusammenhang mit dem Unfallgeschehen eine Rolle spielen, identifiziert werden können. Die Ermittlung der Normabweichungen dient dazu, die soziologische Analyse vorzubereiten. Zum einen ist es dadurch möglich, Zielkonflikte nachzuzeichnen und Rückschlüsse auf informelle Praktiken der Organisation zu ziehen. Zum anderen intendiert die Darstellung der Normenbrüche, Erwartungsenttäuschungen als Folge des Schiffbruchs in der Umwelt der Organisation abzubilden. Die Identifikation von Solas[1]-Verstößen wie auch die Verletzung italienischen Seerechts bezweckt dabei, diese als Irritationen in der Umwelt der Rechtsorganisationen darzustellen. In dieser Hinsicht ermöglicht die Rekonstruktion der gesellschaftlichen Reaktionen auf die Havarie, auch das Problembearbeitungsverfahren der Rechtsinstitutionen zu schildern. Darüber hinaus

---

[1] Der Begriff Solas bezeichnet Internationale Abkommen über den Schutz des menschlichen Lebens auf See, welche ein wesentlicher Bestandteil des internationalen Seerechts sind (vgl. Schweisfurth 2006, S. 55). Derartige Übereinkommen liegen in der Zuständigkeit der IMO (vgl. IMO 2012b).

beabsichtigt die Dokumentation der medialen Berichterstattung zum Schiffbruch, dass Verfahren der Verantwortungszuweisung zu beschreiben. Hierbei steht einerseits im Vordergrund, dass die Havarie der Costa Concordia gesellschaftliche Erwartungen im Hinblick auf die Sicherheit des Kreuzfahrttourismus verletzt und dies anhand der medialen Kommunikation deutlich wird. Zudem dient die Darstellung der medialen Berichterstattung dazu, Rückschlüsse auf die Reaktionsweise der unfallverursachenden Organisation zu tätigen und diese in Zusammenhang mit den Prozessen der Verantwortungszurechnung zu setzen.

5.1.1 Rekonstruktion des Unfallhergangs

Am 13.01.2012 legt das Kreuzfahrtschiff Costa Concordia der Reederei Costa Crociere um circa 19 Uhr Ortszeit am Hafen der italienischen Stadt Civitavecchia mit 3216 Passagieren und 1030 Besatzungsmitgliedern ab (vgl. Marsili et al. 2012, S. 12). Die Schiffsroute dieser Mittelmeerkreuzfahrt sieht als nächste anzulaufende Hafenstadt Savona vor, von dort aus die Fahrt der Costa Concordia planmäßig über Marseille weiterläuft (vgl. Carpinteri et al. 2012, S. 65). Für 600 Passagiere beginnt mit der Abfahrt in Civitavecchia eine siebentägige Kreuzfahrt, während für 2614 Passagiere an Bord die Reise in Savona enden soll (vgl. Strassmann 2012). Die Tab. 5.1 zeigt den vorgegebenen Rundreiseplan der Costa Concordia.[2]

Tab. 5.1 Routenplan der Costa Concordia im Jahr 2012. (Die zur Darstellung verwendeten Informationen sind im Internetquellenverzeichnis unter Costa Kreuzfahrten 2012c einsehbar)

Costa Concordia
Abfahrtstermine: 07.01.12–24.03.12

	Hafenstädte	Länder	Abfahrt
1	Savona	Italien	17:00
2	Marseille	Frankreich	18:00
3	Barcelona	Spanien	18:00
4	Palma de Mallorca	Spanien	15:00
5	Cagliari	Italien	18:00
6	Palermo	Italien	14:00
7	Civitavecchia	Italien	19:00
8	Savona	Italien	–

---

[2] Die Mittelmeerroute der Costa Concordia ist anhand der Schiffspositionsdaten des automatischen Identifikationssystems (AIS) an Bord ab dem Hafen in Barcelona am 09.01.12 im Internetquellenverzeichnis unter AIS-Daten der Costa Concordia 2012a einsehbar. Da das AIS der Costa Concordia vor der Ankunft am Hafen in Civitavecchia am 13.01. ab 14:25 keine weiteren Positionsdaten übermittelt (vgl. Abb. A.5.1 im Anhang), ist die gefahrene Route der Costa Concordia mittels eines Interpolationsverfahrens, durch welches fehlende Streckenabbildungen berechnet werden können, rekonstruiert worden.

5.1 Formulierende Interpretation

Die Kursplanung des Kapitäns der Costa Concordia, F. Schettino, erfolgt vor dem Reiseantritt in Civitavecchia papierbasiert anhand einer Navigationskarte im Maßstab 1:100.000 (vgl. Carpinteri et al. 2012, S. 65). Zu diesem Zeitpunkt, d. h. um 18:27 Uhr Ortszeit, teilt Kapitän Schettino seinem Offizierskadett G. Iaccarino auf der Kommandobrücke mit, dass die Costa Concordia sich bei der Durchfahrt an der Küste der Insel Giglio „verneigen" muss: „(...) dobbiamo fare l'inchino al Giglio" (ebd., S. 66). Der Kadett Iaccarino erwidert, dass es bis zur Insel Giglio noch 30 Seemeilen Fahrweg sind. Kapitän Schettino weist Iaccarino darauf hin, dass die Route unterhalb der „verdammten" Insel Giglio vorbeiführen muss und vorher abgesteckt wird: „dobbiamo passare sotto 'sto cazzo di Giglio (...) vabbe tracciamoci la rotta (...)" (ebd.). Die zweite Deckoffizierin, S. Canessa, die sich ebenfalls auf der Kommandobrücke befindet, richtet an den Kadett Iaccarino die Frage, ob sie ihm diese Route auf der Navigationskarte zeigen soll[3] (vgl. ebd.). Die zu diesem Zeitpunkt ermittelte Route wird nicht an das Hafenbüro in Savona übermittelt, stattdessen meldet Kapitän Schettino offiziell eine Kursplanung, die mit einem weiten Passierabstand an der Insel Giglio vorbeiführt (vgl. Carpinteri et al. 2012, S. 66 f.). Die offizielle Standardroute für die Strecke von Civitavecchia nach Savona verläuft nord-östlich von der Insel Giannutri, die einige Seemeilen vor der Insel Giglio liegt, auf einer Kurslinie von 302 Grad bis Capo d'Uomo, mit einem weiteren Verlauf von 321 Grad in den Kanal von Piombino. Die inoffizielle Kursplanung sieht eine Änderung der Route auf der Höhe der Insel Giannutri auf den Kurswinkel 278 vor, um dadurch vorbereitend auf einem Kurs von 334 Grad nahe die Insel Giglio zu passieren (vgl. ebd., S. 72). Die Divergenz zwischen der offiziellen und der inoffiziellen Route veranschaulicht die Abb. 5.1. Dort sind sowohl die Insel Giglio wie auch die zuerst zu passierende Insel Giannutri zu sehen.

Die Costa Concordia verlässt unmittelbar nach der offiziellen Kursübermittlung den Hafen in Civitavecchia mit einer Geschwindigkeit von 15,5 Knoten und folgt dabei zunächst der offiziell übermittelten Route, die über die Autopilotfunktion gesteuert wird (vgl. Carpinteri et al. 2012, S. 70 f., S. 75). Um 20:05 verlässt Kapitän Schettino die Kommandobrücke und übergibt die Befehlsgewalt an seinen ersten Navigationsoffizier C. Ambrosio. Er fordert den Offizier Ambrosio dabei auf, sich fünf Seemeilen vor der Insel Giglio auf seinem Mobiltelefon zu melden (vgl. ebd., S. 71). Um 20:18 kommuniziert der Offizier Ambrosio mit dem Maschinenraum und ordnet an, je zwei Wellenumdrehungen mit der Steuerbordmaschine wie auch mit der Backbordmaschine runterzugehen, um die Fahrtgeschwindigkeit der Costa Concordia zu reduzieren (vgl. ebd., S. 76). Der Offizier Ambrosio begründet

---

[3] Die darauffolgenden Aussagen zur Kursplanung, die auf dem (VDR) gespeichert sind, wurden nicht in das gerichtliche Sachverständigengutachten aufgenommen (vgl. Carpinteri et al. 2012, S. 65).

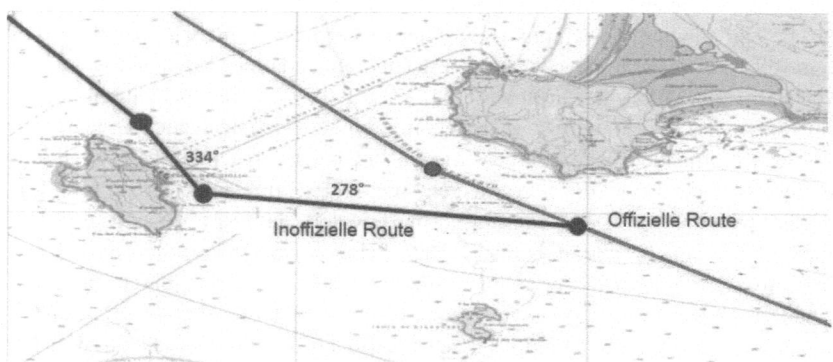

Abb. 5.1 Vergleich zwischen der offiziellen und der inoffiziellen Routenplanung. (Eigene Darstellung im Maßstab 1:100.000, © bei Springer VS)

diese Anweisung damit, dass Kapitän Schettino um 21:45 die Insel Giglio erreichen möchte: „(…) perché il Comandante vuole arrivare all' Isola del Giglio alle dieci meno un quarto" (ebd.). Um 21:00 meldet sich der Offizier Ambrosio bei dem zweiten Maschinentechniker A. Fiorito im Kontrollraum und teilt diesem mit, dass die Fahrtgeschwindigkeit der Costa Concordia reduziert wurde, um die „Verneigung" an der Insel Giglio durchzuführen.[4] Anhand dieser Information soll der Maschinentechniker Fiorito den Wärmehaushalt bzw. die Wärmeabfuhr der Maschinen besser kontrollieren können (vgl. Procura della Repubblica 2012a, S. 2). Um 21:04 ändert die zweite Deckoffizierin Canessa in Anwesenheit des ersten Navigationsoffiziers Ambrosio, der zu diesem Zeitpunkt offiziell die durch Kapitän Schettino übergebene Kommandobefugnis besaß, den Kurs der Costa Concordia auf 278 Grad (vgl. Carpinteri et al. 2012, S. 76). Diese Kursänderung war Teil der inoffiziellen Routenplanung in Civitavecchia, um im späteren Verlauf das Schiff wie in Civitavecchia geplant in einem Kurswinkel von 334 Grad sachte an der Küste Giglios vorbeizuführen (vgl. ebd., S. 72). Die veränderte Route mit dem Kurswinkel 278 wurde nach der Eingabe durch den Autopilot gesteuert (vgl. ebd., S. 76). Um 21:19 informiert der Offizier Ambrosio seinen Kapitän Schettino telefonisch darüber, dass die Costa Concordia sechs Seemeilen von der Insel Giglio entfernt ist und um 21:44 die Küste erreichen wird (vgl. ebd.). Unmittelbar nach diesem Telefonat

---

[4] In der Aussage gegenüber der Staatsanwaltschaft von Grosseto beschreibt der Maschinentechniker Fiorito die „Verneigung" der Costa Concordia als Annäherung an die Insel: „(…) per fare l'inchino all'Isola del Giglio, cioè per accostarci all'Isola" (Procura della Repubblica 2012a, S. 2).

5.1 Formulierende Interpretation

meldet sich der Offizier Ambrosio im Maschinenraum und befiehlt, die Drehzahl der Maschinenmotoren noch ein wenig zu reduzieren (vgl. ebd.). Um 21:34 tritt Kapitän Schettino zurück auf die Kommandobrücke, fünfzehn Minuten nachdem der Offizier Ambrosio ihn telefonisch über die Schiffsposition informiert. In diesem Zeitraum legte die Costa Concordia vier Seemeilen zurück und befindet sich um 21:34 in einem Abstand von zwei Seemeilen zur Insel Giglio (vgl. ebd.). Auf Nachfrage von Kapitän Schettino zur Kursgeschwindigkeit teilt der Offizier Ambrosio diesem mit, dass das Schiff mit 15,5 Knoten fährt. Daraufhin befiehlt Kapitän Schettino die Navigation auf Handsteuerung umzustellen und den Kurs auf 278 Grad zu halten, ohne dabei wieder offiziell die Kommandobefugnis auf der Brücke übernommen zu haben. Der Offizier Ambrosio wiederholt die beiden Befehle des Kapitän Schettino (vgl. ebd., S. 76 f.). Folglich übernimmt der Rudergänger, der seit der Abfahrt in Civitavecchia auch als „Ausguck" fungierte, das Ruder. Die Ausguck-Position ist ab diesem Zeitpunkt unbesetzt, da der Rudergänger nicht von einem anderen Offizier für den Ausguck ersetzt wird (vgl. ebd., S. 77). Um 21:35 sagt der Offizier Ambrosio eine Geschwindigkeit von 15,4 Knoten an. Um 21:36 ordnet der Offizier Ambrosio einen Kurs von 290 Grad an. Mit dieser Route befindet sich die Costa Concordia zu diesem Moment exakt an dem Punkt, an dem der Kurswechsel von 278 Grad auf 334 Grad durchgeführt werden soll, um in einem Bogen an der Insel Giglio vorbeizufahren (vgl. ebd.). Mit der Kursanweisung von 290 Grad weicht die Costa Concordia also von der inoffiziell geplanten Route ab. Um 21:37 bestätigt der Rudergänger, dass der Kurswinkel 290 erreicht ist. Unmittelbar darauf nimmt Kapitän Schettino über sein mobiles Telefon Kontakt zu M. Palombo Kapitän a. D. auf (vgl. ebd., S. 79). Auf Nachfrage von Kapitän Schettino, ob 0,3–0,4 Seemeilen vor der Insel Giglio die Wassertiefe ausreichend ist, erwidert Palombo, dass die Wassertiefe dort „komfortabel" ist (vgl. ebd., S. 80). Dieses Gespräch dauert fünfzig Sekunden (vgl. ebd., S. 79). Um 21:39, navigatorisch 1,4 Seemeilen von der Felsengruppe „Le Scole" entfernt, die vor der Küste Giglios liegt, übernimmt Kapitän Schettino auf Englisch offiziell das Kommando. Dieser Befehl wird von dem Navigationsoffizier Ambrosio in englischer Sprache wiederholt (vgl. ebd., S. 80). Fünfzehn Sekunden später ordnet Kapitän Schettino auf Italienisch an, auf einen Kurs von 300 Grad zu gehen und die Motorengeschwindigkeit auf 16 Knoten zu erhöhen. Der Offizier Ambrosio wiederholt die Anweisungen des Kapitäns auf Italienisch. Um 21:40 befiehlt der Kapitän auf Englisch, langsam auf den Kurswinkel 310 Grad zu drehen. Die langsame Kursänderung bezieht sich darauf, dass der Rudergänger bei der momentanen Geschwindigkeit von 16 Knoten die Drehung mit einer geringen Ruderlage ausführt, damit der Bogen an der Insel Giglio in einem größeren Radius verläuft (vgl. ebd., S. 81). Dadurch fährt die Costa Concordia noch ein ganzes Stück geradeaus, um dann in

Form eines Bogens auf die eigentliche Kurslinie von 334 Grad zu kommen. Um 21:40 ordnet Kapitän Schettino auf Englisch einen Kurs von 325 Grad an. Auch die nachfolgenden Anweisungen des Kapitäns Schettino wie auch des ersten Navigationsoffiziers Ambrosio werden auf Englisch kommuniziert.[5] Die tatsächliche Kurslinie verläuft zu diesem Zeitpunkt auf einem Winkel von 295 Grad. Nach der inoffiziellen Routenplanung war es vorgesehen, dass die Costa Concordia in diesem Augenblick auf einer Kurslinie von 310 Grad gesteuert wird (vgl. ebd., S. 81 f.). Der Rudergänger führt den Befehl des Kapitäns korrekterweise mit geringer Ruderlage aus, wiederholt die Anweisung aber mit dem Kurs „315". In einen Zeitraum von fünf Sekunden korrigiert der Offizier Ambrosio den Kursbefehl auf „335", der von Kapitän Schettino noch einmal auf „325" korrigiert wird. Um 21:42 ordnet Kapitän Schettino den Kurs „330" an, der vom Rudergänger bestätigt und mit geringer Ruderlage ausgeführt wird. Um 21:43 befiehlt der Kapitän den Kurs „335". Zwanzig Sekunden später äußert Offizier Ambrosio, dass die Costa Concordia mit einer Geschwindigkeit von 15,9 Knoten fährt. Auf diese Aussage folgt keine Reaktion des Kapitäns. Sechs Sekunden später ordnet der Kapitän den Kurs „340" an, der vom Rudergänger bestätigt und korrekt ausgeführt wird. Die Costa Concordia läuft in diesem Moment aber noch auf einer Kurslinie von 325 Grad. Zehn Sekunden später befiehlt der Kapitän, den Kurs „350" einzuschlagen (vgl. ebd., S. 82). Der Rudergänger wiederholt diesen Kurs als Kurs „340". Sowohl der Kapitän Schettino wie auch der Offizier Ambrosio äußern unverzüglich „350 starboard" (Steuerboard). Kapitän Schettino fügt hinzu: „Otherwise we go on the rocks" (ebd.). Daraufhin erfolgt ein Lachen einiger, nicht identifizierbarer Offiziere auf der Kommandobrücke.[6] Zu diesem Zeitpunkt ist die Costa Concordia, mit einer Schiffslänge von 290 m 0,25 Seemeilen, d. h. 450 m, von dem Felsen „Le Scole" entfernt. Um 21:44 ordnet Kapitän Schettino „Starboard 10" an. Diese Anweisung bezieht sich nicht auf den Kurs, sondern auf die Ruderlage. Ab diesem Moment wird hinsichtlich des geplanten Bogens an der Küste nicht mehr mit geringer Ruderlänge gearbeitet. Die Kursgeschwindigkeit der Costa Concordia beträgt zu diesem Zeitpunkt 16 Knoten (vgl. ebd., S. 83). Vierzehn Sekunden später

---

[5] Das gerichtliche Sachverständigengutachten gibt keinen Aufschluss darüber, ob die Ruderbefehle in Form von reinen Kursangaben auf Englisch oder Italienisch kommuniziert wurden, da die jeweiligen Kurswinkel im Zeitraum zwischen 21:40:50 bis 21:43:11 lediglich in Zahlen aufgeführt werden (vgl. Carpinteri et al. 2012, S. 82). Eine Aufnahme des VDR, die durch die Initiative der italienischen Verbraucherschutzorganisation Codacons veröffentlicht wurde, zeigt aber, dass die reinen Kursbefehle auf Englisch kommuniziert wurden (vgl. Piccinelli 2012).

[6] Die Sprachausschnitte dieser Situation wie auch die Anzeigen der elektronischen Geräte dieses Moments sind im Internetquellenverzeichnis unter Piccinelli 2012 zugänglich.

5.1 Formulierende Interpretation

befiehlt der Kapitän „Starboard 20". Die Costa Concordia erreicht dadurch jedoch aufgrund des schwachen Ruderwinkels und einem Winddruck aus entgegengesetzter Richtung lediglich eine Drehverschiebung um 6 Grad (vgl. ebd.). Während die Costa Concordia nun auf einem Kurs von 336 Grad statt 350 Grad parallel zur Insel wendet, erkennt Kapitän Schettino drei Sekunden später den Felsen „Le Scole" in 160 m Entfernung und ordnet „Hard to starboard" (Steuerbord) an (ebd.). Sechzehn Sekunden später ordnet Kapitän Schettino bei einer Geschwindigkeit von 15,9 Knoten „ingaggiata" (Ruder mittschiffs) an. Die Costa Concordia erreicht daraufhin jedoch lediglich eine Winkeldrehung von 9 Grad[7] (vgl. ebd., S. 84). Unmittelbar darauf befiehlt Kapitän Schettino „10 port" (Backbord), um das Schiffsheck vom Felsen „Le Scole" zu entfernen. Zwei Sekunden später lautet die Anweisung des Kapitäns „20 port" (Backbord). Der Rudergänger legt daraufhin das Ruder jedoch auf „20" Steuerbord. Siebzehn Sekunden später ordnet der Kapitän wieder „Hard to port" an. Zu diesem Zeitpunkt beträgt die Geschwindigkeit der Costa Concordia aufgrund der zwei scharfen Steuermanöver „Ruderlage 10 Backboard" und der fälschlicherweise ausgeführten „Ruderlage 20 Steuerbord" statt Backbord, durch die das Schiff 1,5 Knoten verlor, nur noch 14,4 Knoten. Zwei Sekunden später, d. h. um 21:45:07, streift das Schiffsheck der Costa Concordia einen Felsen, der dem Felsen „Le Scole" vorgelagert ist (vgl. ebd., S. 85). Diese Berührung zieht – so wird angenommen – ein Hauptleck auf der Backbordseite des Schiffshecks mit einer Ausdehnung von 52,94 m („lacerazione principale") und ein Nebenleck mit einer Länge von 16,66 m („lacerazione minore") nach sich, sodass der Riss am Heck der Costa Concordia diesen Angaben nach insgesamt eine Länge von 69,6 m aufweist (vgl. ebd., S. 194, grafisch veranschaulicht vgl. ebd., S. 195). Diese beiden Lecke haben mutmaßlich zur Folge, dass ein Wassereinbruch in den wasserdichten Abteilungen 4, 5, 6, 7 und 8 stattfindet (vgl. ebd., S. 111). Demnach wird ein fünffacher Abteilungsausfall als Konsequenz des Felsenaufpralls dokumentiert (vgl. ebd., S. 194). Während die Abteilungen 4, 5 und 6 durch das Hauptleck von Spant[8] 52 bis Spant 100 geflutet werden, erleiden die Teilbereiche 7 und

---

[7] Die geringe Drehung der Costa Concordia ist im Internetquellenverzeichnis unter AIS-Daten der Costa Concordia 2012b visuell einsehbar. Zudem wird anhand der Darstellung erkenntlich, dass das Heck der Costa Concordia mitschwingt und dem Felsen „Le Scole" näher kommt als der Bug selbst. Insofern erweist sich die Anweisung des Kapitän, das Ruder mittschiffs zu legen, als sinnvoll, da der bogenhafte Kursverlauf, wie die digitale Darstellung der Schiffsbewegung zeigt, problematisch wird bzw. sich das Schiffsheck durch den Bogen dem Felsen „Le Scole" zu stark annähert.

[8] Als Spant werden der Schiffsform entsprechend geformten Bauteile verschiedener Querschnitte bezeichnet, die zur Aussteifung der Außenhaut und zur Verstärkung der Schiffsverbände dienen (vgl. Wiebeck und Althof 1980, S. 323).

8 vermutlich durch das Nebenleck von Spant 101 bis Spant 116 einen Wassereinbruch. Da sich nach diesen Angaben das Leck mutmaßlich bis zum Spant 116 ausdehnt, ist die Abteilung 8 knapp, d. h. nahezu exakt auf der Höhe des Übergangs zwischen Abteilungen 7 und 8, betroffen[9] (vgl. ebd., S. 195). Da sich beide Risse im Heck auf der Höhe des Decks C erstrecken, d. h. oberhalb der Doppelbodens liegen, wird dadurch –angenommener weise– eine Überflutung bis hin zum Schottendeck (Deck Zero) erreicht, sodass die Schiffsstabilität bei der zugrunde gelegten Leckausdehnung nicht mehr gegeben ist, obwohl die wasserdichten Schottentüren in diesen Bereichen mutmaßlich geschlossen waren[10] (vgl. ebd., S. 223). Als daraus resultierende Konsequenz ist zunächst die navigatorische Führung der Costa Concordia beeinträchtigt. Spezifisch bedeutet dies, dass um 21:45:19 die elektrischen Antriebsmotoren, die in der Abteilung 5 verortet sind, ausfallen und dort ein Kurzschluss auftritt. Daraufhin befiehlt Kapitän Schettino, die wasserdichten Schottentüren zu schließen (vgl. Carpinteri et al. 2012, S. 86). Um 21:45:30 ordnet der Kapitän an, das Ruder mittschiffs zu legen, um das Schiffsheck zu stabilisieren, und der Rudergänger bestätigt diese Anweisung. Zu diesem Zeitpunkt gleitet die Costa Concordia mit einer Restgeschwindigkeit von 9,7 Knoten an der Küste der Insel Giglio entlang (vgl. ebd., S. 86). Der Offizier Ambrosio greift unter Missachtung der Befehlsbefugnis des anwesenden Kapitäns ein und befiehlt „Hard to Starboard" (Steuerbord). Kapitän Schettino bestätigt unverzüglich diese Anweisung zweimal lautstark (vgl. ebd., S. 91). Um 21:46:52 ist die Ruderanlage nicht mehr zu kontrollieren[11] (vgl.: ebd., S. 92). Um 21:47:17 berichtet der Offizier Am-

---

[9] Hinsichtlich der Leckausdehnung am Schiff divergiert die Auffassung der italienischen Behörden mit der Ansicht der Forschungsleitung des Instituts für Entwerfen von Schiffen und Schiffssicherheit der technischen Universität Hamburg-Harburg. In dieser Hinsicht wird angezweifelt, dass sich das Leck exakt bis zum Spant 116 erstreckt, an dem der Übergang von Abteilung 7 zu Abteilung 8 liegt, sodass Abteilung 8 als beschädigter Bereich überflutet wird. Stattdessen wird bislang angenommen, dass das Leck sich lediglich bis zum Spant 100 erstreckt. Dies hätte jedoch zu möglicherweise Folge, dass das Ausmaß der Schiffsüberflutung nicht zu erklären ist, wenn nicht wasserdichte Schotten offen gewesen sind. Da die italienischen Behörden in ihrem Simulationsmodell der Abteilungsflutungen eine Leckausdehnung bis zum Spant 116 einkalkulieren, zeigt sich anhand dieser Simulation, dass jede wasserdichte Schottentür geschlossen war.

[10] Die Deckordnung ist vertikal determiniert und entspricht demgemäß der Reihenfolge Doppelboden-Deck C- Deck B- Deck A- Deck Zero (vgl. Carpinteri et al. 2012, S. 94). Die Stabilität des Schiffs ist nach den zugrundegelegten Konstruktionsstandards nicht mehr gegeben, wenn das Schottendeck, d. h. Deck Zero, überflutet ist.

[11] Die grafische Aufbereitung der Schiffsbewegung der Costa Concordia entlang der Küste Giglios sind im Internetquellenverzeichnis unter AIS-Daten der Costa Concordia 2012b einsehbar.

5.1 Formulierende Interpretation

brosio dem Kapitän, dass alle wasserdichten Schottentüren geschlossen sind. Daraufhin stellt der Kapitän die Nachfrage, ob es einen Wassereinbruch gibt. Ein nicht identifizierter Offizier auf der Kommandobrücke entgegnet dem Kapitän fünfunddreißig Sekunden später, dass die wasserdichten Schottentüren im Maschinenraum geschlossen sind. Der Kapitän erwidert, dass ein Kurzschluss zu verkraften ist, solange kein Wasser eindringt (vgl. ebd., S. 92). Um 21:49:30 meldet sich Kapitän Schettino bei dem Leiter des Maschinenraums, G. Pilon, und fragt nach, ob es einen Wassereintritt im Heck gibt. Der Maschinenraumleiter Pilon informiert den Kapitän, dass es einen großen Wassereindrang auf der Steuerbordseite gibt. Auf die Nachfrage des Kapitäns, wo auf der Steuerbordseite Wasser eingedrungen ist, erwidert der Leiter Pilon, dass der Maschinenraum, welcher in Abteilung 6 liegt, überflutet ist, dort nicht mehr hinabgestiegen werden kann, aber der Versuch unternommen wird, von der anderen Seite hinunterzugehen und die Motorenpumpen anzuschalten. Der Kapitän ist drei Minuten nach dem Felsenaufprall in Kenntnis gesetzt, dass eine große Menge Wasser in einen Teilbereich der Abteilung 6 eingetreten ist, ergo die Costa Concordia Leck geschlagen ist (vgl. ebd., S. 93). Um 21:49:47 fällt die Stromversorgung an Bord aus. Die Notstromgeneratoren springen zwar an, jedoch findet nicht wie vorgesehen eine automatische Verbindung mit der elektrischen Notschaltbedienung statt, sodass lediglich die Notstrombeleuchtung und das elektronische Sprachsystem funktionsfähig sind. Die Bedieninstrumente auf der Kommandobrücke laufen durch ein unabhängig betriebenes Batteriesystem weiter, allerdings fällt das Programm zur Überwachung der Schiffsstabilität aus (vgl. ebd., S. 199 ff.). Um 21:51:53 kommuniziert Kapitän Schettino erneut mit dem Leiter des Maschinenraums und fragt nach, ob nicht mindestens ein Motorenantrieb angeschaltet werden kann. Der Maschinenleiter Pilon erwidert, dass dies bisher nicht geschafft wurde, da das Wasser die Maschinenwerkstatt erreicht hat. Der Kapitän reagiert mit Unverständnis und äußert: Also gehen wir praktisch unter? („allora stiamo andando a fondo praticamente, non ho capito? ") (vgl. Carpinteri et al. 2012, S. 94). Pilon bejaht die Frage des Kapitäns und fügt hinzu, dass die Maschinenwerkstatt (DG 4-5-6) und der elektrische Hauptschaltraum (QE), die beide in der Abteilung 6 liegen, überflutet sind. Der Kapitän äußert: „Ich will nur eine Sache wissen. Kann das Schiff losfahren oder nicht?" Pilon antwortet, dass das nicht möglich ist, da der Hauptschaltraum überflutet ist (ebd.). Um 21:53 wird der Kapitän gefragt, ob die Passagiere über einen Stromausfall unterrichtet werden sollen, woraufhin der Kapitän sein Einverständnis gibt. Um 21:54 erfolgt eine erste Durchsage an die Passagiere, dass die Situation unter Kontrolle ist, jedoch ein technisches Problem an den Generatoren aufgetreten ist, sodass es einen Stromausfall gibt, die Techniker aber dabei sind, das Problem zu beheben (vgl. ebd., S. 241). Um 21:58:00 informiert Kapitän Schettino den Krisenkoordinator R. Ferrarini in der Zentrale an Land über den Felsenaufprall vor der Insel Giglios, den Wassereintritt im Schiffsheck, den Stromausfall und den überfluteten Maschinenraum (vgl. ebd., S. 97, 239). Kapitän Schettino äußert gegenüber Ferrarini: „Ich sage nichts (...) Nein, nein, ich habe zuerst Dich angerufen und jetzt warte ich (...) Sollten wir es nicht tun?"[12] (ebd., S. 239). Um 21:58:37 meldet sich der Mannschaftskapitän R. Bosio auf der Kommandobrücke und teilt mit, dass das Wasser das Schottendeck der Abteilung 7 erreicht hat und die Zentrale 1,5 m unter Wasser steht. Der Offizier D. Christidis meldet parallel, dass sie versucht haben, das Wasser in diesem Bereich abzupumpen, die Pumpen jedoch nicht anspringen (vgl. ebd., S. 97). Um 22:00, d. h. zwei Minuten, nachdem bekannt ist, dass die Pumpen nicht anspringen, meldet der Offizierskadett Iaccarino, dass neben der Abteilung 7 auch der Bereich PEM der Abteilung 5 überflutet ist und somit ein dritter Bereich unter Wasser steht. Der Kapitän rekonstruiert zu diesem Zeitpunkt allerdings nicht, dass drei Abteilungen unter Wasser stehen, da er die Information des Maschinenleiters Pilon, nach der die Bereiche QE und DG 4-5-6 der Abteilung 6 um 21:51 überflutet sind, nicht verstanden hat (vgl. ebd., S. 98 f.). Um 22:02:55 fordert Kapitän Schettino auf Nachfrage der Küstenwache in Civitavecchia einen Schlepper an, der zügig benötigt wird, da es laut Kapitän einen Stromausfall an Bord gibt (vgl. ebd., S. 236). Um 22:05 wird die erste Durchsage an die Passagiere wiederholt mit der Aufforderung, die Ruhe zu bewahren (vgl. ebd., S. 241). Um 22:06 meldet sich der Kapitän ein zweites Mal beim Krisenkoordinator Ferrarini und erklärt: „Ich sage dir mal etwas zu den wasserdichten Türen (...) wir gehen nicht unter, ich lasse in kurzer Zeit den Anker runter (...) wir positionieren uns hier, dann brauchen wir einen Abschlepper, der uns wegbringt (...) es gibt elektrische Probleme an den Motoren (...) der Antrieb ist ausgefallen (...) mich hat die Küstenwache angerufen (...) ich habe ihnen gesagt, dass wir vor Giglio sind" (ebd., S. 239). Um 22:10:55 kommuniziert Kapitän Schettino erneut mit dem Maschinenleiter Pilon und fragt nach, ob die Bereiche DG noch wasserfrei sind. Der Leiter Pilon erwidert, dass alle überschwemmt sind und man dort nicht mehr hinuntergehen kann (vgl. ebd., S. 100). Der Kapitän fragt nochmals nach: „Nein, 4-5-6? Ich will nur eine Sache wissen, haben wir noch 4-5-6?" (ebd.). Pilon antwortet dem Kapitän, dass weder DG 4-5-6 noch DG 1-2-3 wasserfrei sind. Der Kapitän fragt nochmals nach: „Es sind alle Motoren überschwemmt?" (ebd.). Der

---

[12] Im gerichtlichen Sachverständigengutachten werden lediglich die Äußerungen des Kapitäns Schettino wiedergegeben, jedoch nicht die Erwiderungen des Krisenkoordinators Ferrarini (vgl. Carpinteri et al. 2012, S. 97).

5.1 Formulierende Interpretation

Leiter Pilon bejaht diese Frage[13] (vgl. ebd.). Um 22:17:04 kommuniziert Kapitän Schettino ein drittes Mal mit dem Krisenkoordinator Ferrarini und teilt diesem erneut mit, dass ein Schlepper benötigt wird. Schettino äußert, dass die Maschinenmotoren unter Wasser stehen und spezifiziert, dass zwei Abteilungen (d. h. PEM und DG 1-2-3) überflutet sind. Tatsächlich stehen zu diesem Zeitpunkt jedoch bereits drei Abteilungen unter Wasser. Auf die nicht dokumentierten Aussagen des Krisenkoordinators Ferrarini antwortet der Kapitän, dass überprüft wird, ob das Schiff mit den beiden überfluteten Abteilungen noch fahrtüchtig ist und die Costa Concordia momentan in Richtung Land treibt (vgl. ebd., S. 239). Um 22:20:50 fragt Kapitän Schettino den Mannschaftskapitän Bosi, ob der Bereich DG 4-5-6, welcher nach Aussagen des Maschinisten Pilons um 21:51 und um 22:10 unter Wasser steht, noch verfügbar ist, um zu erfahren, ob die Dieselmotoren in diesem Bereich noch aktiviert werden können. Bosi richtet diese Frage um 22:21:15 an den Kadett Iaccarino, der ihm mitteilt, dass der Bereich DG 4-5-6 überflutet ist.[14] Um 22:24:10 informiert der Kadett Iaccarino die Offizierin Canessa auf der Kommandobrücke darüber, dass alle Motoren und der Bereich PEM überschwemmt sind. Die Offizierin Canessa fragt nach, ob diese Bereiche tatsächlich überschwemmt sind. Der Kadett Iaccarino bejaht die Frage und fügt hinzu, dass die Pumpen nicht angesprungen sind. Die Offizierin fragt nochmals nach, ob die Motoren im Bereich 1 bis 6 und der Bereich PEM außer Betrieb sind, also die Abteilungen 5, 6 und 7 nicht mehr verfügbar sind. Iaccarino erwidert, dass alles außer Betrieb ist und die Pumpen nicht anspringen (vgl. ebd., S. 103). Der Kadett Iaccarino beendet das Gespräch mit den Worten: „Ich hau ab" („me ne vado") (ebd.). Der Kapitän, der sich ebenfalls auf der Kommandobrücke befindet, fragt nach, wie viele Abteilungen überschwemmt sind. Ein nicht identifizierter Offizier teilt Kapitän Schettino mit, dass drei Abteilungen überschwemmt sind. Um 22:25:35 befiehlt Kapitän Schettino, dass der Küstenwache von Livorno mitgeteilt werden soll, dass die Costa Concordia ein Leck hat, ein großer Wassereinbruch besteht und dass um einen Schlepper gebeten werden soll, da das Schiff seine Auftriebsfähigkeit verliert. Der Offizier, der diese Anordnung ausführt, kommuniziert zudem gegenüber der Küstenwache, dass die Passagiere Rettungswesten angelegt haben, es keine Verletzten gibt und dass jenes Leck auf Backbordseite identifiziert wurde (vgl. ebd.). Kurz darauf informiert sich der Sicherheitsoffizier Pellegrini darüber,

---

[13] Spätestens um 22:10:55, nachdem der Kapitän nochmals die Information erhält, dass der Bereich DG 4-5-6 unter Wasser steht und somit drei Abteilungen verloren sind, hätte das Evakuierungsverfahren laut Beurteilung des Sachverständigengutachtens eingeleitet werden müssen (vgl. Carpinteri et al. 2012, S. 101).

[14] Zu diesem Zeitpunkt wird zum dritten Mal auf der Kommandobrücke kommuniziert, dass auch die Abteilung 6 überflutet ist.

ob die Pumpen im Maschinenraum repariert werden können, um durch das Abpumpen des Wassers zumindest einen Motor in Gang zu setzen und das Schiff in den Hafen zu manövrieren (vgl. ebd., S. 104). Der Maschinist Fiorito setzt ihn in Kenntnis, dass dies nicht möglich ist, da „alles auf Deck C überschwemmt ist" (ebd.). Auf Nachfrage des Sicherheitsoffiziers, ob nicht einmal die Motoren im Schiffsbug angeschaltet werden können, entgegnet ihm der Maschinist, dass alle Motoren funktionsunfähig sind. Auf der Kommandobrücke sammeln sich zudem die Informationen, dass die Kühlungsventilatoren ausgefallen sind, sodass das Wasser zur Kühlung des Notdiesels sich mittlerweile auf 110 Grad erhitzt hat. Der Sicherheitsoffizier stellt fest, dass ohne Kühlung die Gefahr eines Ausfalls des Notstromgenerators besteht[15] (vgl. ebd.). Um 22:27 meldet sich der Kapitän zum vierten Mal bei dem Krisenkoordinator Ferrarini an Land und teilt diesem mit, dass die Lage nicht gut aussieht, da die Maschinen überschwemmt und drei wasserdichte Abteilungen überflutet sind. Der Kapitän bittet am Telefon um Bestätigung, ob verstanden wurde, dass drei Bereiche überschwemmt sind, worauf ihm diese Information rückbestätigt wird[16] (vgl. ebd., S. 239). Unmittelbar nach dem Gespräch des Kapitäns mit dem Krisenkoordinator äußert der Kadett Iaccarino dass: „die Situation untragbar ist (…) das Wasser steigt und steigt im Heck (…) das Wasser hat die Fahrstühle und die Feuerschutztüren erreicht" (ebd., S. 104). Der Kapitän fragt nach: „Müssen wir die Evakuierung des Schiffs einleiten?" (ebd.) Der Offizier Bosio teilt dem Kapitän daraufhin mit, dass die Passagiere zu den Rettungsbooten gehen, worauf der Kapitän erwidert: „Na gut, lassen wir sie an Land bringen" (ebd.). Auf diese Aussage bezugnehmend fragen unidentifizierte Offiziere auf der Kommandobrücke nach, ob eine Notfalldurchsage getätigt und die Evakuierung des Schiffs eingeleitet werden soll (vgl. ebd.). Der Kapitän entgegnet dieser Anfrage wie folgt: „Wartet (…) Lasst mich mit Ferrarini sprechen"[17] (ebd., S. 105). Um 22:33 nimmt der Kapitän ein fünftes Mal mit dem Krisenkoordinator Ferrarini Kontakt auf und äußert, dass die Costa Concordia 0,2 Seemeilen von der Insel ent-

---

[15] Mit Bezug auf diese Informationslage wird im Sachverständigengutachten kritisch angemerkt, dass der Kapitän nach wie vor keine Notfalldurchsage an die Passagiere anordnet wie auch keinen Befehl zur Einleitung des Evakuierungsverfahrens gibt (vgl. Carpinteri et al. 2012, S. 104).

[16] Obwohl im gerichtlichen Sachverständigengutachten kenntlich gemacht ist, dass es sich hierbei um ein Gespräch zwischen dem Kapitän und dem Krisenkoordinator Ferrarini handelt, wird die Informationsbestätigung der drei Abteilungsflutungen nicht als Aussage Ferrarinis angegeben, sondern als Äußerung „einer Stimme am Telefon" (vgl. Carpinteri et al. 2012, S. 239).

[17] Das Sachverständigengutachten kommentiert diesen Einwand des Kapitäns mit den Worten „Sicher wichtiger, als einen Notruf abzugeben" (vgl. Carpinteri et al. 2012, S. 105).

5.1 Formulierende Interpretation

fernt ist, das Schiff driftet, eine Notfalldurchsage getätigt wurde und er der Passagierbetreuung aufgetragen hat, die Gäste zu beruhigen.[18] Nachdem der Kapitän Ferrarini berichtet hat, dass der Notfall an Bord ausgerufen wurde, ordnet der Kapitän um 22:35 gegenüber seiner Besatzung auf der Kommandobrücke an, das Schiff zu evakuieren, mit der Betonung, dass „diese Aufgabe unter Preis", d. h. sinngemäß unter der Bedingung der möglichsten Vermeidung von Todesopfern, erfolgen muss (vgl. ebd.). Um 22:36, also unmittelbar nachdem Kapitän Schettino dem Krisenkoordinator Ferrarini berichtete, dass eine Notfalldurchsage erfolgte, läutet tatsächlich der Notalarm auf der Costa Concordia und den Passagieren wird verkündet, dass ein Notfall eingetreten ist und sie sich zur Sammelstation auf Deck 4 begeben sollen.[19] Es wird hinzugefügt, dass die Anweisungen des Personals befolgt werden sollen, jedoch wird nicht erwähnt, dass der Kapitän die Schiffsevakuierung einleiten lässt (vgl. ebd., S. 105). Zur selben Zeit nimmt die Behörde zur Koordinierung maritimer Rettungsaktionen (SAR)[20] Kontakt mit dem Krisenkoordinator Ferrarini auf.[21] Dieser berichtet, dass ein telefonischer Kontakt zum Kapitän Schettino besteht und dass demnach ein Wassereinbruch stattgefunden hat, der Abteilungsüberflutungen zur Folge hatte. Der Krisenkoordinator schildert, dass der Kapitän dabei ist, eine Entscheidung zur Durchführung der Schiffsevakuierung zu treffen, da sich die Insel Giglio in unmittelbarer Nähe befindet (vgl. ebd., S. 107). Der Krisenkoordinator referiert die Informationen, dass sich die Costa Concordia um 5 Grad zur Steuerbordseite geneigt hat und dadurch „verständlicherweise Panik herrscht" (ebd.). Zudem äußert der Krisenkoordinator, dass „wir über

---

[18] Die Erwiderungen des Krisenkoordinators werden im Sachverständigengutachten nicht aufgeführt (vgl. Carpinteri et al. 2012, S. 239).

[19] Der Sammelpunkt, an dem die Passagiere den einzelnen Rettungsbooten zugeordnet werden, wird als Musterstation bezeichnet. Diese Station liegt ein Deck über jenem Deck, auf dem die Rettungsboote angebracht sind. Da die Rettungswesten für die Passagiere aber in deren jeweiligen Kabinen aufbewahrt werden, müssen Passagiere, bevor sie sich in einer Notsituation zur Musterstation begeben, zunächst in ihre Kabinen zurück, um die Rettungswesten anzulegen (vgl. Neumeier 2012).

[20] Die Organisation „Ricerca e Soccorso", international auch als „Search & Rescue" (SAR) bekannt, ist eine Verwaltungseinrichtung des Staats Italien, die gemäß der Solas-Konventionen von 1974 auf nationaler Ebene als Informationszentrale für Such- und Rettungsaktionen auf See eingeführt wurde. Durch die Ausstattung mit Satelliten- und Funktelekommunikationssystemen verfügt diese Einrichtung über eine Informationsdatenbank hinsichtlich jeder Schiffsbewegung im zentralen Mittelmeer (vgl. Guardia Costiera 2012a).

[21] Dass es sich bei dem Gespräch Ferrarinis um 22:36 um eine Unterhaltung mit der nationalen, maritimen Rettungszentrale (SAR) handelt, wird im Sachverständigengutachten nicht angeführt (vgl. Carpinteri et al. 2012, S. 107). Detaillierte Angaben zu diesem Telefonat sind lediglich im Untersuchungsbericht der Küstenwache dokumentiert (vgl. Marsili et al. 2012, S. 109).

die Aufgabe entscheiden müssen" und dass er dem Kapitän mitgeteilt hat, die Küstenwache über die Lage zu informieren (ebd.). Um 22:38 meldet sich die Küstenwache von Livorno auf der Kommandobrücke und fragt nach, ob es einen Notfall gibt. Der Kapitän sagt der Offizierin Canessa, dass sie die Rückmeldung geben soll, dass die Costa Concordia in Seenot ist. Die Offizierin befolgt die Anordnung des Kapitäns und fügt um 22:40 hinzu, dass dringend Schlepper benötigt werden (vgl. ebd., S. 237). Um 22:43 wird die Anordnung zum Zusammentreffen an der Musterstation wiederholt und darüber hinaus verkündet, dass der Einstieg in die Rettungsboote eingeleitet wird, das Schiff sich gegenüber der Insel Giglio befindet und mit den Rettungsbooten dorthin gefahren wird (vgl. ebd., S. 241). Um 22:47 wird der Kapitän von „jemandem" gefragt, ob jetzt die Schiffsevakuierung verkündet wird.[22] Der Kapitän erwidert: „Warte einen Moment, lass mich etwas nachschauen (…) bitte lasst die Anker hinunter! Erst auf Steuerbord, dann auf Backbord"[23] (ebd., S. 105). Unmittelbar darauf, d. h. um 22:51, kommuniziert der Kapitän, dass das Schiff auf Steuerbordseite verlassen wird, und unterstreicht diese Aussage wie folgt: „Los, evakuieren, es reicht! (…) Nein, bevor wir das Schiff evakuieren, sag den Passagieren, dass wir sie an Land bringen (…) Beginnen wir mit den Beibooten am Heck (…) ganz schnell, sonst fahren wir auf die Felsen und wir können sie nicht mehr evakuieren" (ebd., S. 105). Um 22:54 verkündigt der Offizier Bosio die Evakuierung des Schiffs und den Einstieg in die Rettungsboote[24] (vgl. ebd.). Um 22:57 informiert der Krisenkoordinator Ferrarini die Einsatzzent-

---

[22] Diese Nachfrage ist mutmaßlich darauf zurückzuführen, dass der Kapitän die Schiffsevakuierung auf der Kommandobrücke anordnete, diese jedoch nicht im Anschluss von den Offizieren durch die Nutzung der Sprechanlagen an Bord kommuniziert wurde (vgl. Carpinteri et al. 2012, S. 241).

[23] Die Sachverständigen des Untersuchungsberichts schlussfolgern in dieser Hinsicht, dass die Anweisung des Kapitäns zum Herablassen des Ankers auf Steuerbordseite mutmaßlich Einfluss auf die spätere Schlagseite des Schiffs nach Steuerbord hatte und demzufolge eine Schiffsneigung von 12 Grad provoziert wurde (vgl. Carpinteri et al. 2012, S. 107 f.). Eine Videoaufnahme dokumentiert den Augenblick des Ankerherablassens auf der Costa Concordia (vgl. Giglio News 2012). Nach Ansicht des Forschungsleiters des Instituts für Entwerfen von Schiffen und Schiffssicherheit der technischen Universität Hamburg-Harburg, Prof. Stefan Krüger, hatte diese Maßnahme keinen Einfluss auf die Neigung des Schiffs. Mutmaßlich ermöglichten aber die Ankerwürfe eine Schiffsstabilisierung, sodass die ersten Rettungsboote auf der Steuerbordseite herabgelassen werden konnten. Diese Annahme unterstützt die Aussage des Kapitäns, wonach die durch den Ankerwurf zu erreichende Schiffsstabilisierung die Evakuierung ermöglichen sollte (vgl. Carpinteri et al. 2012, S. 240).

[24] Die Sachverständigen des Untersuchungsberichts dokumentieren diesbezüglich, dass die Anordnung des Kapitäns zur Schiffsevakuierung erst um 22:51 erfolgte und um 22:54 ausgeführt wurde. Die Information, dass der Kapitän die Evakuierung auf der Kommandobrücke um 22:35 anordnete und um 22:43 die Einleitung des Einstiegs in die Rettungsboote über

5.1 Formulierende Interpretation

rale Maricogecap[25] darüber, dass das Schiff eine Schräglage von 12 Grad aufweist und „vermutlich mehr als zwei Abteilungen überflutet sind", die Costa Concordia jedoch bei einer dreifachen Abteilungsüberflutung gefährdet ist (vgl. ebd., S. 107). Zu diesem Zeitpunkt war der Krisenkoordinator bereits eine halbe Stunde darüber informiert, dass drei Abteilungen unter Wasser stehen, da der Kapitän ihn um 22:27 hierüber unterrichtete. Um 23:00 meldet die Küstenwache von Livorno dem Kapitän auf der Kommandobrücke, dass die Abschleppfähren Aegilium und Circomare bereit sind, Passagiere aufzunehmen (vgl. Capitaneria di porto di Livorno 2012, S.3). Der Kapitän bestätigt diese Information (vgl. Carpinteri et al. 2012, S. 237). Zur selben Zeit signalisieren die Offiziere an Deck, dass ein Rettungsboot auf der Backbordseite eingeklemmt ist (vgl. ebd., S. 108). Die Costa Concordia neigt sich zu diesem Zeitpunkt mittlerweile in einem Winkel von circa 20 Grad zur Steuerbordseite (vgl. ebd., S. 240). Um 23:10 werden die ersten Rettungsboote, besetzt mit Passagieren und Besatzungsmitgliedern, auf der Steuerbordseite herabgelassen (vgl. ebd., S. 108). Unmittelbar darauf meldet sich Kapitän Schettino ein sechstes Mal beim Krisenkoordinator Ferrarini und teilt diesem mit, dass die Evakuierung erfolgt und die Passagiere an Land gebracht werden. Der Kapitän informiert den Krisenkoordinator darüber, dass zwei Anker herabgelassen wurden, das Schiffsheck Bodenkontakt hat und sich die Costa Concordia nicht mehr bewegt. Zudem teilt er seine Mobilfunknummer mit, um für die Küstenwache erreichbar zu sein (vgl. ebd., S. 240). Um 23:17 bestätigt der Kapitän auf der Kommandobrücke der Fähre Circomare, dass er auf dem Handy erreichbar ist, und berichtet, dass alle Passagiere evakuiert werden und die Situation unter Kontrolle ist (vgl. ebd., S, 237). Ab 23:28 werden Funksprüche auf der Kommandobrücke der Costa Concordia nicht mehr entgegengenommen (vgl. ebd., S. 238). Kurz darauf erreichen auch die Abschleppfähren Alessandro F und Giuseppe SA die Evakuierungszone (vgl. Capitaneria di porto di Livorno 2012, S. 4). Um 23:40 meldet das Polizeiboot GF 104, welches sich zur Koordination der Evakuierung in unmittelbarer Nähe der Costa Concordia befindet, dass sich das Schiff bewegt und das Heck auf Backbordseite sichtbar ist, d. h. aus dem Wasser ragt. Um 00:00 ist es nicht mehr möglich, Passagiere auf der Backbordseite zu evakuieren, sodass die Passagiere auf dieser Deckseite gezwungen sind, an Bord zu bleiben. Um 00:18 funkt das Polizeiboot GF104, dass ersichtlich ist, dass die Costa Concordia im Begriff ist, in Richtung

---

die Lautsprecheranlage kommuniziert wurde, wird in diesem Zusammenhang nicht berücksichtigt (vgl. Carpinteri et al. 2012, S. 105, 107, 241).

[25] Die Einsatzzentrale Maricogecap ist die Hauptverwaltungsstelle der italienischen Küstenwache, welche alle Aktivitäten der Küstenwache strukturell koordiniert und steuert. Die Einrichtung Maricogecap ist zudem der Organisation (SAR) unterstellt (vgl. Guardia Costiera 2012b).

Steuerbord umzukippen. Kurz darauf meldet GF104, dass Passagiere und Besatzungsmitglieder von Bord ins Meer springen und deshalb Rettungsringe nachgeworfen wurden (vgl. Carpinteri et al. 2012, S. 108). Um 00:32 meldet Kapitän Schettino der Küstenwache von Livorno, dass drei Personen auf der Steuerbordseite aus dem Meer gerettet werden müssen. Zwei Minuten später teilt der Kapitän der Küstenwache mit, dass er sich gezwungenermaßen auf einem Rettungsboot auf der Steuerbordseite befindet, da sich die Neigung des Schiffs rapide verstärkte, aber sich alle Personen an Bord „vermutlich schon in den Rettungsbooten" befinden[26] (vgl. ebd., S. 109). Zu diesem Zeitpunkt hat die Costa Concordia eine Schlagseite von circa 75 Grad in Richtung Steuerbord erreicht (vgl. Italian Ministry of Infrastructure and Transport (MIT) 2012, S. 32). Zudem befinden sich in Wirklichkeit zu dieser Zeit noch Passagiere und Besatzungsmitglieder auf der Backbordseite, weil es seit 00:00 unmöglich war, Rettungsboote aufgrund der Schräglage auf Backbordseite herabzulassen. Diesen Personen ordnete der Servicemanager Barbara an, von der Backbordseite auf die Steuerbordseite zum Deck 3 zu gehen, auf welchem die Rettungsboote angebracht sind. Nachdem diese Gruppe unter der Leitung von Herrn Barbara sich zur Steuerbordseite begab, musste festgestellt werden, dass jenes Deck 3 bereits unter Wasser steht, woraufhin der Servicemanager anordnete, zurück zur Backbordseite zu gehen. Die starke Schiffsneigung erschwerte jedoch den Weg zur Backbordseite, da die Treppen und Wege in den Korridoren eine Schieflage aufwiesen, sodass nicht alle Personen nachkamen und Panik ausbrach. Der Servicemanager beruhigt die Personen, indem er ihnen gewährleistet, alle auf die Backbordseite zu bringen (vgl. Carpinteri et al. 2012, S. 109). Zu diesem Zeitpunkt befinden sich noch mehr als 400 Personen an Bord (vgl. ebd., S. 110). Um 00:41 informiert der Krisenkoordinator Ferrarini die Einsatzzentrale der Küstenwache darüber, dass sich noch ca. 50 Personen an Bord befinden. Für die zu evakuierende Gruppe fordert der Krisenkoordinator einen Helikopter an (vgl. ebd., S. 109). Das Schiff hat zu diesem Zeitpunkt eine Schräglage von 80 Grad (vgl. Italian Ministry of Infrastructure and Transport (MIT) 2012, S. 32). Um 00:42 meldet sich die Küstenwache von Livorno auf dem Mobiltelefon des Kapitän Schettino. Ohne eine Nachfrage der Küstenwache berichtet der Kapitän unverzüglich, dass sich scheinbar noch hundert Passagiere an Bord befinden, er aber keine genauen Daten übermitteln kann, da er sich mit den Offizieren auf einem

---

[26] Die fortschreitende Neigung des Schiffs in Richtung Steuerbord während der Evakuierung auf der Steuerbordseite, bis sich die Schiffshälfte unter Wasser befindet, ist im Internetquellenverzeichnis unter La Repubblica 2012 einsehbar. In dieser Aufnahme wird auch ersichtlich, dass es von Deck 3 auf der Steuerbordseite keinen Sichtkontakt zur Backbordseite gibt.

5.1 Formulierende Interpretation

Rettungsboot in unmittelbarer Schiffsnähe befindet.[27] Die Küstenwache fragt nach, wieso der Kapitän nicht anordnet, dass die Offiziere zurück an Bord gehen, da die Evakuierung an Bord koordiniert werden muss. Der Kapitän erwidert, dass er und die Offiziere zurück an Bord gehen werden, um die Evakuierung zu koordinieren, es aber gerade nicht möglich ist, hinaufzusteigen. Die Küstenwache erkundigt sich, wieso der Kapitän es überhaupt erlaubt hat, dass die Offiziere von Bord gehen. Der Kapitän wendet ein, dass das Schiff aufgegeben werden musste. Die Küstenwache hakt nach, wieso das Schiff aufgegeben wurde, obwohl sich noch 100 Personen an Bord befinden. Der Kapitän erklärt: „Ehrlich gesagt hätte ich nicht jedes Schiff mit 100 Passagieren aufgegeben. Dieses Schiff ist vollgelaufen und wir wurden durch das Wasser hinausgespült". Die Küstenwache erwidert: „Ok, bleiben Sie immer nahe bei dem Schiff und bewegen Sie sich davon nicht fort, ist das klar?" Der Kapitän antwortet: „Wir werden dort bleiben"[28] (vgl. Tonaufnahme 2012a). Um 01:46 kontaktiert die Küstenwache erneut den Kapitän und informiert ihn darüber, dass Personen auf dem Schiff eingeschlossen sind und der Kapitän nun mit dem Rettungsboot zum Schiffsbug gelangen muss, um von dort über eine Leiter wieder an Bord zu gehen und zu berichten, wie viele Personen sich noch auf dem Schiff befinden. Die darauffolgende Gesprächssequenz wird in der Tab. 5.2 wiedergegeben.[29]

Zu diesem Zeitpunkt warten nach Angaben des Polizeiboots GF104 circa 400 Personen auf der linken Schiffsaußenhaut auf ihre Evakuierung bzw. ihren Abtrans-

---

[27] Während im Sachverständigengutachten aufgeführt ist, dass sich der Kapitän um 00:42 auf einem Felsen am Festland befindet (vgl. Carpinteri et al. 2012, S. 110), geht sowohl aus dem Untersuchungsbericht der Küstenwache wie auch aus einem Ereignisprotokoll der Hafenbehörde von Livorno zur Unfallnacht hervor, dass sich der Kapitän um 00:42 auf einem Rettungsboot in Schiffsnähe befindet (vgl. Marsili et al. 2012, S. 34; vgl. Capitaneria di porto di Livorno 2012, S. 6).

[28] Die Informationen des Gesprächs zwischen dem Kapitän der Costa Concordia und dem Kapitän der Küstenwache von Livorno um 00:42 werden im Gegensatz zu den Informationen des später erfolgten Gespräch zwischen diesen beiden Personen um 01:46 im gerichtlichen Sachverständigengutachten nicht ansatzweise dokumentiert (vgl. Carpinteri et al. 2012, S. 110).

[29] Die Rekonstruktion der Gesprächssequenz zwischen Kapitän Schettino und dem Kommissar der Küstenwache wird als relevant erachtet, da dieses Gespräch vier Tage nach dem Schiffbruch der Costa Concordia veröffentlicht wurde und temporär im Fokus der medialen Fallberichterstattung stand. Da im Rahmen dieser Falluntersuchung vermutet wird, dass diese Gesprächssequenz Auswirkungen auf die weitere, mediale Berichterstattung hatte und insbesondere die Konstruktion eines Persönlichkeitsbilds des Kapitän Schettino in den Medien beeinflusste, wird diese Basistranskription für die nachfolgende, soziologische Analyse als relevant betrachtet.

Tab. 5.2 Protokoll des zweiten Gesprächs zwischen Kapitän Schettino und Kommandant De Falco. (Die Daten sind dem originalen Funkmitschnitt entnommen worden, welcher im Internetquellenverzeichnis unter Tonaufnahme 2012b einsehbar ist)

Einzelparametrische Transkription

De Falco	„Schettino? Hören Sie zu Schettino, an Bord sind Menschen eingeschlossen. Sie müssen mit ihrem Rettungsboot unterhalb des Schiffsbugs fahren. Dort ist eine Leiter. Klettern Sie auf der Leiter an Bord des Schiffs und sagen Sie mir, wie viele Personen sich dort befinden. Ich nehme dieses Gespräch auf, Kapitän Schettino."
Schettino	„Lassen Sie mich Ihnen eine Sache sagen. Das Schiff ist zu diesem Zeitpunkt…"
De Falco	„Kapitän, sprechen Sie lauter! Schützen Sie Ihr Telefon mit der Hand und sprechen Sie lauter, klar?"
Schettino	„Zu diesem Zeitpunkt ist das Schiff umgekippt."
De Falco	„Ich verstehe, aber Personen klettern am Schiffsbug die Leiter hinunter. Sie müssen zurück an Bord! Und sagen Sie mir, wie viele Personen sich dort befinden und wie die Lage ist. Ist das klar? Sagen Sie mir, ob sich dort Kinder und Frauen befinden und welche Hilfe diese benötigen. Ist das deutlich? Hören Sie, Schettino, vielleicht haben Sie sich aus dem Meer gerettet, aber ich lasse Sie sehr schlecht aussehen! Ich lasse Sie dafür bezahlen! Verdammt!"
Schettino	„Kommandant, bitte."
De Falco	„Nein, es gibt kein „bitte". Gehen Sie zurück an Bord! Versichern Sie mir, dass Sie zurück an Bord gehen!"
Schettino	„Ich bin im Rettungsboot unterhalb des Schiffs. Ich bin nirgendwo hingegangen. Ich bin hier."
De Falco	„Was machen Sie dort?"
Schettino	„Ich koordiniere."
De Falco	„Was koordinieren Sie da? Gehen Sie zurück an Bord und koordinieren Sie die Rettung von Bord aus! Weigern Sie sich?"
Schettino	„Nein, nein, ich weigere mich nicht!"
De Falco	„Weigern Sie sich, an Bord zurückzukehren? Sagen Sie mir den Grund, weshalb Sie nicht an Bord gehen!"
Schettino	„Ich gehe nicht, weil hier ein weiteres Rettungsboot ist, das nicht weiterfahren kann."
De Falco	„Gehen Sie an Bord! Das ist ein Befehl! Sie müssen mit der Rettungsaktion fortfahren! Sie haben die Evakuierung veranlasst, also habe ich die Weisungsbefugnis. Sie gehen jetzt zurück an Bord, ist das klar?"
Schettino	„Ich gehe."
De Falco	„Gehen Sie! Rufen Sie mich an, wenn Sie an Bord sind. Mein Luftrettungsteam ist da. Es ist am Schiffsbug. Gehen Sie! Es gibt schon Tote! Gehen Sie, Schettino!"
Schettino	„Wie viele Tote?"

5.1 Formulierende Interpretation

Tab. 5.2 (Fortsetzung)

Einzelparametrische Transkription

De Falco	„Ich weiß es nicht. Ich weiß von einem Toten. Sie müssten mir das sagen, Jesus!"
Schettino	„Aber Sie sind sich bewusst, dass es dunkel ist und wir nichts sehen können?"
De Falco	„Was wollen Sie? Nach Hause gehen, Schettino? Es ist dunkel und Sie wollen nach Hause gehen? Gehen Sie zum Bug des Schiffs und sagen Sie mir, was wir tun können, wie viele Personen sich dort befinden, und was diese brauchen. Jetzt!"
Schettino	„Ich bin hier mit dem zweiten Offizier."
De Falco	„Dann gehen Sie beide an Bord!"
Schettino	„Kommandant, ich will zurück an Bord gehen, aber hier ist ein Rettungsboot, dessen Motor ausgefallen ist. Es treibt weg und ich habe weitere Rettungskräfte gerufen."
De Falco	„Das sagen Sie mir nach einer Stunde? Gehen Sie jetzt zurück an Bord! Gehen Sie an Bord! Und sagen Sie mir, wie viele Personen dort sind!"
Schettino	„In Ordnung Kommandant."
De Falco	„Gehen Sie, jetzt!"

Der Kapitän kehrt nicht an Bord der Costa Concordia zurück.

port durch die Abschleppfähren[30] (vgl. Carpinteri et al. 2012, S. 110). Um 02:14 wird ersichtlich, dass sich weitere zu evakuierende Personen auf dem Schiffsheck positionieren, kurz darauf fällt auf der Backbordseite die Notstrombeleuchtung aus, da das Schiff aufgrund der fortschreitenden Neigung in Richtung Steuerbord weiter unter Wasser geht (vgl. ebd.). Inzwischen erreichen auch die Abschleppfähren Dianium und Eduardo Morace die Evakuierungszone und kurz darauf die Fähren Acheos und Cruise Barcelona (vgl. Capitaneria di porto di Livorno 2012, S. 8 f.). Die Evakuierung der Passagiere erfolgt durch die an Bord verbliebenen Besatzungsmitglieder, von denen der größte Teil keinen Offiziersrang aufweist, und den Rettungskräften der Küstenwache. Um 02:30 befinden sich noch circa 200 Personen an Bord der Costa Concordia, bis 03:50 konnten davon 150 Personen evakuiert werden. Um 04:20 wird die Anzahl der zu evakuierenden Personen an Bord auf 20 bis 30 geschätzt. Die Evakuierung derjenigen Personen, die sich auf

---

[30] Dieser Evakuierungsvorgang ist durch die Aufnahmen der Wärmebildkamera der Küstenwache dokumentiert worden und unter Guardia Costiera 2012c einsehbar. Darin wird sowohl ersichtlich, dass die Steuerbordhälfte unter Wasser ist wie auch die Decks der Backbordhälfte eine derartige Schräglage aufweisen, dass sich Personen nur noch auf der Schiffsaußenhaut aufhalten können.

der Schiffsaußenhaut positionierten, ist um 04:46 beendet. Die Anzahl der noch vermissten Personen ist zu diesem Zeitpunkt unklar. Um 05:27 wird noch eine weitere Person von Bord der Costa Concordia gerettet. Um 06:17 wird entschieden, dass weitere Rettungsversuche ohne Vorbereitung nicht möglich sind, da das Schiff mehr als zur Hälfte im Wasser versunken ist (vgl. Carpinteri et al. 2012, S. 110). Bis zum 15.01.12 sind durch Tauchereinsätze der Küstenwache zwei Passagiere und ein Besatzungsmitglied, die im Wrackinneren eingeschlossen waren, lebend geborgen worden (vgl. Süddeutsche.de 2012a). Insgesamt sind 32 Todesopfer bestätigt, zwei Personen gelten weiterhin als vermisst und werden im Wrackinneren vermutet (vgl. Süddeutsche.de 2012b).

Nachdem in diesem Abschnitt der Schiffbruch der Costa Concordia chronologisch aufgearbeitet wurde, werden in den zwei nachfolgenden Passagen diejenigen Normabweichungen ermittelt, die den Unfallverlauf maßgeblich determinierten. Indem der Unfallhergang zu spezifischen Normenbrüchen in Beziehung gesetzt wird, wird es zur Vorbereitung der soziologischen Analyse möglich, die Ursachen der Unfallentstehung und des sich ereigneten Unfallverlaufs abzubilden. Auf Basis der ermittelten Normabweichungen ist eine Untersuchung möglich, die auf das Herausarbeiten eines Fehlverhaltens der Organisation Costa Crociere abzielt. Dabei wird zwischen Normenabweichungen in Normalsituationen und in Krisensituationen differenziert. Im Fokus des Interesses stehen insbesondere diejenigen Normenbrüche, die im Alltag zu beobachten sind, da diese Aufschluss über die latenten Strukturen auf der Costa Concordia geben.

5.1.2 Normabweichungen in Normalsituationen

Durch die Rekonstruktion des Unfallhergangs zeigt sich zunächst, dass vor der Abfahrt der Costa Concordia in Civitavecchia von den formalen Standards der Organisation Costa Crociere abgewichen wurde. Die Route für die Strecke von Civitavecchia nach Savona wird von der Reederei formal festgelegt und ist verpflichtend für die jeweilige Schiffsführung bzw. für den Kapitän (vgl. Kleinezeitung.at 2012). Während des Hafenaufenthalts in Civitavecchia plante Kapitän Schettino in Assistenz der zweiten Deckoffizierin Canessa und des Schiffskadetts Iaccarino eine Route, die nicht, wie von der Reederei formal vorgegeben, eine Kurslinie von 302 Grad bis Capo d'Umo und in eine weitere Navigation von 321 Grad in den Kanal von Piombino vorsieht. Die von Kapitän Schettino geplante Route sieht stattdessen eine Kursänderung auf der Höhe der Insel Giannutri von 302 Grad auf 278 Grad vor, um im Anschluss daran die Insel Giglio in einem Kurs-

5.1 Formulierende Interpretation

winkel von 334 Grad zu passieren (vgl. Carpinteri et al. 2012, S. 66). Anhand dieser Kursplanung hätte die Costa Concordia die Insel Giglio in einem Abstand von circa 355 m passiert (vgl. ebd., S. 79). Diese Route stellt zwar eine Verletzung der von der Reederei Costa Crociere vorgegebenen Standards dar, jedoch wäre dieser Schiffskurs navigatorisch betrachtet unproblematisch gewesen.[31] Dementsprechend unterliegt der Seeraum um die Insel Giglio als archipelagischer Schifffahrtsweg vor dem Schiffbruch der Costa Concordia nicht den von der IMO festgelegten Routenbedingungen gemäß dem Solas-Änderungsprotokoll von 2010 für „precautionary areas", nach denen bestimmte Seeflächen unter besonderer navigatorischer Vorsicht befahren werden sollen, oder für „deep-water routes", nach denen ein gewisser Abstand zu Untiefen oder ökologisch sensiblen Gebieten während der Navigation eingehalten werden soll (vgl. IMO 2010a, Part H, Sect. 1). Auch die Gemeindeverwaltung der Insel Giglio hat bislang auf ein Abstandsgebot vor der Küste verzichtet (vgl. Schönau 2012). Allerdings erfolgte die Kursplanung des Kapitän Schettino für die Strecke von Civitavecchia nach Savona anhand einer Navigationskarte im Maßstab von 1:100.000 (vgl. Carpinteri et al. 2012, S. 65). Im Hinblick auf die von der Reederei Costa Crociere vorgegebene Route erscheint die Nutzung eines solchen Kartenmaßstabs als angemessen, jedoch erweist sich dieses Kartenformat in Bezug auf die formal abweichende Kursplanung des Kapitän Schettino als unzureichend. Da die inoffizielle Routenplanung einen Kurs vorsieht, der in einem geringen Abstand an der Insel Giglio entlangführt, und dort die Untiefe „mezzo canale" mit der Felsengruppe „Le Scole" liegt, verletzt der Gebrauch einer Navigationskarte im Maßstab von 1:100.000 den STCW-Code nach Vorschrift VIII-/3.2.5, nach der die Kursplanung anhand vollständiger und aktueller Informationen zu navigatorischen Einschränkungen, welche entweder von permanenter oder erwartbarer Natur sind, durchgeführt werden soll (vgl. IMO 1998). In der Navigationskarte, die von Kapitän Schettino zur Kursplanung gebraucht wurde, ist die Untiefe „mezzo canale" mit der Felsengruppe „Le Scole" nicht eingezeichnet (vgl. Carpinteri et al. 2012, S. 68). Eine Navigationskarte mit einem Maßstab von 1:20.000, welche diese navigatorischen Einschränkungen abbildet, lag

---

[31] Beispielsweise werden in deutschen Buchten Routen von den Hafenbehörden formal bestätigt, die aufgrund der Tiden und Strömungen im Zusammenhang mit engen Zufahrten und einer hohen Verkehrsdichte im Vergleich zu diesem Kurs tatsächlich problematisch erscheinen. Aufgrund der lückenlosen Radarüberwachung in diesen Gebieten können die Routen jedoch von den Häfen präzise überwacht und kontrolliert werden, sodass dementsprechend die Schiffe auf Gefahrenstellen oder Auffälligkeiten jederzeit hingewiesen werden. Eine solche Radarüberwachung existiert in Italien hingegen nur an neuralgischen Punkten, wie z. B. Genua, und nicht im freien Seeraum, wie z. B. vor der Insel Giglio, da die Anzahl der Untiefen dort äußerst gering ist.

während des Hafenaufenthalts der Costa Concordia im Hafenbüro in Civitavecchia vor (vgl. Carpinteri et al. 2012, S. 67). Nachdem bei Erreichen der internationalen Gewässer die formal festgelegte Route von der zweiten Deckoffizierin Canessa unter der Weisungsbefugnis des ersten Navigationsoffiziers Ambrosio auf die abweichende Kursplanung des zu diesem Zeitpunkt nicht anwesenden Kapitäns Schettino umgestellt wird, erfolgt eine halbe Stunde später der Abzug des Rudergängers von seiner Ausguckposition, da dieser laut der Anordnung des zu diesem Zeitpunkt wieder anwesenden Kapitäns für die manuelle Schiffssteuerung eingesetzt wird (vgl. Carpinteri et al. 2012, S. 76 f.). Da die Ausguckposition jedoch nicht von einem Offizier auf der Kommandobrücke neu besetzt wurde, liegt in dieser Hinsicht ein weiterer Verstoß gegen den STCW-Code vor. Denn nach VIII-/3.3.1.13 des STCW-Codes muss zu jeder Zeit ein guter Ausguck an Bord besetzt sein, um ein sicheres Navigieren zu gewährleisten. Laut VIII-/3.3.1.12 ist der Navigationsoffizier an erster Stelle dafür verantwortlich, zu jeder Zeit ein sicheres Navigieren zu gewährleisten bzw. einen Ausguck besetzen zu lassen, auch wenn gemäß VIII-/3.3.1.23.3 der Kapitän auf der Kommandobrücke anwesend ist. Daraus resultiert, dass der Navigationsoffizier gemäß VIII-/3.3.1.23.4 nicht seiner Pflicht nachgekommen ist, den Kapitän über die erforderlichen Navigationsmaßnahmen im Interesse der Sicherheit zu informieren (vgl. IMO 1998). Des Weiteren wird durch die Rekonstruktion des Unfallhergangs ersichtlich, dass mit der Kursänderung des ersten Navigationsoffiziers Ambrosio in Anwesenheit des Kapitäns auf 290 Grad, statt gemäß der Kursplanung in Civitavecchia eine Kurslinie von 278 Grad zu halten, ein weiterer Verstoß gegen den STCW-Code vorliegt. Denn laut VIII-/3.2.7 ist es während der Fahrt auf See lediglich erlaubt, von der geplanten Route abzuweichen, wenn die durchzuführende Kursänderung wiederum im Vorfeld neu geplant wird, was in diesem Fall, wie die Darstellung des Unfallhergangs zeigt, jedoch nicht erfolgte (vgl. ebd.). Da zudem mit dem Verlassen des navigatorisch unproblematischen Kurses von 278 Grad und der Umstellung auf die Kurslinie von 290 Grad eine auf die Insel Giglio frontal zugehende Route gewählt wurde (vgl. Carpinteri et al. 2012, S. 78), liegt in dieser Hinsicht eine weitere Verletzung des STCW-Codes vor. Gemäß VIII-/3.3.1.40 des STCW-Codes ist der Navigationsoffizier dazu verpflichtet, den Kapitän über die Risiken zu informieren, der das Schiff durch die Navigation ausgesetzt ist (vgl. IMO 1998). Gemäß dieser Vorschrift ist dann abzuleiten, dass der Navigationsoffizier den Kapitän deutlich auf die Kursgeschwindigkeit der Costa Concordia zwischen 15 und 16 Knoten während des Manövers vor der Insel Giglio hätte hinweisen müssen. Zwar werden Geschwindigkeitslimitierungen von Schiffen nicht durch das internationale Seerecht reglementiert, sondern von den lokalen Autoritäten den regionalen Umständen entsprechend eigenverantwortlich geregelt, dennoch gilt nach Auskunft des

5.1 Formulierende Interpretation

ADAC an italienischen Küsten in einem Radius von 1 km für Wasserfahrzeuge ein allgemeines Gebot einer Tempolimitierung von 10 Knoten (vgl. ADAC 2006). Die Geschwindigkeit der Costa Concordia während des Manövers vor der Insel Giglio erscheint demnach eindeutig als ein navigatorisches Risiko, über welches der Kapitän vom Navigationsoffizier gemäß VIII-/3.3.1.40 des STCW-Codes hätte informiert werden müssen. Darüber hinaus wechselt die Bordsprache vor dem Felsenaufprall mehrfach während der Navigation auf der Kommandobrücke. Obwohl als offizielle Bordsprache auf der Costa Concordia Italienisch festgelegt ist, kommunizierte Kapitän Schettino während des Manövers vor der Insel Giglio mit seinem Rudergänger abwechselnd auf Englisch und Italienisch (vgl. Carpinteri et al. 2012, S. 81 ff.). Der Rudergänger verstand jedoch zwei Navigationsanweisungen in englischer Sprache nicht korrekt. Zum einen schlug der Rudergänger während des Manövers kurzzeitig einen Kurs von 340 Grad statt der angeordneten 350 Grad ein und zum anderen verwechselte der Rudergänger unmittelbar vor dem Felsenaufprall der Costa Concordia die Anweisung „20 Backbord" mit „20 Steuerbord", sodass das Schiff, statt sich mit dem Heck von der Felsengruppe zu entfernen, näher heran navigiert wurde (vgl. ebd., S. 82, 85). Insofern hatte der Wechsel der Bordsprache bei der Navigation einen maßgeblichen Einfluss auf das durchgeführte Manöver der Costa Concordia. Laut Vorschrift II-/1 des STCW-Codes (in tabellarischer Form aufgeführt) muss die Besatzung auf der Kommandobrücke über ein angemessenes Verständnis der offiziellen Bordsprache wie auch der Sprache Englisch verfügen. Durch diese Vorschrift soll gewährleistet werden, dass Befehle, und in dem hier beschriebenen Kontext handelt es sich um Navigationsbefehle, im Rahmen der Schiffssicherheit von der Besatzung verstanden werden, damit die Kommunikation an Bord auch zwischen multi-lingualen Besatzungsmitgliedern funktioniert (vgl. IMO 1998). Anhand der Abb. 5.2 wird ersichtlich, dass der Rudergänger indonesischer Nationalität ist. Daher ist im Rahmen des Gerichtsverfahrens zu klären, inwiefern der Rudergänger R. B. Jacob der offiziellen Bordsprache Italienisch und der englischen Sprache gemäß der Ausbildungsnormen des STCW-Codes mächtig ist und ob die linguistischen Fähigkeiten des Rudergängers Einfluss auf die Wahl der Sprache hatte, in der der Kapitän die Navigationsanweisungen gab. Faktisch ist lediglich ermittelt, dass der Rudergänger die auf Englisch kommunizierten Kommandos des Kapitäns nicht korrekt verstand und dementsprechend nicht wie angeordnet ausführte.

Zudem zeigt sich anhand der Abb. 5.2, dass eine Vielzahl derjenigen Personen, deren Anwesenheit eine Rolle vor und nach dem Schiffbruch der Costa Concordia spielt, erst seit Oktober des Jahres 2011 auf diesem Schiff eingeteilt war. Sowohl der Sicherheitsoffizier M. Pellegrini wie auch die an der inoffiziellen Routenplanung beteiligte Offizierin S. Canessa und der zweite Maschinist A. Fiorita waren

Si riporta di seguito l'elenco dei membri dell'equipaggio menzionati nella descrizione del fatto:

Crew Member	Role Position	Department	Nation	Sign On Date
AMBROSIO CIRO	1ST OFFICER	DECK	ITALY	21/08/2011
BORGHERO TONIO	STAFF ENGINEER	ENGINE	ITALY	09/10/2011
BOSIO ROBERTO	STAFF CAPTAIN	DECK	ITALY	17/08/2011
CANESSA SIMONE	2ND OFFICER	DECK	ITALY	16/10/2011
CORONICA SILVIA	3RD OFFICER	DECK	ITALY	21/11/2011
FIORITO ALBERTO	2ND ENGINEER	ENGINE	ITALY	22/10/2011
IACCARINO GIOVANNI	1ST OFFICER	DECK	ITALY	03/10/2011
IANNELLI STEFANO	CADET OFFICER	DECK	ITALY	21/11/2011
IOSSO CIRO	ELECTRONICS OFFICER	ENGINE	ITALY	04/12/2011
IUORIO SERGIO	ELECTRICIAN OFFICER	ENGINE	ITALY	07/01/2012
JACOB RUSLI BIN	HELMSMAN	DECK	INDONESIA	21/11/2011
PELLEGRINI MARTINO	SAFETY OFFICER	DECK	ITALY	10/10/2011
PETROV PETAR MANOLOV	1ST ENGINEER (ENGINES)	ENGINE	BULGARIA	19/12/2011
PILON GIUSEPPE	CHIEF ENGINEER	ENGINE	ITALY	11/12/2011
SCARPATO DIEGO	3RD OFFICER	DECK	ITALY	23/10/2011
SCHETTINO FRANCESCO	CAPTAIN	DECK	ITALY	05/09/2011
SCLAFANI VINCENZO	1ST BOSUN	DECK	ITALY	24/10/2011
URSINO SALVATORE	2ND OFFICER	DECK	ITALY	05/01/2012

Abb. 5.2 Liste der Besatzungsmitglieder an Bord der Costa Concordia, deren Anwesenheit nach den Angaben der Küstenwache von Livorno als relevant für das Unfallereignis erscheint. Die Abb. 5.2 wurde dem Untersuchungsbericht der Küstenwache von Livorno auf S. 8 entnommen, welcher im Internetquellenverzeichnis unter Marsili et al. 2012 einsehbar ist. (vgl. Marsili et. al. 2012, S. 8)

seit Mitte Oktober auf der Costa Concordia angestellt. Auch die Besatzungsmitglieder T. Borghero, S. Coronica, G. Iaccarino, S. Iannelli, S. Iurio, R.B. Jacob, P.M. Petrov, G. Pilon, D. Scarpato, V. Sclafani und S. Ursino sind erst nach September 2011 auf diesem Schiff eingeteilt worden. Die letzte Evakuierungsübung der gesamten Besatzungsmannschaft, welche auch als „abandon ship drill"[32] bezeichnet wird, wurde im September 2011 durchgeführt (vgl. Carpinteri et al. 2012, S. 50). Insofern hatten die angeführten Besatzungsmitglieder seit dreieinhalb Monaten nicht mehr den Ablauf und die Maßnahmen einer Schiffsevakuierung geprobt. Laut Solas-III-/19.3.2 ist jedoch Vorschrift, einmal pro Monat den „abandon ship drill" zu üben (vgl. IMO 2004). Darüber hinaus ist dokumentiert,

---

[32] Nach Solas-III-/19.3.3.1 stellt der „abandon ship drill" eine zu Übungszwecken simulierte Schiffsevakuierung dar. Während dieser Prozedur werden die Notfalldurchsagen geprobt, die Passagierlisten und Rettungswesten geprüft, mindestens ein Rettungsboot von Bord herabgelassen und dessen Antriebsmotor gestartet, die Funktionsfähigkeit des Bootskrans zum Herablassen der Rettungsinseln getestet und eine Such- und Rettungsaktion simuliert, bei der Passagiere mutmaßlich in ihren Kabinen eingeschlossen sind und deren Ortung und Errettung erwartet wird (vgl. IMO 2004).

5.1 Formulierende Interpretation

dass eine Vielzahl der Besatzungsmitglieder keine Basistrainingszertifizierungen gemäß P.5.03.03/ MAN1 (SMS) besaß. Von den 58 in den Maschinenräumen tätigen Besatzungsmitgliedern konnten für lediglich 14 Personen Zertifikate nachgewiesen werden. Auch von den 888 angestellten Servicekräften an Bord der Costa Concordia besaßen lediglich 234 Personen ein Zertifikat für ein absolviertes Basistraining. Im Hinblick auf die 77 Besatzungsmitglieder, die für die Aufgaben an den Außendecks zuständig waren, d. h. u. a. für die Rettungsboote, waren lediglich 20 Personen zertifiziert. Überdies zeigte sich, dass eine Vielzahl der vorhandenen Zertifikate gemäß P.5.03.03/MAN1 (SMS) nicht mehr gültig waren (vgl. Carpinteri et al. 2012, S. 46 f.).

Neben den angeführten Normenverletzungen lassen sich noch weitere Verstöße dokumentieren, welche insbesondere im Hinblick auf die soziologische Analyse, d. h. u. a. die Herausarbeitung des Fehlverhaltens der Organisation Costa Crociere, von Bedeutung sind. Zur Gewährleistung der Schiffsstabilität, und dies insbesondere im Hinblick auf unvorhergesehen eintretende Ereignisse, ist es nach Solas-II-/1.15.9.1 für jedes Fahrgastschiff, dessen Konstruktion nach dem 01.02.1992 und vor dem 01.01.2009 fertiggestellt wurde, während der Navigation auf offener See vorgeschrieben, die wasserdichten Schottentüren geschlossen zu halten. Es ist gemäß Solas-II-/1.15.9.3 lediglich der Unternehmensverwaltung, in dessen Betrieb ein Schiff geführt wird, erlaubt, „nach sorgfältigem Abwägen" hinsichtlich der Auswirkungen auf den Maschinenbetrieb und die Schiffsstabilität Ausnahmen für das kurzzeitige Öffnen gewisser Schottentüren zu gewähren. Die Öffnung wasserdichter Schotten bezieht sich in dieser Vorschrift explizit auf die unabdingbare Notwendigkeit, einen sicheren und effizienten Betrieb der Maschinen (!) zu ermöglichen[33] (vgl. IMO 2004). Da sich das gerichtliche Sachverständigengutachten nicht auf die VDR-Daten zum Status der wasserdichten Schottentüren bezieht, obwohl diese Informationen vollständig vorhanden sind,[34] wurde im Rahmen dieser

---

[33] Nach dem Solas-Änderungsprotokoll von 2009, welches am 01.01.2012 in Kraft getreten ist, ist die temporäre Öffnung wasserdichter Schottentüren unabhängig davon erlaubt, ob diese Öffnung als unbedingt notwendig für den sicheren und effizienten Betrieb der Maschinen bewertet wird. Die Revision der Regel 15.9.3 bezieht sich seitdem auf den allgemeinen Schiffsbetrieb und ist unter Solas-II-/1.13.1 reformuliert worden (vgl. IMO 2009). Da die Konstruktion der Costa Concordia im Jahr 2006 fertiggestellt wurde, unterliegt dieses Schiff im Hinblick auf die Normen der Schiffsstabilität den Solas-Reglementierungen von 2004 und nicht der Revision von 2009.

[34] Während in der medialen Berichterstattung zum Schiffbruch der Costa Concordia davon die Rede war, dass die VDR-Daten, d. h. die Blackbox, nicht intakt und somit nicht analysierbar sind (vgl. Spiegel Online 2012a), bestätigt das gerichtliche Sachverständigengutachten, dass die Daten der Blackbox auswertbar sind, da durch die eingebauten Redundanzen jede zu speichernde Information doppelt vorhanden ist (vgl. Carpinteri et al. 2012, S. 32).

Falluntersuchung eine Anfrage an den italienischen Verbraucherschutzbund Codacons gestellt, um die nicht verwendeten Daten der Blackbox der Costa Concordia zu erhalten.[35] Die zur Verfügung gestellten Informationen des Datenschreibers sind in der Tab. 5.3 zusammengefasst. Anhand des fortlaufend dokumentierten Status der wasserdichten Schottentüren sind die durchgeführten Öffnungen und Schließungen zeitlich nachvollzogen worden und nachstehend abgebildet.

Die Tab. 5.3 zeigt, dass die Costa Concordia bereits seit der Hafenausfahrt in Civitavecchia mit der geöffneten Schottentür 5 aufs Meer navigierte, welche über einen Zeitraum von knapp 1 ¼ Std, dauerhaft geöffnet war. Auch die wasserdichten Schottentüren 12 und 13 waren auf offener See in einer Zeitspanne von 1 ¼ Std fortwährend geöffnet. Die Schottentür 24 wurde für einen Zeitraum von zehn Minuten offen gehalten. Diese Öffnungen verstoßen eindeutig gegen Solas-II-/1.15.9.1. Darüber hinaus ist ersichtlich, dass in einer Zeitspanne von zwei Stunden in unterschiedlichen Bereichen des Schiffs insgesamt siebzehnmal wasserdichte Schottentüren für einen Zeitraum von 1,40 min oder 3,20 min auf See geöffnet wurden. Diese kontinuierlichen Schottenöffnungen durch die Besatzungsmannschaft sind nicht konform mit Solas-II-/1.15.9.1. Wie in dem Untersuchungsbericht der Küstenwache von Livorno dargestellt wird, besitzt die Organisation Costa Crociere Ausnahmegenehmigungen für das Öffnen der Schotten 7, 8, 12, 13 und 24 auf See (vgl. Marsili et al. 2012, S. 80 f.). Da die Schotten 7 und 8 die Abteilungen 5 und 6 wie auch 6 und 7 voneinander trennen, und sich in diesen Kompartiments die Maschinenräume befinden (vgl. Carpinteri et al. 2012, S. 196), ist es gemäß Solas-II-/1.15.9.3 erlaubt, diese Schotten auf Basis einer Genehmigung temporär auf See

---

[35] Die Anfrage zum Datentransfer ist aufgrund eines von dem Verbraucherschutz-Verband Codacons online gestellten Videos entstanden, das in einer Zeitspanne von fünf Minuten die Kommunikation zwischen dem Kapitän und den Offizieren auf der Kommandobrücke vor und nach dem Felsenaufprall abbildet und dabei die Anweisungen zur Annäherung an die Insel dokumentiert, welche dort wortwörtlich als „inchino" kommuniziert werden. Da dieses Video durch die Aufbereitung der VDR-Daten erstellt wurde, ist in diesem Ausschnitt auch das Display der elektronischen Navigationsgeräte zu sehen, auf dem der Status der wasserdichten Schottentüren angezeigt wird. Aus dieser veröffentlichten Videosequenz ist ersichtlich, dass während der Navigation der Costa Concordia auf offener See eine Reihe wasserdichter Schottentüren geöffnet wurden (vgl. Piccinelli 2012). Aufgrund dieser Informationslage wurde im Rahmen der Falluntersuchung eine schriftliche Anfrage gestellt, die vollständigen VDR-Daten zu erhalten. Die Rückmeldung des Verbrauchsschutzbunds Codacons informierte darüber, dass nach Absprache mit den Anwälten der Codacons, die vollständigen Aufzeichnungen der Blackbox im Internet veröffentlicht werden, was auch erfolgte (vgl. Piccinelli 2013). Die Bestätigung der Veröffentlichung der vollständigen VDR-Daten wie auch der Zugang zu diesen Aufzeichnungen wurden dem Institut für Schiffssicherheit an der technischen Universität in Hamburg mitgeteilt, zu welchem im Zuge der hier vorliegenden Falluntersuchung ein Kontakt aufgebaut wurde.

5.1 Formulierende Interpretation

Tab. 5.3 Öffnungen und Schließungen der wasserdichten Schottentüren an Bord der Costa Concordia seit der Hafenabfahrt in Civitavecchia bis hin zum Stromausfall nach dem Felsenaufprall. (Die tabellarisch dargestellten Daten zur Schottenöffnung und -schließung sind im Internetquellenverzeichnis unter Piccinelli 2012, 2013 einsehbar. Die Informationen zur Zuordnung der Schottentüren zu den jeweiligen Kompartimenten sind dem gerichtlichen Sachverständigengutachten auf S. 159 f. entnommen worden.

Schotte	Kompartimente	Öffnung	Schließung	Schotte	Kompartimente	Öffnung	Schließung
5	9/8	18:27:03	19:45:40	4	10/9	21:12:20	21:17:20
7	7/6	19:25:40	19:27:20	1	13/12	21:14:00	21:15:40
6	8/7	19:34:00	19:37:20	8	6/5	21:24:00	21:25:40
4	10/9	19:40:40	19:42:20	7	7/6	21:27:20	21:29:00
6	8/7	19:45:40	19:47:20	4	10/9	21:29:00	21:30:40
7	7/6	19:54:00	19:55:40	7	7/6	21:43:33	21:43:47
6	8/7	19:55:40	19:57:20	6	8/7	21:44:04	21:44:19
4/10	10/9 – 4/3	19:57:20	20:00:40	11	3/2	21:44:20	21:44:37
3	11/10	20:09:00	20:10:40	5	9/8	21:44:35	21:44:48
3	11/10	20:24:00	21:25:40	10	4/3	21:44:51	21:45:08
7	7/6	20:27:20	20:29:00	Kollision um 21:45:07; Schottenstatus: 10, 12/13 offen			
12/13	15/14 – 14/13	20:30:40	21:46:58	9	5/4	21:45:23	21:45:38
24	4/3	20:34:00	20:44:00	5	9/8	21:45:36	21:45:52
5	9/8	20:52:20	20:54:00	6	8/7	21:45:52	21:46:07
8	6/5	20:52:20	20:55:40	10	4/3	21:45:53	21:46:26

zu öffnen. Die Schotten 12, 13 und 24 beziehen sich jedoch nicht auf Abteilungen, in den Schiffsmaschinen verortet sind, sondern obliegen dem allgemeinen Schiffsbetrieb. Eine normkonforme Ausnahmegenehmigung für diese Kompartiments würde sich auf das Solas-Änderungsprotokoll von 2009 beziehen, nach dem Passagierschiffe, deren Konstruktion nach dem 01.01.2009 fertiggestellt wurde, für den allgemeinen Schiffsbetrieb Sondergenehmigungen erhalten dürfen, insoweit die Notwendigkeit dieser Ausnahmen von dem Unternehmen, welches das Schiff betreibt, nachgewiesen werden kann. Aber selbst diese Genehmigungen beziehen sich auf ein kurzzeitiges Öffnen und nicht, wie in der Tab. 5.3 dargestellt, auf ein Offenhalten in einer Zeitspanne von 1 ¼ h (vgl. IMO 2009). Da die Konstruktion der Costa Concordia aber durch die Solas-Konventionen von 2004 reglementiert ist, erweist sich die Ausstellung dieser Sondergenehmigungen, die in Italien in der Zuständigkeit der Schiffsklassifizierungsgesellschaft RINA[36] liegt, als fahrlässig,

---

[36] Die Schiffsklassifizierungsgesellschaft RINA (Registrato Italiano Navale) ist eine private, d. h. wirtschaftlich nicht an den italienischen Staat gekoppelte Organisation, mit Hauptsitz

und deren Handhabung durch die Organisation Costa Crociere als normverletzend. Das im regulären Schiffsbetrieb der Costa Concordia eine Vielzahl von Schottentüren unterhalb des Schottendecks von der Besatzung fortlaufend geöffnet und geschlossen wurden, ist im Hinblick auf Solas-II-/1.15.9.1 ebenso wenig gestattet wie die Anwendung von Sondergenehmigungen für die Abteilungen 12, 13 und 24. Insofern ist ein eindeutiger Verstoß der Organisation Costa Crociere gegen internationales Recht festzuhalten.

Darüber hinaus wird anhand der Tab. 5.3 ersichtlich, dass nach der Felsenkollision der Costa Concordia nachträglich die Schottentüren 9, 5, 6 und 10 temporär geöffnet wurden. Da diese Schotten sowohl beschädigte Bereiche voneinander trennen wie auch unbeschädigte von beschädigten Abteilungen separieren, ist die Frage offen, ob diese nachträglichen Schottenöffnungen einen Einfluss auf die Schiffsüberflutung und somit auf das Umfallen der Costa Concordia vor der Küste Giglios hatten. Dieser Aspekt ist wesenhaft dem nachstehenden Abschnitt zu zuordnen, in dem Normabweichungen in Krisensituationen behandelt werden. Der Felsenaufprall der Costa Concordia wird dabei als krisenauslösendes Ereignis betrachtet, da dieser Vorfall den Betriebsalltag an Bord unterwartet unterbricht. Obwohl im Hinblick auf diese Definition die nachträglichen Schottenöffnungen in einer Krisensituation vollzogen werden, erscheint es thematisch sinnvoll, diesen Aspekt mit der oben dargestellten Problematik der Schottenöffnungen zu verknüpfen. Zum einen wird dadurch vermieden, die strukturelle Darstellung der Normabweichungen in Krisensituationen zu verzerren. Und zum anderen ermöglicht die Einreihung des Aspekts der nachträglichen Schottenöffnung an der hier gegebenen Stelle, einen Gesamtzusammenhang zur Debatte der Schottenproblematik herzustellen. Dementsprechend werden nachfolgend die Schottenöffnungen, welche nach der Schiffskollision vollzogen worden sind, diskutiert und in einen Gesamtzusammenhang mit den Annahmen der Überflutung der Costa Concordia gesetzt.

Wie die Rekonstruktion des Unfallgeschehens zeigt, wurden Wassereinbrüche in den Abteilungen 5, 6 und 7 kommuniziert wie auch eine Schräglage des Schiffs dokumentiert, die nach circa drei Stunden in einem Umkippen endete. Nach Auffassung des Leiters des Instituts für Entwerfen von Schiffen und Schiffsicherheit an der technischen Universität Hamburg-Harburg, Prof. Stefan Krüger, hätte die Costa Concordia aufgrund der ihr zugrunde gelegten Konstruktionsstandards nach einem Drei-Abteilungs-Ausfall weiterhin schwimmfähig sein müssen und nicht, wie es faktisch geschehen ist, auf die Steuerbordseite umkippen können. Die erreichte Schiffsinstabilität setzt dabei das Zu-Wasser-Gehen des Schottendecks

---

in Genua. Neben der Zertifizierung von Schiffskonstruktionen und Sicherheitsmanagementkonzepten werden dieser Gesellschaft auch Aufgaben von staatlichen Behörden übertragen (vgl. Registrato Italiano Navale (RINA) 2012).

5.1 Formulierende Interpretation 141

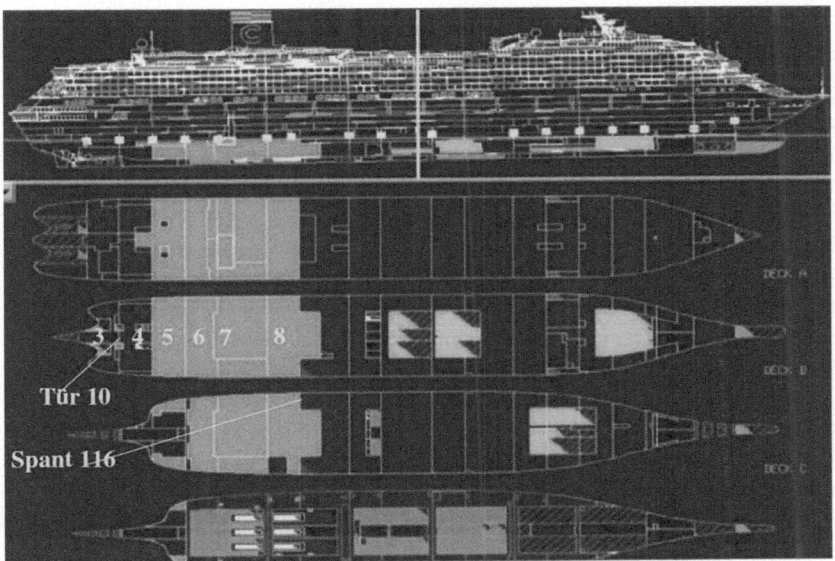

Abb. 5.3 Überflutungssimulation der italienischen Behörden. Die Abb. 5.3 wurde dem gerichtlichen Sachverständigengutachten, welcher im Internetquellenverzeichnis unter Carpinteri et al. 2012 einsehbar ist, auf S. 197 entnommen und ist mit Markierungen ergänzt worden.

voraus, was jedoch ingenieurswissenschaftlich betrachtet nicht durch die Überflutung dreier aufeinanderfolgender Abteilungen möglich ist. Das Umfallen der Costa Concordia lässt sich demnach nicht erklären, zumal das Schiffsleck auf der Backbordseite verortet ist und der Endzustand der Abteilungsüberflutungen symmetrisch ist, sodass sich das Schiff trotz des Ausmaßes des Wassereinbruchs wieder hätte aufrichten müssen. Zudem sind diesem Institut bislang lediglich Leckbeschädigungen von Spant 52 bis Spant 100 bekannt und demnach die Abteilungen 4, 5 und 6 durch den Riss betroffen. Gemäß den Schlussfolgerungen der italienischen Seebehörde auf Basis eines Simulationsmodells mit einer Leckausdehnung von Spant 52 bis Spant 116 litt die Costa Concordia unter einer fünffachen Abteilungsüberflutung, bei der zunächst die Bereiche 5 und 6 und darauffolgend die Abteilungen 7, 8 und 4 überflutet wurden.[37] Diese Schlussfolgerungen werden anhand der Abb. 5.3 veranschaulicht.

---

[37] Die Überflutung der Abteilungen 4 und 8 werden in dem gerichtlichen Sachverständigengutachten nicht behandelt, sondern nur als resultierende Konsequenz bezeichnet (vgl. Carpinteri et al. 2012, S. 197 f.).

Da bislang keine eindeutigen Ergebnisse vorliegen, wie das Schiff seine Schlagseite erreichte und schließlich zu Wasser ging, kann über den Unfallhergang im Hinblick auf die Abteilungsüberflutungen nur hypothetisch gesprochen werden. Wie die tabellarisch angeführten Daten der Blackbox zur Schottenöffnung und -schließung faktisch zeigen, wurden nach dem Felsenaufprall der Costa Concordia die Schotten 5, 6, 9 und 10, die sich allesamt unterhalb des Schottendecks befinden, nachträglich geöffnet und geschlossen. Diese Verfahrensweise ist verständlich, da sich die unterhalb des Schottendecks anwesenden Besatzungsmitglieder veranlasst sahen, die Abteilungen schnellstmöglich zu verlassen, jedoch entspricht diese Vorgehensweise nicht dem gemäß Solas implementierten Sicherheitsmanagement. Denn ebenso ist es möglich und auch vorgesehen, die Abteilungen über Treppenhochgänge zu verlassen, ohne die Schottentüren zu betätigen. Die geöffneten Schotten 5 und 6 liegen dabei in dem Schadensbereich, auf Basis dessen die italienische Seebehörde die Abteilungsüberflutungen rekonstruierte, ohne dabei die VDR-Daten zum Status der wasserdichten Schotten einzubinden. Die dokumentierte Öffnung der Schotten 9 und 10 beziehen sich auf die Abteilungsbeschädigungen, von denen das Forschungsinstitut in Hamburg-Harburg ausgeht. Inwiefern die halbminütige Öffnung der Schotte 10 und das Öffnen der Türen 5, 6 und 9 eine Rolle bei den Abteilungsüberflutungen einnehmen, ist offen. Das Institut für Entwerfen von Schiffen und Schiffsicherheit Hamburg-Harburg arbeitet in dieser Hinsicht an einem rechenfähigen Simulationsmodell, das u. a. versucht zu klären, ob die temporäre Flutung der Abteilung 3 durch die Öffnung der Tür 10 auf dem Schottendeck als Einflussvariable der Schiffsüberflutung einzustufen ist. Falls das Berechnungsmodell durch das Generieren von Leckwasserangaben die Annahmen unterstützt, widersprechen diese Ergebnisse der Auffassung der italienischen Seebehörde, nach der die Abteilung 3 durch den Treppenaufgang des Zwischendecks einen Wassereinbruch erlitt (vgl. Italian Ministry of Infrastructure and Transport (MIT) 2012, S. 52 f.). Zudem ist auch zu klären, ob weitere Schottentüren an Bord der Costa Concordia um oder nach 20:50 geöffnet wurden, was nach Aussagen des Instituts Hamburg-Harburg nicht auszuschließen ist. In dieser Hinsicht ist zu erwähnen, dass die Schottentür 24, welche die Abteilungen 3 und 4 auf dem Deck A trennt und oberhalb der Schottentür 10 liegt, möglicherweise eine Rolle spielt. Diese Annahme geht neben der Beobachtung der Schottenöffnung und -schließung auch auf die Bewertung der elektronischen Anzeigen zum allgemeinen Schottenstatus anhand der VDR-Daten zurück. In dieser Hinsicht zeigt sich, dass die Tür 24 um 20:50 einen mechanischen Defekt anzeigt, der ebenfalls um 21:47 bei der Tür 12 beobachtet wurde, nachdem die elektronische Schottensystemverbindung ausfiel, Tür 12 zu diesem Zeitpunkt aber geöffnet war. Deshalb ist nicht auszuschließen, dass Tür 24 nachträglich geöffnet wurde oder sogar leckte (vgl.

5.1 Formulierende Interpretation

Piccinelli 2013). Inwiefern das normabweichende Öffnen der Schottentüren einen Einfluss auf die Schiffsüberflutung ausübte und das Umkippen der Costa Concordia begünstigte, ist durch das geplante Simulationsmodell noch zu klären.[38]

5.1.3 Normabweichungen in Krisensituationen

Neben der Ermittlung der Normenbrüche im Organisationsalltag zeigt die Rekonstruktion des Unfallhergangs auch, dass Normen nach dem Felsenaufprall der Costa Concordia verletzt wurden. Das Leckschlagen des Schiffs wird dabei als unerwartetes Ereignis betrachtet, das an Bord eine Krisensituation auslöst, da es den regulären Schiffsbetrieb unterbricht. Diese Fallsituation wird in erster Linie durch die in P.12.04/ I0 02 SMS festgehaltenen Verfahrensvorschriften behandelt, nach denen der Kapitän an Bord einen bestimmten Ablaufplan im Fall einer Kollision mit einem resultierenden Schiffsleck einzuhalten hat (vgl. Carpinteri et al. 2012, S. 208). Demnach verhielt sich der Kapitän normkonform, indem er sich zum Kollisionszeitpunkt auf der Kommandobrücke befand und sich unmittelbar nach dem Vorfall bei den Maschinisten über die Situation der Schottenabteilungen unterrichten ließ (vgl. ebd., S. 206 f.). Die darauffolgenden Entscheidungen des Kapitäns weichen von dem Standardverfahren in Notfällen ab. Zunächst verletzt der Kapitän die Normen des ISM-Codes, indem er der Küstenwache von Livorno nicht den aktuellen Informationsstand übermittelt (vgl. ebd., S. 207). Durch das Gespräch mit dem Maschinisten Pilon um 21:51 war der Kapitän darüber informiert, dass ein Teilbereich der Abteilung 6 im Schiffsheck überflutet ist. Zudem hatte der Kapitän kurz zuvor Kenntnis erhalten, dass die Costa Concordia Leck geschlagen ist und es sowohl einen Wassereinbruch wie auch einen Stromausfall gibt (vgl. ebd., S. 93, S. 199 ff.). Gemäß P.12.04/ I0 02 (SMS) ist vorgeschrieben, dass der Kapitän bei diesem Informationsstand unverzüglich die zuständige Küstenwache zu unterrichten hat, welche, in Anbetracht der Position der Costa Concordia auf See, die Küstenwache von Livorno ist. Stattdessen meldet sich der Kapitän zunächst nicht bei der Küstenwache von Livorno, sondern übermittelt auf Anfrage der Küstenwache von Civitavecchia um 22:02 die Information, dass an Bord ein Stromausfall aufgetreten ist (vgl. ebd., S. 236). Erst um 22:25 ordnet der Kapitän an, die Küstenwache in Livorno zu kontaktieren und dieser mitzuteilen, dass es ein Leck und einen Wassereinbruch gibt, die Costa Concordia an Auftrieb

---

[38] Im Institut für Entwerfen von Schiffen und Schiffssicherheit Hamburg-Harburg arbeitet Philipp Russell derzeit an einer rechenfähigen Simulation. Nach Abschluss werden die Ergebnisse auf der Internetpräsenz des Instituts veröffentlicht.

verliert und ein Schlepper erforderlich ist (vgl. ebd., S. 103). Das Zurückhalten von Informationen, in diesem Fall über einen Zeitraum von fünfunddreißig Minuten, entspricht nicht den Entscheidungsvorgaben des Kapitäns gemäß P.12.04/IO 02 (SMS) (vgl. ebd., S. 207). Des Weiteren lagen dem Kapitän um 21:58:37 Informationen vor, welche die Anordnung zum Notfallalarm erforderlich machten (vgl. ebd.). Durch die zweite Kontaktaufnahme mit einem Maschinisten ist der Kapitän zu diesem Zeitpunkt in Kenntnis gesetzt, dass auch der elektrische Hauptschaltraum der Abteilung 6 unter Wasser steht und somit das gesamte Kompartiment 6 überflutet ist[39] (vgl. ebd., S. 94). Zudem erhält der Kapitän durch die Gespräche mit seinen Offizieren die Informationen, dass die Abteilung 7 bis hin zur Zentrale auf dem Schottendeck überflutet ist und die Pumpen, welche zum Abpumpen des Wassers benötigt werden, nicht anspringen (vgl. ebd., S. 97). Auf die Benachrichtigungen, dass zwei wasserdichte Abteilungen an Bord der Costa Concordia überflutet und zudem verloren sind, weil die Pumpen nicht funktionieren, hätte der Befehl des Kapitäns zum Notrufsignal folgen müssen. Stattdessen informiert der Kapitän, nachdem er um 21:58:00 über die Überflutung des Kompartiments 6 in Kenntnis gesetzt ist, den Krisenkoordinator Ferrarini über den Felsenaufprall des Schiffs, das Leck am Heck, den Wassereinbruch, den Stromausfall und den überfluteten Maschinenraum in der Abteilung 6 (vgl. ebd., S. 239). Hinsichtlich des Informationsstands um 21:58:37, nachdem auch Abteilung 7 unter Wasser steht, erfolgt keine Entscheidung des Kapitäns (vgl. ebd., S. 97). Gemäß P.12.04/IO 02 (SMS) ist es bei dieser Kenntnislage für den Kapitän jedoch vorgeschrieben, einen Notruf abzusetzen (vgl. ebd., S. 207). Die Anordnung des Kapitäns zum Notalarm erfolgt jedoch erst um 22:36 (vgl. ebd., S. 105), nachdem er fünfmal den Krisenkoordinator Ferrarini kontaktierte und den Informationsstand ihm gegenüber aktualisierte (vgl. ebd., S. 239). Darüber hinaus ist der Kapitän um 22:00:40 in Kenntnis gesetzt, dass neben den Abteilungen 6 und 7 auch das Kompartiment 5 überflutet ist (vgl. ebd., S. 98 f.). Nach dieser Informationslage ist es für den Kapitän vorgeschrieben, den Befehl zur Schiffsevakuierung zu geben (vgl. ebd., S. 207). Stattdessen meldet sich der Kapitän erneut beim dem Krisenkoordinator Ferrarini und erklärt diesem, dass er von der Küstenwache in Civitavecchia kontaktiert wurde, das Schiff hinsichtlich der wasserdichten Schottentüren nicht

---

[39] Das gerichtliche Sachverständigengutachten dokumentiert in dieser Hinsicht, dass der Kapitän die Äußerungen des Maschinisten, nachdem beide Teilbereiche der Abteilung 6, d. h. das gesamte Kompartiment, überflutet sind, nicht verstanden hat (vgl. Carpinteri et al. 2012, S. 98 f.). Diese Ansicht wird durch die Nachfrage des Kapitäns um 22:10, ob die Abteilung 6 noch wasserfrei ist, wie auch die Anfrage des Kapitäns um 22:20, ob die Antriebsmotoren in Abteilung 6 angeschaltet werden können, und die Frage um 22:25, wie viele Abteilungen überflutet sind, unterstützt (vgl. ebd., S. 100, 103).

5.1 Formulierende Interpretation

untergehen kann, aber ein Schlepper erforderlich ist (vgl. ebd., S. 239). Gemäß P.12.04/IO 02 (SMS) wird zu diesem Zeitpunkt jedoch von dem Kapitän erwartet, die Schiffsevakuierung anzuordnen und im Zuge dessen die Küstenwache von Livorno über das Evakuierungsvorhaben zu informieren[40] (vgl. ebd., S. 207). Der offizielle Evakuierungsbefehl des Kapitäns, welcher darauffolgend über die Lautsprecheranlagen an Bord kommuniziert wurde, erfolgte jedoch erst um 22:51 (vgl. ebd., S. 105). Unberücksichtigt bleibt in diesem Zusammenhang jedoch, dass der Kapitän schon um 22:35 seinen Offizieren gegenüber die Schiffsevakuierung anordnete und um 22:38 die Küstenwache von Livorno offiziell darüber informierte, dass die Costa Concordia in Seenot ist (vgl. ebd., S. 237, S. 241). Die Anordnung des Kapitäns zur Evakuierung wurde von den Offizieren über die Lautsprecheranlage an Bord jedoch nicht explizit kommuniziert[41] (vgl. ebd., S. 241). Da der Befehl des Kapitäns zur Schiffsevakuierung, welcher aufgrund der darauffolgenden Weiterleitung über die Lautsprecheranlage an Bord als offiziell gilt, erst um 22:51 erfolgte, jedoch im Hinblick auf den kommunizierten Informationsstand bereits um 22:00 hätte erfolgen müssen, verletzt der Kapitän seine Entscheidungsrichtlinien gemäß P.12.04/IO 02 (SMS) (vgl. ebd., S. 207). Des Weiteren schreiben die Bestimmungen des Sicherheitsmanagementsystems für den Kapitän vor, in Notfallsituationen einen Schlepper bei der zuständigen Behörde anzufordern. Da die Situation an Bord um 21:51 aufgrund der Überflutung einer gesamten wasserdichten Schottenabteilung einem Notfall entspricht, hätte der Kapitän zu diesem Zeitpunkt einen Schlepper bei der Küstenwache von Livorno anfordern müssen (vgl. ebd.). Stattdessen kommunizierte der Kapitän das Erfordernis eines Schleppers um 22:02 gegenüber der Küstenwache von Civitavecchia, welche den Kontakt initiierte, und um 22:05 gegenüber dem Krisenkoordinator Ferrarini (vgl. ebd., S. 236, 239). Diese Entscheidungen des Kapitäns entsprechen jedoch nicht dem vorgeschriebenen Ablaufplan gemäß P.12.04/IO 02 (SMS) (vgl. ebd., S. 207). Darüber hinaus verletzt der Kapitän durch das Verlassen des Schiffs vor Beendigung der Evakuierungsmaßnahmen den rechtlich fixierten Navigationskodex des Staats Ita-

---

[40] Die unmittelbare Benachrichtigung der Küstenwache im Fall einer Schiffsevakuierungssituation ist darauf zurückzuführen, dass der Kapitän mit dem Evakuierungsbefehl offiziell das Schiff aufgibt und die Weisungsbefugnis über die Abläufe an Bord der zuständigen Küstenwache überträgt.

[41] Nachdem der Kapitän um 22:35 den Befehl zur Schiffsevakuierung gab, wurde er um 22:47 von einer nicht identifizierten Person gefragt, ob die Evakuierung zeitnah verkündet wird. Der Kapitän erwidert in dieser Hinsicht, dass vorher die Anker herabgelassen werden sollen. Aufgrund dieses Gesprächs folgert das gerichtliche Sachverständigengutachten, dass der Kapitän die Schiffsevakuierung erst um 22:51 anordnete (vgl. Carpinteri et al. 2012, S. 105).

lien. Gemäß der Vorschrift II-1.1097 des Navigationskodex ist der Kapitän im Fall einer Schiffsevakuierung rechtlich dazu verpflichtet, das Schiff erst zu verlassen, nachdem jede andere Person an Bord, d. h. sowohl die Passagiere wie auch die Besatzungsmitglieder, evakuiert wurden (vgl. Codice della navigazione 1942). Diese Rechtsnorm ist darauf zurückzuführen, dass der Kapitän als Schiffsführer für den Schutz der Passagiere und der Besatzungsmitglieder an Bord uneingeschränkt verantwortlich ist (vgl. ebd.). Da sich der Kapitän um 00:34 auf einem Rettungsboot auf der Steuerbordseite befindet, während sich zu diesem Zeitpunkt noch Passagiere auf der Backbordseite aufhalten, liegt in dieser Hinsicht ein Verstoß des italienischen Seerechts gemäß II-1.1097 vor, ungeachtet der Tatsache, ob der Kapitän Kenntnis von den zurückgelassenen Passagieren auf der Backbordseite hatte oder sein Einstieg in ein Rettungsboot als eigene Überlebensmaßnahme zu bewerten ist.

Neben den aufgeführten Normenverletzungen des Kapitäns ist darüber hinaus zu dokumentieren, dass auch der Krisenkoordinator Ferrarini gegen die Richtlinien des Sicherheitsmanagementsystems verstoßen hat, da er als Durchführungsbeauftragter der Organisation Costa Crociere bestimmten Pflichten unterliegt (vgl. Marsili et al. 2012, S. 102). Gemäß den Normen des Krisenmanagements ist Ferrarini nicht nur für die Kontrolle der Umsetzung des Sicherheitsmanagementsystems zuständig, sondern sowohl für die Meldung von Unfällen und die Berichterstattung gegenüber involvierten Behörden wie auch für die landseitige Unterstützung hinsichtlich erforderlicher Ressourcen verantwortlich (vgl. IMO 2010b, S. 21). Im Zeitraum zwischen der Kollision der Costa Concordia und der offiziellen Anordnung des Kapitäns zur Schiffsevakuierung steht der Krisenkoordinator in fünf Fällen mit dem Kapitän in Kontakt. Bereits um 21:58, d. h. dreizehn Minuten nach der Felsenkollision, erhält der Krisenkoordinator die Informationen bezüglich des Felsenaufpralls mit einem daraus resultierenden Leck, dem aufgetretenen Stromausfall wie auch dem überfluteten Maschinenraum (vgl. Carpinteri et al. 2012, S. 239). Statt den Unfall bei der Küstenwache zu melden und die Berichterstattung des Kapitäns weiterzuleiten, behält der Krisenkoordinator die vorliegenden Informationen ein und unterrichtet nicht die zuständigen Behörden (vgl. Marsili et al. 2012, S. 106 f.). Gemäß P.15.6/IO 01 (SMS) hat der Krisenkoordinator sowohl seine Melde- und Berichterstattungspflicht verletzt wie auch entgegen dem Normenkatalog, den Kapitän nicht über die situationsgerecht zutreffenden Entscheidungen hingewiesen (vgl. IMO 2010b, S. 21). Zudem wurde Ferrarini um 22:06 von dem Kapitän in Kenntnis gesetzt, dass ein Schlepper benötigt wird und der Küstenwache von Civitavecchia dieses Erfordernis mitgeteilt wurde (vgl. Carpinteri et al. 2012, S. 239). Statt unmittelbar nach diesem Gespräch die Küstenwache von Livorno über die Notwendigkeit eines Schleppers zu informieren, leitet der Krisenkoordinator keinerlei Informationen weiter. Auch als der Kapitän den Krisenkoordinator erneut um 22:17 auf die Unterstützung durch einen Schlepper hin-

5.1 Formulierende Interpretation

weist, benachrichtigt Ferrarini im Anschluss nicht die Küstenwache von Livorno. Diese unterlassenen Informationsweitergaben verstoßen gegen die in P.15.6/IO 01 (SMS) festgelegten Richtlinien. Darüber hinaus versäumte der Krisenkoordinator auch, nachdem er um 22:27 von dem Kapitän darüber unterrichtet wurde, dass drei Abteilungen unter Wasser stehen, und dabei ausdrücklich formuliert wurde, dass die Situation schlecht aussieht, die zuständigen Behörden über diesen Sachverhalt zu informieren (vgl. Carpinteri et al. 2012, S. 239; Marsili et al. 2012, S. 107). Erst um 22:57, d. h. eine Stunde nachdem Ferrarini über die Felsenkollision der Costa Concordia informiert ist, kontaktiert dieser die Einsatzzentrale von Maricogecap. In diesem Gespräch meldet der Krisenkoordinator jedoch nicht ausdrücklich, dass drei Kompartimente überflutet sind (vgl. Carpinteri et al. 2012, S. 107). Auch als die Hauptzentrale der maritimen Rettungsbehörde (SAR) um 22:36 Kontakt zum Krisenkoordinator aufnimmt, übermittelt dieser ungenaue Informationen, indem er lediglich kommuniziert, dass ein Wassereinbruch an Bord festgestellt wurde, der Abteilungsüberflutungen zur Folge hatte (vgl. ebd.). Gemäß P.15.6/IO 01 (SMS) ist der Krisenkoordinator jedoch dazu verpflichtet, Unfallvorkommnisse unverzüglich den zuständigen Behörden zu melden wie auch den vorliegenden Informationsstand zu übermitteln und zu aktualisieren (vgl. IMO 2010b, S. 21; Marsili et al. 2012, S. 109).

Des Weiteren ist festzuhalten, dass eine Vielzahl der Besatzungsmitglieder mit den Verfahrensvorschriften in Notfallsituationen gemäß P.12.04/ IO 01 (SMS) nicht vertraut waren (vgl. Carpinteri et al. 2012, S. 51). Die durchzuführenden Durchsagen bezüglich des Notalarms wie auch der Einleitung der Schiffsevakuierung wurden nicht wie vorgeschrieben mehrfach in zeitlichen Abständen an Bord wiederholt (vgl. ebd., S. 51 f.). Zudem zeigt sich anhand der Zeugenaussagen der Passagiere an Bord der Costa Concordia, dass ein Teil der Besatzungsmannschaft nicht in der Lage war, den Passagieren vorgesehene Anweisungen hinsichtlich des Verhaltens in der Notsituation zu geben. Daraus resultierend, handelten die Passagiere eigeninitiativ und begaben sich mit den Rettungswesten zum Deck, an dem die Rettungsboote angebracht sind (vgl. ebd.). Eine Vielzahl der Besatzungsmitglieder, die sich an den Rettungsbooten zum Zweck der Schiffsevakuierung positionieren, waren jedoch nicht die für diese Aufgaben zuständigen Personen. Dies hatte zur Folge, dass zum einen die Passagiere nicht wie vorgesehen den jeweiligen Rettungsbooten zugewiesen werden konnten, und zum anderen, dass Rettungsboote nicht ordnungsmäßig herabgelassen wurden (vgl. ebd., S. 47 f.). Darüber hinaus versäumten die Offiziere, welche für die Koordination bestimmter Besatzungseinheiten verantwortlich waren, in dieser Situation den Besatzungsmitgliedern vorgesehene Aufgaben zuzuteilen (vgl. ebd., S. 48 f.). Gemäß P.12.04/ IO 01 (SMS) sind für jedes Besatzungsmitglied spezifische Aufgaben im Fall einer Notsituation festgelegt. Eine Vielzahl der Besatzungsmitglieder übernahm jedoch

Aufgaben, die nicht in ihrem Zuständigkeitsbereich lagen, und wurde von den für die Koordination der jeweiligen Aufgabenbereiche verantwortlichen Offizieren nicht auf ihre vorgeschriebenen Zuständigkeiten hingewiesen. Zudem waren diejenigen Besatzungsmitglieder, in deren Aufgabenbereich gemäß P.12.04/ IO 01 (SMS) die Durchführung der Notfalldurchsagen und die Koordinierung der Passagiere an Bord lag, nicht imstande, die vorgeschriebenen Abläufe einzuhalten, da sie ihre Pflichten nicht kannten (vgl. ebd., S. 51 ff.).

Nachdem auf Grundlage des rekonstruierten Unfallhergangs Abweichungen von Normen identifiziert und deskriptiv herausgearbeitet wurden, bezieht sich der nachfolgende Abschnitt auf die chronologische Darstellung der Reaktionen nach dem Schiffbruch der Costa Concordia. Hierbei wird in erster Linie die Resonanz der Reederei Costa Crociere eingebunden, aber auch die Reaktionen der gesellschaftlichen Umwelt.

5.1.4 Reaktionen auf die Havarie der Costa Concordia

Nach dem Schiffbruch der Costa Concordia am 13.01.12 veröffentlicht die Reederei Costa Crociere am 14.01.12 um 01:00 mitteleuropäische Zeit (MEZ) eine erste Stellungnahme und bezeichnet die Havarie darin als einen „Vorfall", der sich „in der Nähe der Insel Giglio vor der Küste Italiens" ereignete und dessen Ursache bislang ungeklärt ist. Zudem wird die Evakuierung von 3.200 Passagieren und 1.000 Besatzungsmitgliedern bestätigt und mitgeteilt, dass die Reederei „mit höchstem Einsatz" arbeitet, „um die entsprechende Unterstützung zu leisten" (vgl. Costa Kreuzfahrten 2012a). Vier Stunden später bezieht die Reederei in einer weiteren Mitteilung Stellung und kennzeichnet den Schiffbruch als „Tragödie" (ebd.). Diese Meldung wird nachfolgend angeführt.

> Es ist eine Tragödie, welche unsere Company tief betrifft. Unsere ersten Gedanken sind den Opfern gewidmet und wir senden unser Beileid und Anteilnahme zu deren Familien und Freunden. Zurzeit sind alle unsere Kräfte eingesetzt, um den letzten Teil der Rettungsaktion zu beenden, sowohl bieten wir Unterstützung für unsere Gäste und Crew Mitglieder, welche an Bord waren, sodass diese so schnell wie möglich nach Hause gebracht werden können. Die Notfalloperation, um das Schiff zu evakuieren, erfolgte sehr schnell. Die Schräglage des Schiffs verschlechterte sich und machte die Evakuierung überaus schwierig. Besonderen Dank möchten wir der Coast Guard, deren Hilfskräften, den Behörden sowohl den Bewohnern der Insel „Isola del Giglio" aussprechen. Diese haben mit der Rettung und Hilfeleistung unserer Gäste und Crew Mitglieder enormen Einsatz geleistet. Costa Kreuzfahrt wird den Behörden volle Unterstützung geben, um den Grund dieses Unglücks herauszufinden. (ebd.)

5.1 Formulierende Interpretation

Um circa 11 Uhr (MEZ) zitiert die italienische Zeitung „Corriere Fiorentino" den Staatsanwalt F. Verusio, der die Ermittlungen zum Schiffbruch der Costa Concordia offiziell übernommen hat, nach dem Verhör des Kapitän Schettino wie folgt:[42]

> Schettino hatte das Kommando und er hat die Route bestimmt. Das ist, was wir wissen. Es war ein beabsichtigtes Manöver. (vgl. Sanna 2012)

Zudem wird in Berufung auf den Staatsanwalt Verusio geschildert, dass der Kapitän „eine ungeschickte Route" wählte und das Schiff vor Beendigung der Evakuierungsmaßnahmen verlies, sodass Ermittlungen wegen des Verdachts auf fahrlässige Tötung und Herbeiführung eines Schiffsbruchs eingeleitet und der Kapitän folglich in Haft genommen wurde (vgl. ebd.). Im Laufe des Tages referieren eine Vielzahl italienischer Zeitungen die Aussagen des Staatsanwalts u. a. unter den Titeln *„Das Massaker von Giglio: Kapitän der Costa Concordia in Haft"*. *„Die Tragödie von Giglio: Vorwürfe gegen den Kapitän"* (vgl. Il Sole 24 Ore 2012; L'Unità. it 2012). Ebenso wird der italienische Verteidigungsminister G. Di Paola zitiert, der den Schiffbruch der Costa Concordia als „einen großen menschlichen Fehler, der leider dramatische Auswirkungen hatte", bezeichnet (vgl. La Repubblica Firenze.it 2012). Am späten Nachmittag des 14.01.12 melden italienische Zeitungen, dass sich der Kapitän einem Alkohol- und Drogentest unterzogen hat wie auch, unter Berufung auf Zeugenaussagen, dass der Kapitän am Abend des Schiffbruchs in Gesellschaft eines „blonden Mädchens" „mehrere Gläser Wein" getrunken hat (vgl. Nano Press Cronaca 2012). Eine Reihe italienischer Mediensender veröffentlichen zudem Interviews mit überlebenden Passagieren der Costa Concordia, die berichten, dass die Besatzung nur einen „technischen Defekt" kommunizierte und die Evakuierung „chaotisch" ablief (vgl. Sky News 2012). Um 17:30 (MEZ) veröffentlicht die Reederei Costa Crociere eine Stellungnahme des Unternehmenspräsidenten G. Onorato, der neben einer Vielzahl von Danksagungen an beteiligte Rettungskräfte und Mitleidsbekundungen Folgendes äußert:

> Im Moment können wir noch keine einzelnen Antworten auf all die vielen gestellten Fragen haben. Die Behörden versuchen derzeit mit unserer Unterstützung einen Überblick über die Ursache dieses Unfalls zu erhalten.

---

[42] Während die Veröffentlichung der Meldung zum Ermittlungsstand des Staatsanwalts Verusio auf der Internetpräsenz der italienischen Zeitung „Corriere Fiorentino" zeitlich fixiert nur unter der Angabe des Datums (14.01.2012) erfolgt, zeigen die ersten Kommentare zu diesem Artikel über die Interplattform „Twitter", dass diese Meldung bereits vor/um 10:59 (MEZ) am 14.01.2012 im Internet veröffentlicht wurde (vgl. Abb. A.5.2 im Anhang).

Einer ersten vorläufigen Übersicht folgend, war die Costa Concordia unter der Schiffsführung von Kapitän Francesco Schettino auf regulärem Kurs von Civitavecchia nach Savona, als das Schiff plötzlich einen Felsen streifte. Der Kapitän, der sich zu dieser Zeit auf der Brücke befand, erkannte sofort den Ernst der Situation, leitete Sicherheitsmanöver ein und setzte alle Sicherheitsbestimmungen in Kraft, um für den Fall vorbereitet zu sein, das Schiff zu evakuieren. (Costa Kreuzfahrten 2012a)

Am Abend des 14.01.12 wird in Italien ein Interview des Kapitän Schettino veröffentlicht, in dem dieser angibt, dass der Kollisionsfelsen nicht auf der Navigationskarte eingezeichnet war (vgl. TGcom24 2012). Die deutsche Medienberichterstattung zum Schiffbruch der Costa Concordia bezieht sich am 14.01.12 zunächst darauf, dass das Schiff vor der toskanischen Küste auf Grund lief, drei Todesopfer bestätigt sind, Überlebende von „Panik" und einer „überforderten Besatzung" berichten wie auch ein Stromausfall die mutmaßliche Unfallursache ist und das Unternehmen Costa Crociere „den Unfall ihres Schiffs als Tragödie" bezeichnet (vgl. Financial Times Deutschland.de 2012a; Süddeutsche.de 2012c). Am 15.01.12 nimmt die deutsche Medienberichterstattung Bezug zu den Erklärungen des Staatsanwalts Verusio vom 14.01.12.[43] Die Meldungen laufen zum einen unter Titeln *„Kapitän ist voll verantwortlich", „Schwere Vorwürfe gegen Kapitän der Costa Concordia", „Kapitän ohne Kompass"* und thematisieren, dass sich der Kapitän während des Schiffsmanövers auf der Kommandobrücke befand, einen „eindeutig nicht richtigen"/„riskanten Kurs" nahm, das Schiff vor Abschluss der Evakuierung verlies und in Untersuchungshaft genommen wurde (vgl. Focus Online 2012a; Der Tagesspiegel.de 2012; Reinbold und Langer 2012). Zudem beziehen sich deutsche Medienberichte auf Aussagen von Überlebenden und thematisieren „ein Rettungschaos" wie auch dass die Schiffscrew gegenüber den Passagieren nur eine technische Störung kommunizierte und behauptete, dass „alles unter Kontrolle" sei (vgl. Stanek 2012; Spiegel Online 2012b; Ehlers 2012). Weitere deutsche Medien berichten zum einen, dass Rettungsübungen für Passagiere von Kreuzfahrtschiffen in den ersten 24 Std. nach Abfahrt vorgeschrieben sind, Passagiere jedoch diese Übung nicht absolvierten, da das Schiff „noch keine drei Stunden unterwegs" war (vgl. Financial Times Deutschland.de 2012b; Orth und Blinda 2012). Und zum anderen wird thematisiert, dass der Kollisionsfelsen auf der nautischen Karte des Kapitäns nicht eingezeichnet war und in Berufung auf die italienischen Zeitungen

---

[43] Der erste deutsche Medienbericht, der über die Thematisierung der Aussagen von Überlebenden hinausgeht und die Inhaftierung des Kapitäns Schettino wie auch die Stellungnahme des Staatsanwalts Verusio einbindet, erfolgte um 23:36 am 14.01.2012 (vgl. Süddeutsche. de 2012d). Da jedoch am 14.01.2012 keine weiteren Bezugnahmen der deutschen Medien zu diesem Sachverhalt stattfinden, wird diese Berichterstattung dem 15.01.12 zugeordnet.

5.1 Formulierende Interpretation

„la repubblica" und „la stampa", dass es einen italienischen Schiffsbrauch der Küstenannäherungen gibt, der als „Verneignung" bezeichnet wird und dazu dient, den „Touristen und Einheimischen" ein „Spektakel" zu bieten. Zudem verweisen diese Meldungen auf eine „Schiffsverneigung" im August 2011 und auf die Danksagungen des Bürgermeisters der Insel Giglio für zwei vergangene „öffentlichkeitswirksame Manöver" von „Costa-Schiffen", welche „sowohl auf GiglioNews als auch an Bord beworben" wurden, „um den Gästen diesen besonderen Moment bieten zu können"[44] (vgl. Spiegel Online 2012c; Die Welt.de 2012a).

Die Reederei Costa Crociere bezieht am Abend des 15.01.12 in einer weiteren Meldung Stellung zum Schiffbruch der Costa Concordia, die nachfolgend referiert wird.

> Unsere Priorität ist der Schutz für Passagiere und Besatzung sowie auch der Schutz für die Umwelt (...). Die Untersuchungen laufen, und erste Anzeichen deuten darauf hin, dass menschliche Fehleinschätzungen Grund für diese schwerwiegenden Konsequenzen gewesen sein könnten. Die Route des Schiffs führte offenbar zu nahe an der Küste vorbei, wobei sich die Einschätzung des Kapitäns für einen Notfall nicht mit den von Costa vorgegebenen Standards deckte. Uns ist bekannt, dass die Staatsanwaltschaft ernste Beschuldigungen gegen den Kapitän des Schiffs erhebt, der im Jahr 2002 als Sicherheitsoffizier zu Costa kam und 2006 zum Kapitän ernannt wurde, nachdem er auch bereits als Staff Captain fungierte. Wie alle Costa Schiffsführer auch absolvierte er regelmäßige Trainings (...). Costa setzt alles daran um sicherzustellen, dass sich ein solches Unglück niemals wieder ereignet (...). Costa erfüllt ohne Einschränkungen alle Sicherheitsstandards, Sicherheit für Gäste und Personal besitzt allerhöchste Priorität (...). Die Costa Crew wird regelmäßigen Tests durch die Küstenwache sowie durch eine unabhängige Klassifizierungsorganisation gemäß Safety Management Systems SMS unterzogen (...). Alle Costa Schiffe sind vom italienischen Schifffahrtsregister RINA zertifiziert und wurden nach den höchsten und modernsten Standards und Technologien gebaut. (Costa Kreuzfahrten 2012a)

Am darauffolgenden Tag hält die Reederei eine Pressekonferenz in einem Theatersaal in Grosseto ab und kommuniziert, dass der Kapitän „schwere Fehler" gemacht hat und „die vorgesehene Route entgegen den Unternehmensrichtlinien verlassen" hat. Die Reederei bzw. der Präsident Onorato und der Geschäftsführer P. Foschi informieren die Pressevertreter darüber, dass „alle Opfer" entschädigt werden, die

---

[44] Die italienische Medienberichterstattung thematisiert den Brauch der Verneigung hinsichtlich von Schiffen der Reederei Costa Crociere am Abend des 14.01.12 und veröffentlicht eine private Videoaufnahme der Verneigung der Costa Concordia am 14.08.2011, bei der das Schiff die Insel Giglio mit einem Abstand von 230 m zur Küste passierte und die Signalhupe betätigte (vgl. Corriere della Sera 2012). Eine weitere private Aufnahme dieser Schiffsverneigung ist im Internetquellenverzeichnis unter Telegraph Online 2012 zu finden.

Besatzungsmannschaft „heldenhaft war" und „über 4000 Personen in zwei Stunden" evakuierte (vgl. Kleine Zeitung 2012). Darüber hinaus werden einige Aspekte kommuniziert, die im Folgenden ausschnitthaft zitiert werden.

1. „Die Unternehmensrichtlinien bestimmen die Routen, was zweckmäßig ist für die Sicherheit, zweckmäßig für die Passagiere und zweckmäßig, um die Reiseroute zu beurteilen." (ebd.)
2. „Die Unternehmensrichtlinien autorisieren keine Abweichungen von festgelegten Regeln." (ebd.)
3. „Natürlich hat der Kapitän an Bord die Autorität, etwas zu ändern, aber das wird gemäß den Unternehmensrichtlinien nicht erwartet. Abweichungen von Routen sind nur für gefährliche Umstände autorisiert, wie z. B. technische Probleme oder schlechte Wetterverhältnisse."[45] (ebd.)
4. „Das Unternehmen hatte nur von einem einzigen Besuch der Insel Kenntnis. Das war die Nacht vom 09.08.11 auf den 10.08.11 mit der Autorisierung der lokalen Seebehörde, mit Autorisierung der Inselverwaltung und mit der Genehmigung von Costa Crociere, nachdem die Route, die der Kapitän beabsichtigte zu fahren, um sich der Insel anzunähern, geprüft wurde. Annäherung heißt, dass die Entfernung zwischen der Küste und dem Schiff seit jeher mindestens 500 m beträgt." (ebd.)
5. „Die Kreuzfahrtindustrie ist absolut sicher." (ebd.)

Die auf diese Pressekonferenz bezugnehmende Berichterstattung der deutschen Medien konzentriert sich auf ein Fehlverhalten des Kapitäns Schettino. Unter den Titeln „*Der Kapitän der alles falsch machte*", „*Kapitän änderte Route eigenmächtig*" „*Das Totalversagen des Comandante Schettino*" „*Reederei gibt Kapitän Schuld am Schiffsunglück*" wird referiert, dass die Reederei Costa Crociere „Fehlentscheidungen"/„menschliches Versagen" des Kapitäns zur Unfallursache erklärt und zudem thematisiert, dass der Kapitän Notfallmaßnahmen ignorierte, kein SOS-Signal an die Küstenwache sendete und sich weigerte, für die Evakuierung an Bord zurückzukehren. Darüber hinaus wird kommuniziert, dass der Kapitän „kurz vor dem Felsenaufprall" mit einer „jungen Frau" im Restaurant Alkohol konsumierte, den „Risikokurs" vorher telefonisch ankündigte und beabsichtigte, einem Schiffskellner mit der Verneigung einen persönlichen Gefallen zu erweisen (vgl. Spiegel Online 2012d; Arnsperger und Kruse 2012; Langer 2012a; Focus Online 2012b; Bremer 2012; Ehlers 2012; Financial Times Deutschland. de 2012c; Zeit Online 2012a). Am darauffolgenden Tag, dem 17.01.12, wird das Gespräch zwischen der Küstenwache und dem Kapitän um 01:46 (vgl. Tab. 5.2 in Abschn. 5.1.1) u. a. mit dem Titel „*Versagen des Concordia-Kapitäns: Gehen*

---

[45] Inhaltlich wird mit dieser Aussage exakt die Vorschrift VIII-3.2.7 des STCW-Codes nach Solas wiedergegeben (vgl. IMO 1998).

5.1 Formulierende Interpretation

Sie verdammt nochmal an Bord!" in den Medien veröffentlicht und berichtet, dass der Kapitän sich gegenüber der Küstenwache rausredete, sich „feige" verhielt und „die Passagiere in Seenot im Stich ließ". Darüber hinaus wird kommuniziert, dass der Kapitän mutmaßlich „im Drogenrausch das Schiff manövrierte", wie auch der Staatsanwalt Verusio zitiert, welcher erklärt, dass der Kapitän „waghalsig" und „unentschuldbar" handelte und der Kollisionsfelsen in der nautischen Karte eingezeichnet ist (vgl. Langer 2012b; Financial Times Deutschland.de 2012d; Focus Online 2012c; Spiegel Online 2012e). Ebenso wird unter Berufung auf Zeugenaussagen berichtet, dass der Kapitän sich bereits vor der Hafenankunft in Civitavecchia mit der Costa Concordia vor der französischen Küste „verfahren" hat (vgl. Die Welt.de 2012b). Die Bild-Zeitung kommentiert das Gesprächsprotokoll zusammenfassend mit *„Feigheit, Lügen und Entscheidungsschwäche"* (vgl. Bild. de 2012). Am 18.01.12 bezieht sich die deutsche Medienberichterstattung mit den Titeln „*Kapitän Feigling*", „*Capitano dilettante*", „*Ich bin nicht an Bord, weil das Schiff untergeht*", „*Richter macht Kapitän verantwortlich*" sowohl auf das am Vortag veröffentlichte Gesprächsprotokoll wie auch auf die Anhörung des Kapitäns vor Gericht am 17.01.12 in Grosetto und thematisiert, dass der Kapitän „seinem Schiff beim Versinken zugesehen" hat, aus der Untersuchungshaft entlassen und unter Hausarrest gestellt wurde. Dabei wird berichtet, dass der Staatsanwalt Verusio einen Einspruch gegen die Aufhebung der Untersuchungshaft angekündigt hat und dies mit einer Fluchtgefahr des Kapitäns begründet (vgl. Doerfler 2012a; Reinbold 2012; Stern.de 2012a; Spiegel Online 2012f; Die Welt.de 2012c). Der Staatsanwalt wird wie folgt zitiert:

> Wir möchten vermeiden, dass er sich seiner Verantwortung entzieht. Die Persönlichkeit von Schettino und die ihm vorgeworfenen Straftaten lassen das vermuten. (Spiegel Online 2012f)

Darüber hinaus bezieht sich die deutsche Medienberichterstattung auf die Aussagen einiger Offiziere, die den Kapitän als „Draufgänger" wie auch als „eitel" charakterisieren und beschreiben, dass der Kapitän „auch einen Bus wie einen Ferrari fahren" würde und bereits früher „riskante Entscheidungen" traf (vgl. Doerfler 2012a; Reinbold 2012; Stern.de 2012a; Spiegel Online 2012f; Die Welt.de 2012c). Am darauffolgenden Tag gibt die Reederei Costa Crociere in einer Meldung bekannt, dass der Kapitän mit sofortiger Wirkung suspendiert wurde und von dem Unternehmen vor Gericht nicht verteidigt werde. Zudem kommuniziert die Reederei in dieser Mitteilung, dass das Unternehmen „sich selbst als geschädigt" sieht und im Zivilverfahren gegen den Kapitän als Nebenkläger auftritt (vgl. Costa Kreuzfahrten 2012b). Die deutschen Medien berichten unter den Titeln „*Blin-*

de Passagiere auf der Kommandobrücke", *„Mysteriöse Frau beim Kapitän auf der Kommandobrücke*", dass der Kapitän während der Schiffskollision „Damenbesuch" hatte, „eine Blondine" an Bord „schmuggelte" und die Reederei diesen sowohl suspendierte wie auch ankündigte, ihn nicht weiter zu unterstützen (vgl. Spiegel Online 2012g; Stern.de 2012b). Vom 19.01.12 bis zum 21.01.12 thematisiert die deutsche Medienberichterstattung unter den Titeln *„Psychogramm des Kapitäns: Schettino auf der Flucht vor seiner eigenen Unfähigkeit"*, *„Eine Frage des Charakters"*, *„Die seltsame Rolle der Dominica C."* die Vertuschung eigener Fehler des Kapitäns wie auch die Charakterschwächen „Selbstverliebtheit", „Leichtsinnigkeit", „Eitelkeit" und „Selbstüberschätzung". Ebenso wird in einigen Mitteilungen berichtet, dass die „Blondine" womöglich „die Geliebte des Kapitäns" ist (vgl. Steinlein 2012; Focus Online 2012d; Spiegel Online 2012h; Ceballos Betancur 2012). Die sogenannte Klatschpresse thematisiert derweilen, dass der „Lügen-Kapitän besoffen" war und sich nach der Felsenkollision im Restaurant noch Alkohol für sich und ein Dessert für seine Begleitung bestellte (vgl. Berliner Zeitung.de 2012; Becker und Englisch 2012). Am 21.01.12 gibt die Reederei Costa Crociere in einer Stellungnahme bekannt, dass der Kapitän „das Unternehmen und die Besatzung belogen" hat, „das Unternehmen zu spät informierte" und es „nie so viele Tote" gegeben hätte, wenn der Kapitän „die Evakuierung früher angeordnet" hätte (vgl. Costa Kreuzfahrten 2012b). An den zwei nachfolgenden Tagen kommunizieren die deutschen Medien in Berufung auf die Aussagen des Kapitäns unter den Titeln *„Kapitän gibt Reederei Schuld für gefährliches Manöver"*, *„Das Manöver war von Costa geplant und gewollt"*, *„Kapitän attackiert die Reederei der Costa Concordia"*, dass einerseits der Kapitän „die Verantwortung für das Unglück auf die Reederei" schiebt und andererseits „das riskante Manöver" eine „Werbeaktion" war, welche vor der Hafenausfahrt der Costa Concordia geplant wurde (vgl. Süddeutsche.de 2012e; Luig 2012; Handelsblatt.com 2012a). Die Reederei Costa Crociere kommentiert am 23.01.12 die mediale Berichterstattung in einer Mitteilung, in welcher sie „die unbegründeten, diffamierenden Behauptungen (…) ohne jede Verifizierung" „bedauert" und sich darauffolgend für die „aufbauenden Worte und Solidaritätsbekundungen" „vieler Menschen" bedankt (vgl. Costa Kreuzfahrten 2012b). In dieser Stellungnahme heißt es zudem:

> Ihre Zeichen von Nähe sind in dieser Zeit besonders wertvoll für uns. Ihr Mitgefühl bewegt uns, und es ermutigt uns weiterzumachen, um auch weiterhin Ihr geschätztes Vertrauen, das Sie in uns setzen, zu verdienen. (ebd.)

Die darauffolgende Berichterstattung in den deutschen Medien am 24.01.12 thematisiert u. a. unter den Titeln *„Reederei soll illegal Crew-Mitglieder beschäftigt*

5.1 Formulierende Interpretation

haben" und *„Angeblich vermisste Passagierin seit drei Jahren tot"*, dass die Passagierlisten auf der Costa Concordia unvollständig/fehlerhaft waren, nicht jedes Crewmitglied an Bord ordnungsgemäß registriert war, Unklarheit über die tatsächliche Vermisstenzahl besteht und sich Personen diese Lage durch Falschangaben zu Vermissten zu Nutze gemacht haben. Darüber hinaus wird kommuniziert, dass die „angebliche Geliebte" des Kapitäns auch nicht in der Passagierliste verzeichnet war (vgl. Süddeutsche.de 2012f; Doerfler 2012b). Die Reederei Costa Crociere veröffentlicht am selben Tag eine Stellungnahme und teilt darin mit, dass das Unternehmen „über äußerst strenge Systeme verfügt, um den Zugang zu den Schiffen kontrollieren", welche sie im Anschluss differenziert anführt (vgl. Costa Kreuzfahrten 2012b). Einen Tag später wird ein privates Handytelefonat von Kapitän Schettino in den Medien veröffentlicht, das während der Untersuchungshaft abgehört wurde. Die Medienberichte thematisieren unter den Titeln *„Polizei-Abhörprotokoll entlarvt Schettino als Lügner"*, *„Schettino überführt sich selbst"*, dass der Kapitän, nicht wie behauptet, „in ein Rettungsboot gefallen" ist, sondern „sich hinunter stürzte" (…) „als das Schiff sich neigte". Ebenso wird untergeordnet angeführt, dass der Kapitän während des abgehörten Telefonats äußerte, dass die „Verneigung nachdrücklich von einem Manager verlangt" wurde (vgl. Die Welt. de 2012d; Zeit Online 2012b). Die Tage darauf stellen deutsche Medien u. a. unter den Titeln *„Reederei und Kapitän beschuldigen sich gegenseitig"* und *„Kapitän und die Reederei schieben sich gegenseitig die Schuld zu"* die Informationen der Reederei, nach denen es bei einem rechtzeitigen Alarm des Kapitäns weniger Tote gegeben hätte und die Route des Kapitäns nicht autorisiert war, den Informationen des Kapitäns gegenüber, nach denen die Route „eine touristische Linie" war und von einem Manager verlangt wurde (vgl. Handelsblatt.com 2012b; Frankfurter Allgemeine Zeitung.net 2012a). Einen Tag darauf gibt die Reederei Costa Crociere bekannt, dass jeder Passagier der Costa Concordia eine Pauschalentschädigung von 11.000 € und eine Rückreisekostenerstattung von 3.000 € erhält (vgl. Costa Kreuzfahrten 2012a). Die Medienberichterstattung thematisiert diese Mitteilung und führt zum einen an, dass für Kinder, die kostenfrei an der Kreuzfahrt teilnahmen, diese Summe ebenfalls gezahlt wird, sodass „ein Ehepaar mit zwei Kindern 44.000 € erhalten würde". Und zum anderen, dass Verbraucherschützer die Entschädigungssumme kritisieren und auffordern, diese nicht anzunehmen (vgl. Focus Online 2012e; Frankfurter Allgemeine Zeitung.net 2012b). Anfang Februar melden deutsche Medien, dass der Kapitän auf Antrag des Staatsanwalts Verusios weiterhin unter Hausarrest steht (vgl. Frankfurter Allgemeine Zeitung.net 2012c; Welt.TV 2012). Ende Februar wird in den Medien unter den Titeln *„Brand auf Kreuzfahrtschiff der Costa Concordia-Reederei"*, *„Reederei Concordia in der Kritik"* und *„Costa-Kreuzfahrtschiff treibt nach Brand auf offener See"* berichtet, dass

„erneut ein Schiff der Reederei Costa Crociere in Not geraten" ist, dieses nach einem Brand ohne Strom auf offener See treibt, die Passagiere „mit dem Schrecken davon gekommen" sind wie auch dass es im Jahr 2006 zwei Vorfälle mit technischen Defekten und Maschinenausfällen auf „Costa-Schiffen" gab (vgl. Süddeutsche.de 2012g; Spiegel Online 2012i; Doerfler 2012c). In den nachfolgenden Tagen thematisieren Medienberichterstattungen, dass nach Zeugenaussagen einer früheren Costa-Mitarbeiterin die Offiziere der Costa Atlantica im Jahr 2010 „wilde Parties" feierten wie auch „Alkohol und Kokain" nahmen (vgl. Libero Quotidiano. it 2012; Süddeutsche.de 2012h). Des Weiteren meldet die italienische Presse Anfang März, dass das italienische Umweltministerium für Schiffe mit einer Größe von mehr als 500 t ein Abstandsgebot von zwei Seemeilen vor Meeresschutzgebieten im italienischen Seeraum kodifizierte, welches die Medien als „Anti-Verneigungs-Dekret" bezeichnen. Für das Gebiet, in dem die Costa Concordia havarierte, werden nach Angaben der Medien eigene Vorschriften eingeführt (vgl. Il tirreno.it 2012). Die darauffolgenden Tage nehmen deutsche Medien u. a. unter den Titeln *„Keine Brille, kein Verantwortungsbewusstsein"* Bezug auf die Eröffnung des Beweissicherungsverfahrens in Grosseto und thematisieren unter Berufung auf die Aussagen des Navigationsoffiziers Ambrosio, dass der Kapitän am Kollisionsabend „wie oft keine Brille bei sich hatte" und sich daher „die Darstellung auf dem Radarschirm größer einstellen ließ" sowie „ausdrücklich" befahl, den Behörden mitzuteilen, dass „die Lage unter Kontrolle" ist (vgl. Die Welt.de 2012e; Bachstein 2012). Nachfolgend wird in Medienberichten u. a. unter den Titeln *„War der Costa-Kapitän auch in Warnemünde auf Kollisionskurs?"* und *„Schettino schlug auch Wellen in Warnemünde"* gemeldet, dass Kapitän Schettino aufgrund überhöhter Geschwindigkeit während einer Hafenausfahrt mit einem Kreuzfahrtschiff der Reederei Aida kollidierte und dies beschädigte (vgl. Hamburger Abendblatt.de 2012a; Die Welt.de 2012f; Frankfurter Allgemeine Zeitung.net 2012d). Der Geschäftsführer des Unternehmens Aida dementiert unmittelbar darauf diese Darstellungen (vgl. Handelsblatt.com 2012c). Anfang April berichten deutsche Medien u. a. unter den Titeln *„Erneut ein Kreuzfahrtschiff in Seenot"* und *„Luxusliner in Seenot: Auch Deutsche an Bord"*, dass das Kreuzfahrtschiff Azamara Quest nach einem Brand im Maschinenraum manövrierunfähig in der Sulu-See treibt, jedoch keine verletzten Passagiere gemeldet wurden (vgl. Stern.de 2012c; Spiegel Online 2012j; Hamburger Abendblatt.de 2012b). Mitte April wird ein Interview mit dem Geschäftsführer der Reederei Costa Crociere, P. Foschi, unter dem Titel *„Costa-Chef nach den Havarien: Aus dem Geschehenen lernen"* veröffentlicht, in dem dieser unter Bezugnahme auf die Havarie der Costa Concordia und den Vorfall der Costa Allegra *„neue Sicherheitsregeln"* thematisiert (vgl. Kaffsack und Mayer 2012). Die Aussagen des Geschäftsführers werden nachfolgend ausschnitthaft zitiert.

5.1 Formulierende Interpretation

Wir gehen diese Unfälle, die in ihrer Art und Folgen völlig verschieden sind, mit großem kritischem Bewusstsein an. Natürlicherweise gibt es Lektionen, die daraus gezogen werden müssen, vor allem aus dem Fall der Costa Concordia, aber nicht nur. Eine größere Überprüfung all unserer Sicherheitsprozeduren ist im Gange, eingeschlossen dabei eine, die auch Ausbildungsabläufe für unsere Belegschaft betreffen könnte. Wir gehen das auf eine sehr demütige Weise an und müssen das, was wir aus den Geschehnissen um die Costa Concordia lernen, auf alle unsere derzeitigen Prozeduren und Programme übertragen (…). Wir überprüfen jetzt die Prozeduren für die Auswahl von Kapitänen (…). Was Veränderungen der Schifffahrtsgesetzgebung angeht, so müssen wir darüber noch mit der italienischen Regierung sprechen. Es könnte auch internationale Implikationen haben. Was ich vorschlagen will, ist eine kollektive Form der Leitung auf der Kommandobrücke. Dabei würde der Kapitän der Kapitän bleiben, aber auch nicht jedes Mal persönlich Kommandos geben müssen. Mehr Team-Management würde es anderen Offizieren erlauben, dann einzugreifen, wann immer etwas schief geht. (ebd.)

Anfang Mai thematisiert eine deutsche Medienberichterstattung unter dem Titel *„Konsequenzen aus Concordia-Unglück: Reederei Costa verschärft Sicherheitsregeln"*, dass die Reederei Costa Crociere bei der Präsentation ihres neuen Kreuzfahrtschiffs, der „510 Mio. € teuren Costa Fascinosa, mit einer Kapazität für 3800 Passagiere das größte unter italienischer Flagge fahrende Kreuzfahrtschiff", die Einführung neuer Sicherheitsregeln bekannt gibt. Zum einen wird mitgeteilt, dass Schiffsrouten nun in Echtzeit verfolgt werden, „um nicht autorisierte Abweichungen schnell feststellen zu können", und zum anderen, dass Passagiere jetzt bereits vor der Hafenausfahrt eine Rettungsübung absolvieren müssen statt wie bislang vorgeschrieben in einem Zeitraum von 24 Std. nach der Hafenausfahrt. Darüber hinaus wird kommuniziert, dass, „um künftig zu verhindern, dass der Kapitän die Evakuierung zu spät anordnet", daran gearbeitet wird, dass Besatzungsmitglieder „mehr Befugnisse bei Entscheidungen" haben. Des Weiteren wird thematisiert, dass die Costa Fascinosa bereits im Oktober als größtes Schiff der Costa-Flotte abgelöst wird, da ein weiteres Kreuzfahrtschiff, welches „Platz für 4928 Passagiere" aufweist, in Betrieb genommen wird.[46] (vgl. Spiegel Online 2012k)

Nachdem in diesem Kapitel eine empirische Datengrundlage erarbeitet und durch die Kategorisierung der Daten in die Unterteilungen Unfallablauf, Normenabweichungen in Normal- wie auch in Krisensituationen und gesellschaftliche Reaktionen auf das kommunizierte Unfallereignis atheoretisch entfaltet wurde, befasst sich das nachstehende Kapitel mit der soziologischen Reflexion des faktischen Bezugsrahmens.

---

[46] Der Neubau dieses Schiffes ist eine Fortführung des Konstruktionsmodells der Costa Concordia, bei dem die Baumerkmale „in verbesserter Form" umgesetzt werden (vgl. Go7Seas Kreuzfahrten.de 2012).

5.2 Reflektierende Interpretation

In diesem Kapitel wird anhand der vorherigen, dargestellten Faktengrundlage der Fall der Havarie der Costa Concordia soziologisch reflektiert.

5.2.1 Zielkonflikte

Die Darlegung von Zielkonflikten der Organisation Costa Crociere setzt die Identifikation von informellen Praktiken voraus, die als Ausgleich zwischen widersprüchlichen Zielvorgaben fungieren und in dieser Form Zielkonflikte nachweisen (vgl. Abschn. 3.4.2). Bereits in Abschn. 3.5.2 wurde darauf hingewiesen, dass sich in Organisationen Abweichungen von formalen Standards als funktional erweisen können und deshalb geduldet werden. Hierbei handelt es sich um Abweichungen, die mit einer gewissen Regelmäßigkeit auftreten und sich insofern durch bewährtes Wiederholen als informelle Routine einspielen. Demnach muss sich die Untersuchung von möglichen Zielkonflikten auf Normenverstöße beziehen, die im Betriebsalltag der Organisation, d. h. in Normalsituationen, zu beobachten sind. Die Unterscheidung, ob es sich bei Normabweichungen um individuell motivierte Verstöße handelt, oder tatsächlich um Abweichungen, die in der Organisation aufgrund ihrer Funktionalität informell erwartet werden, lässt sich dabei durch die Reaktion auf die Normenbrüche aufzeigen. Im folgenden Abschnitt fokussiert die Analyse einerseits darauf, informelle Praktiken an Bord der Costa Concordia herauszuarbeiten, um dann auf dieser Grundlage Zielkonflikte zu identifizieren und zu beschreiben.

5.2.1.1 Die informelle Praktik der Routenabweichung

Die in Abschn. 5.1.2 erfolgte Rekonstruktion von Normabweichungen im Organisationsalltag zeigt auf, dass die am 13.01.12 gefahrene Route der Costa Concordia nicht der von der Organisation Costa Crociere vorgegebenen Standardroute für die Strecke von Civitavecchia nach Savona entspricht. Dennoch wurde dieser Kurs, wie in Abschn. 5.1.1 dargestellt, im Vorfeld geplant, und zwar nicht alleinig von dem Schiffskapitän, sondern in Zusammenarbeit mit zwei weiteren Besatzungsmitgliedern auf der Kommandobrücke. Weder die Offizierin Canessa noch der Kadett Iaccarino kritisierten das Verhalten des Kapitäns, entgegen den offiziellen Richtlinien der Organisation eine andere Route als die formal vorgesehene festzulegen. Stattdessen unterstützten sie dieses Vorgehen. Auch als der Kapitän der Hafenbehörde in Civitavecchia eine Route meldet, die nicht mit dem tatsächlich geplanten Kurs übereinstimmt, beanstandet keines der Besatzungsmitglieder auf der Kom-

5.2 Reflektierende Interpretation

mandobrücke diese Vorgehensweise. Daher ist zunächst zu schlussfolgern, dass es sich bei der formal abweichenden Schiffsroute um eine von den Besatzungsmitgliedern geduldete Abweichung handelt. Wird betrachtet, in welcher Art und Weise die Besatzungsmannschaft auf der Kommandobrücke mit der Kursänderung von der offiziell vorgesehenen Route auf die formal abweichende Route umgeht, zeigt sich, dass es sich hierbei um ein erwartbares und insofern routiniertes Verfahren handelt, das keinerlei Anweisungen des Kapitäns bedarf. Zu dem Zeitpunkt, als von dem offiziellen Kurs der Costa Concordia auf offener See abgewichen wird, ist der Kapitän des Schiffs nicht auf der Kommandobrücke anwesend. Die Befehlsbefugnis obliegt in diesem Moment dem ersten Navigationsoffizier. Doch wie die Rekonstruktion der Kommunikation auf der Kommandobrücke zeigt, bedarf es auch keinerlei Anweisungen des Navigationsoffiziers, die Kursänderung zu vollziehen. Nachdem der Navigationsoffizier sich mit dem Maschinisten in Verbindung setzt und diesem mitteilt, dass die Maschinendrehzahl aufgrund der bevorstehenden Küstenannäherung, die in dieser Situation als „Verneigung" bezeichnet wird, reduziert werden soll, ändert die Offizierin Canessa, ohne eine Anordnung zu erhalten den Kurs der Costa Concordia eigenständig auf 278 Grad. Keines der anwesenden Besatzungsmitglieder reagiert irritiert auf dieses Verfahren oder kritisiert diese Normenverletzung. Auch der Maschinist selbst ist nicht beunruhigt über den Hinweis des Navigationsoffiziers, dass die „Verneigung" durchgeführt wird. Er vollzieht die angeordnete Reduzierung der Maschinendrehzahl ohne Bedenken, gleichwohl er darüber informiert ist, dass dieser Verfahrensschritt die „Verneigung" vorbereitet, welche er selbst während eines Verhörs als „Annäherung an die Küste Giglios" bezeichnete (vgl. Procura della Repubblica 2012a, S. 2). Daraus ist abzuleiten, dass es sich bei dem formal abweichenden Kurs um einen Normenverstoß handelt, der ein informelles Denkschema unter den Besatzungsmitgliedern darstellt bzw. von diesen informell erwartet wurde. Die Kursänderung ist demnach als informell geduldete Route zu beschreiben, die in ihrer Ausübung routiniert von den Besatzungsmitgliedern vollzogen wird.[47]

Zwar lässt der routinierte Umgang der Besatzungsmannschaft mit der informellen Route darauf schließen, dass regelmäßig auf der Fahrt von Civitavecchia nach Savona von dem formal vorgesehenen Kurs abgewichen wurde, jedoch kann diese Behauptung nicht alleinig durch die Rekonstruktion des Unfallhergangs am

---

[47] Ebenso beurteilt das gerichtliche Sachverständigengutachten das Verfahren des Kurswechsels auf der Kommandobrücke als ein „routiniertes Ereignis". Jedoch schlussfolgert dieser Bericht, dass es für den Kapitän eine Routineangelegenheit war, den Kurs zu ändern, ungeachtet der Tatsache, dass sich der Kapitän zu diesem Zeitpunkt weder auf der Kommandobrücke befand noch vor dem Verlassen der Brücke die Kursumstellung anordnete (vgl. Carpinteri et al. 2012, S. 72).

13.01.12 bewiesen werden. Die Frage, ob die Verneigung vor der Küste der Insel Giglio regelmäßig vollzogen wurde, zwingt zu der Untersuchung, inwiefern die Küstenannäherung in der Vergangenheit stattgefunden hat. In dieser Hinsicht gibt der Geschäftsführer der Organisation Costa Crociere, P. Foschi, während einer offiziellen Pressekonferenz am 16.01.12 Hinweise, die die Organisation belasten. Gemäß der Aussage des Geschäftsführers besaß die Organisation „(…) von einem einzigen Besuch der Insel (…)" Kenntnis, „das war die Nacht vom 09.08.11 auf den 10.08.11 (…) Annäherung heißt, dass die Entfernung zwischen der Küste und dem Schiff seit jeher mindestens 500 m beträgt." Die Daten von Lloyds List[48] belegen anhand der GPS-Daten, dass die Costa Concordia am 14.08.11 mit einem Abstand von 230 m die Insel Giglio passierte (vgl. Mandryk und Osler 2012). Hieran wird eine Dissonanz zwischen beiden Aussagen deutlich, denn faktisch ist es unmöglich, dass die Costa Concordia sowohl am 09.08.11 wie auch am 14.08.11 während der siebentägigen Mittelmeerkreuzfahrt die Insel Giglio passierte. Zwar kann auf die offiziellen Routentermine der Costa Concordia für den August 2011 nicht öffentlich zugegriffen werden, wie es bei den Routenterminen von 2012 realisierbar war. Jedoch gibt ein Werbeprospekt von Costa Crociere Aufschluss über die zeitliche Datierung der Kreuzfahrtstrecke von 2011. Dieser Prospekt zeigt, dass die Costa Concordia am 08.08.11 von dem Hafen in Savona zu einer siebentägigen Mittelmeerkreuzfahrt aufbricht und erst am 09.08.11 den Hafen in Barcelona erreicht. Von Barcelona aus dauert es weitere fünf Tage, bis die Costa Concordia über die Häfen in Palma de Mallorca, La Valletta und Palermo den Hafen in Civitavecchia am 14.08.11 erreicht. Am selben Tag setzt die Costa Concordia ihre Reise fort, um als letzten anzulaufenden Hafen dieser Mittelmeerkreuzfahrt Savona zu erreichen (vgl. Abb. A.5.3 im Anhang). Wie durch die Rekonstruktion des Unfallhergangs ersichtlich ist, passiert die Costa Concordia auf ihrem Weg von Civitavecchia nach Savona die Insel Giglio. Das bedeutet, dass jener „Besuch der Insel", von dem die Organisation Costa Crociere Kenntnis hatte, welcher sowohl durch die Autorisierung der lokalen Seebehörde und der Inselverwaltung wie auch mit der Genehmigung der Organisation selbst durchgeführt wurde, nicht am 09.08.11 mit einem Abstand von 500 m stattfand, sondern am 14.08.11 mit einem Abstand von 230 m. Die Costa Concordia führte die „Verneigung" demnach nicht nur im Jahr 2012 aus, sondern auch im Jahr 2011. Somit ist eine Wiederholung dieser informellen Praktik nachweisbar. Darüber hinaus bestätigt die Organisation, dass sie Kenntnis von einer Inselannäherung während dieser Mittelmeerfahrt der

---

[48] Lloyds List ist das führende Magazin der Frachtschifffahrt und verfügt über eine GPS-Datenbank der Schiffsbewegungspositionen weltweit (vgl. Lloyds List Intelligence.com 2012).

5.2 Reflektierende Interpretation

Costa Concordia hatte.[49] Inwiefern die „Verneigung" in den Jahren zuvor durchgeführt wurde und inwiefern sich diese Praktik lediglich auf den Schiffsbetrieb der Costa Concorda beschränkt, ist bislang nicht ersichtlich. Eindeutig evident ist aber, dass nicht nur der Kapitän der Costa Concordia, sondern auch eine Reihe der Besatzungsmitglieder sowie M. Palombo Kapitän a. D., die informelle Route der Küstenannäherung als „touristische Fahrlinie" bezeichnen. Sowohl die Offiziere S. Ianelli, J. Rusli Bin und S. Coronika, die allesamt seit dem 21.11.11 an Bord der Costa Concordia tätig waren, wie auch der Maschinist A. Fiorito, welcher seit dem 22.10.11 auf diesem Schiff angestellt war, gaben dies zu Protokoll[50] (vgl. Montesarchio 2012, S. 2). Zudem sagte der Maschinist A. Fiorito aus, dass er die letzten drei Male auf dem Kurs von Civitavecchia nach Savona die Maschinendrehzahl für die „Verneigung" an der Insel Giglio reduzierte (vgl. Procura della Repubblica 2012a, S. 2). Palombo, welcher von 1988 bis 2007 bei Costa Crociere angestellt war, spezifiziert in seiner Aussage die Praktik der Küstennäherung. So gab er zu Protokoll, dass das „Grußmanöver" vor der Insel Giglio als „touristische Linie" „im Reisepaket der Passagiere enthalten" war und dass in einer Zeitspanne von 2007 bis 2011 vier Küstenannäherungen pro Jahr unter der Bedingung einer reduzierten Fahrtgeschwindigkeit von fünf Knoten sowohl mit der Küstenwache wie auch mit Costa Crociere abgesprochen waren. Palombo führt an, dass es sich dabei um drei Manöver pro Jahr der Costa Concordia und ein Manöver pro Jahr der Costa Pazifica handelt (vgl. Procura della Repubblica 2012b, S. 2 f.). Die Tatsache, dass selbst Besatzungsmitglieder, die erst für eine kurze Zeit auf der Costa Concordia tätig waren, von dieser Praktik Kenntnis hatten, deutet ebenso wie die Aussagen des Palombo Kapitän a. D. an, dass sich die Küstennäherung vor der Insel Giglio nicht nur auf den Schiffsbetrieb der Costa Concordia beschränkt. Auch wenn dieser Sachverhalt an dieser Stelle nicht bewiesen werden kann, ist doch eindeutig ersichtlich, dass regelmäßig von der formalen Route der Costa Concordia abgewichen wurde, um sich der Küste der Insel Giglio anzunähern. Es handelt

---

[49] Darüber hinaus zeigt der Werbeprospekt auch, dass die Costa Concordia auch am 07.08.11 im Hafen in Civitavecchia einzulaufen hatte und gemäß der Routenplanung der Mittelmeerkreuzfahrt am selben Tag die Insel Giglio passiert, so dass das Schiff am 08.08.11 wieder den Hafen in Savona erreicht (vgl. Abb. A.5.3 im Anhang). Deshalb ist es faktisch unmöglich, dass die Costa Concordia am 09.08.11 die Insel Giglio passierte. Die Organisation begründet zudem die wissentliche Inselannäherung mit der Ehrerbietung gegenüber dem Schutzheiligen „San Lorenzo", dessen Feiertag offiziell auf den 10.08. eines Jahres datiert ist. Die Feierlichkeiten beginnen am 09.08., dauern aber bis zum 15.08. an (vgl. Fiestas de San Lorenzo. es 2012). Demnach fand die Verneigung der Costa Concordia im August 2011 mutmaßlich tatsächlich zur Ehrerbietung des Schutzheiligen San Lorenzo statt, jedoch nachweislich am 14.08.2011.

[50] Der Beginn der Anstellung dieser Personen an Bord der Costa Concordia ist in der Abb. 5.2 dargestellt.

sich dabei nicht um ein Manöver, das der Kapitän individuell motiviert initiierte, sondern von dem die Besatzungsmitglieder nicht nur Kenntnis hatten, sondern dieses auch duldeten. Ebenso tolerierten auch die Vorgesetzten des Kapitäns der Costa Concordia, wenn auch nur für das Jahr 2011 bestätigt, die Abweichung von der formalen Route. In dieser Hinsicht wurde auf die Normabweichung mit einem Sanktionsverzicht reagiert, der darauf abzielt, zur Erfüllung der informellen Erwartung des Routenabweichens zu motivieren. Deshalb ist zu schlussfolgern, dass die „Verneigung" als regelwidrige Annäherung an die Insel Giglio informell erwartet wurde und sich demnach an Bord strukturell entfaltet hat.

Durch die Identifikation der normverletzenden Küstenannäherung als informelle Praktik ist es nun möglich, Aussagen über Konflikte zwischen Zielen der Organisation Costa Crociere zu treffen. Die formale Route der Costa Concordia ist für die Strecke von Civitavecchia nach Savona von der Organisation standardmäßig festgelegt, wodurch abzuleiten ist, dass es sich bei dieser Standardroute um ein Konditionalprogramm handelt. Die Abweichung von diesem Programm, die bereits anhand der nachgewiesenen Regelmäßigkeit und des dokumentierten Sanktionsverzichts als informelle Praktik herausgearbeitet wurde, stellt ein informelles Zweckprogramm der Organisation dar. Die Routenabweichung visiert als informelles Programm an, die Einzigartigkeit und Besonderheit der Kreuzfahrt auf der Costa Concordia darzustellen, was mit der Unterhaltung der Passagiere an Bord einhergeht. So warb die Organisation Costa Crociere im Jahr 2011 auf ihrer Internetseite damit, dass die Costa Concordia unter der Schiffsführung von Kapitän Schettino die Insel Procida, welche auf der Strecke von Palermo nach Civitavecchia liegt, „grüßte" (vgl. Abb. A.5.4 im Anhang). Das „Begrüßungsritual" führte dabei „zu großen Gefühlen" „nicht nur bei den Inselbewohnern, sondern auch bei den Passagieren an Deck", die „diesen einzigartigen Moment mit ihren Fotokameras und Videokameras erfassten" (vgl. ebd.). Die Küstenannäherung kommuniziert demzufolge eine Erwartungshaltung in die Organisationsumwelt, die ein einzigartiges und somit „exklusives" Kreuzfahrterlebnis verspricht. Die informelle Praktik der Routenabweichung zielt insofern grundlegend darauf ab, sich von der Konkurrenz auf dem Kreuzfahrtmarkt abzugrenzen, und die Optionen der Kundengewinnung und -bindung zu steigern. Die Ausbildung des informellen Zweckprogramms führt in dieser Hinsicht zu einer Attraktivitätserhöhung von Kreuzfahrtreisen der Organisation Costa Crociere, die sich nicht nur auf die Bindung bestehender Kunden bezieht, sondern sich auf mögliche Folgeeinnahmen durch zukünftige Kunden ausweitet. Allerdings findet diese Werbemaßnahme auf Kosten der Sicherheit statt. Zwar existiert gemäß den internationalen Vereinbarungen zur Routenbestimmung kein Abstandsgebot vor der Insel Giglio und ebenso wenig führte die Inselverwaltung ein solches ein, dennoch begründet die Organisation Costa Crociere ihre Autorität zur Routenfestlegung mit dem Aspekt der Sicherheit.

5.2 Reflektierende Interpretation

Demnach ist es „zweckmäßig für die Sicherheit", wenn die Fahrtrouten gemäß den Unternehmensrichtlinien festgelegt werden. Folglich stellen Abweichungen von formal festgelegten Routen Sicherheitsdefizite dar bzw. wirken sich kontraproduktiv auf das Ziel aus, Sicherheit für die Passagiere auf Kreuzfahrtschiffen zu gewährleisten. Darüber hinaus ist es nach menschlicher Vernunft definitiv nicht sicher, wenn ein Kreuzfahrtschiff mit einer Gesamtlänge von 290 m sich einer Insel bis auf 230 m nähert, wie es faktisch belegt im August 2011 geschah. Im Januar 2012 visierte die Costa Concordia mit der informellen Route sogar eine Entfernung von knapp 200 m an, die sich durch einen weiteren, vorher nicht geplanten Kurswechsel auf 155 m verringerte. In diesem Sinne ist die Abweichung von der formalen Route zwar zweckdienlich für das Ziel der Attraktivitätserhöhung, jedoch steht diese informelle Praktik im Widerspruch zum Ziel der Sicherheit. Das bedeutet, dass die Routenabweichung als informelles Mittel zur Realisierung von Attraktivitätsansprüchen die Mittel zur Umsetzung von Sicherheitsanforderungen egalisierte. Das Streben, Kreuzfahrten attraktiver zu gestalten, steht bei der Organisation Costa Crociere demnach in Konflikt mit vorgeschriebenen Sicherheitsstandards, was jedoch dazu führt, dass die Normabweichung als geduldete Kosten reflektiert wird. Der Zielkonflikt wurde in der Organisation durch die Ausbildung der informellen Norm der Routenabweichung folglich ökonomisch gelöst, d. h. zugunsten wirtschaftlicher Interessen und auf Kosten der Sicherheit. Die Umsetzung von Attraktivitätssteigerungen ist in dieser Hinsicht dominant gegenüber der Realisierung von Sicherheitsvorgaben in der Organisation. Durch das informelle Unterlaufen der formalen Sicherheitsziele ist die Organisation Costa Crociere danach in der Lage, neben der Erreichung ihrer wirtschaftlichen Ziele auch die Erwartungshaltung der Umwelt, wonach die Sicherheit auf Kreuzfahrtschiffen gewährleistet ist, offiziell zu erfüllen.

5.2.1.2 Die informelle Praktik der Schottenöffnungen

Wie bereits im Abschn. 5.1.2 beschrieben und anhand der Tab. 5.3 nachvollziehbar, wurden am 13.01.12 während der Fahrt der Costa Concordia auf offener See regelmäßig Schottentüren geöffnet. Bis auf das Öffnen der Schotten 7 und 8 verstößt diese Vorgehensweise, wie im angeführten Abschnitt dargestellt, gegen Solas-II-/1.15.9.1. Da der Status der wasserdichten Schottentüren durch das interne Kontrollsystem angezeigt wird, waren der Kapitän wie auch die Offiziere auf der Kommandobrücke sowohl über das kurzeitige als auch das dauerhafte Öffnen der Vielzahl von Schottentüren informiert. Ebenso zeigt die Anordnung des Kapitäns zur Schließung der Schottentüren nach der Felsenkollision, dass Kenntnis über diese Normverletzung vorlag. Wie die Rekonstruktion der Kommunikation zwischen den Offizieren und dem Kapitän auf der Kommandobrücke zeigt, wurde dieses Vorgehen weder kritisiert noch führte der Status offener Schottentüren zur

Besorgnis (Dieser Zustand änderte sich erst, nachdem durch den Felsenaufprall und den Wassereinbruch eine Krisensituation eingetreten war.). Das Öffnen der wasserdichten Schotten entgegen den nach Solas implementierten Vorschriften wurde an Bord der Costa Concordia nicht sanktioniert, sondern informell geduldet. Die Tatsache, dass die Schottentüren mehrfach geöffnet wurden, verweist darauf, dass diese Normabweichung ein routinemäßiges Verfahren an Bord darstellt. Da sich zudem der Schotten-Status zu jeder Zeit auf der Kommandobrücke nachvollziehen lässt und kontrollierbar ist, scheint es sich hierbei auch um eine von der Hierarchie akzeptierte Praktik zu handeln. Betrachtet man die Konstruktion des Schiffs, wird ersichtlich, dass solche Normabweichungen für den flüssigen Betrieb des Schiffs notwendig sind. Sowohl die Bügelräume wie auch die Waschstationen befinden sich auf der Costa Concordia unterhalb des Schottendecks in zwei verschiedenen Abteilungen und werden durch Schottentüren voneinander getrennt. Diese Trennung hängt damit zusammen, dass zum einen die Wäscheaufbereitung für insgesamt 1030 Besatzungsmitglieder geleistet werden muss und zum anderen ein Waschservice für 3216 Passagiere potenziell zur Verfügung stehen soll. Da durch diesen Kontext große Mengen an Wäsche aufzubereiten sind, ist es technisch nicht möglich, diese beiden Arbeitsbereiche in einer einzigen wasserdichten Abteilung zu verorten, zumal auch Schottenabteilungen gewissen Volumengrenzen obliegen. Um die Aufbereitung der Wäsche für die Besatzungsmitglieder wie auch für die Passagiere zu gewährleisten, sind die für diesen Aufgabenbereich zuständigen Besatzungsmitglieder gezwungen, die Schottentüren auf See regelmäßig zu öffnen. Den gleichen Bedingungen sind auch die Küchen- und Servicekräfte in der Vielzahl von Restaurants an Bord der Costa Concordia ausgesetzt. Um die Zubereitung der Buffets und individuellen Menus der Passagiere zu den Speisezeiten zu gewährleisten sowie deren Getränkeversorgung sicherzustellen, ist es für diese Besatzungsmitglieder erforderlich, in die Lagerräume der Speise- und Getränkevorräte zu gelangen. Diese Räume liegen jedoch ebenfalls unterhalb des Schottendecks, da die Lagerung der Verpflegung für 3216 Passagiere eine derartige Fläche einnimmt, die oberhalb des Schottendecks hinsichtlich der Anzahl an Kabinen und Vergnügungsbereiche nicht zur Verfügung steht. Insofern sind auch die Küchen- und Servicekräfte dazu gezwungen, die Schottentüren auf See kontinuierlich zu öffnen. Bei der informellen Praxis der Schottenöffnung auf See, die gegen Solas-II-/1.15.9.1 verstößt, handelt es sich um eine Normabweichung, die essenziell ist, um einen reibungslosen Schiffsbetrieb für 3216 Passagiere an Bord aufrechtzuerhalten.[51] Da die Solas-Vorschriften zur Schottenregelung vorgeben,

---

[51] Auf Kreuzfahrtschiffen, deren Konstruktion nach dem 01.01.2009 fertiggestellt wurde und auf die dementsprechend das Solas-Änderungsprotokoll von 2009 angewendet wird, ist es hingegen normkonform, auf Basis von Sondergenehmigungen Schottentüren tempo-

dass unter der Bedingung der Navigation auf See die Schottentüren geschlossen zu halten sind, ist diese Regelung auch als Konditionalprogramm zu betrachten, von dem abgewichen wurde. Der Verstoß gegen die Solas-Vorschrift stellt demnach ein informelles Zweckprogramm dar, welches darauf abzielt, den alltäglichen Schiffsbetrieb effizient zu gestalten. Auf diese Weise wird es vermieden, die Schiffskonstruktion bzw. die Verortung der Dienstleistungswege der Besatzungsmitglieder unterhalb des Schottendecks infrage zu stellen. Denn die Beibehaltung einer solchen Schiffskonstruktion beabsichtigt, eine maximale Anzahl an Touristen an Bord unterzubringen, um auf diese Weise günstige Kreuzfahrtreisen anzubieten und dem Preisdruck durch die hohe Konkurrenz auf dem Kreuzfahrtmarkt standzuhalten. Allerdings geht die Erfüllung dieser Umweltanforderung auf Kosten der Sicherheit. Das kontinuierliche Öffnen der Schotten auf See stellt ein Sicherheitsdefizit dar, welches bei unvorhergesehenen Ereignissen, wie in diesem Fall eine Felsenkollision, gravierende Folgen transportiert. Durch das informelle Dulden dieser Normabweichung ist die Organisation in der Lage, internationale Vorschriften offiziell einzuhalten und somit die Erwartungshaltung der Umwelt zu erfüllen, wonach die Sicherheit auf Passagierschiffen gegeben ist. Zum anderen ermöglicht diese informelle Praktik, dem Preisdruck auf dem Kreuzfahrtmarkt durch die Konstruktion massentauglicher Schiffe gerecht zu werden und möglichst günstige Reisen für Touristen anzubieten. Insofern fungiert das informelle Zweckprogramm als Problemlösung widersprüchlicher Umweltanforderungen, die sich in dem Konflikt zwischen dem Ziel der Effizienz und dem Ziel der Sicherheit widerspiegeln. Im Fall des normabweichenden Schottenöffnens haben Effizienzerwartungen Vorrang vor Sicherheitsanforderungen. Die Erwartung der Konformität zu Solas-II-/1.15.9.1 wurde demnach durch die Duldung der Normabweichung als informellem Mittel zur Umsetzung der Effizienzziele egalisiert.

5.2.1.3 Einbettung der Zielkonflikte in den Gesamtzusammenhang

Die informellen Praktiken der Routenabweichung und nonkonformen Schottenöffnungen zeigen Konflikte zwischen der Einhaltung von Sicherheitsanforderungen gegenüber einem effizienten Schiffsbetrieb und einer Attraktionserhöhung von Kreuzfahrtreisen auf. Darüber hinaus sind diese informell akzeptierten Regelabweichungen aber auch in einen breiteren Kontext einzubetten. Eine Beobachtung der Entwicklung des internationalen Kreuzfahrtmarkts ergibt, dass diese Branche im letzten Jahrzehnt einen strukturellen Umbruch erlebt hat. Im Zeitraum von 2000

---

rär auf See zu öffnen, wenn dies für den allgemeinen Schiffsbetrieb erforderlich ist (vgl. Abschn. 5.1.2).

bis 2004 zählten Kreuzfahrtschiffe mit einem Fassungsvermögen von circa 2.300 Fahrgästen zu den größten ihrer Klasse. Das Image der Kreuzfahrt verkörperte Luxus wie auch Exklusivität und dementsprechend hoch war auch das Preisniveau (vgl. Jans 2010, 2011a). Die Organisation Costa Crociere nahm zu dieser Zeit die Costa Atlantica und die Costa Fortuna mit einem jeweiligen Fassungsvermögen von circa 2.200 Fahrgästen in ihre Flotte auf (vgl. Schulz und Auer 2010, S. 62). Im Jahr 2010 liegt die Kapazität von neuen Kreuzfahrtschiffen bei 4.000 Fahrgästen pro Schiff, im Rekordfall der Oasis of the Seas, welche zur Flotte der Reederei Royal Caribbean gehört, sogar bei 6.000 Passagieren. Es haben sich aber nicht nur die Passagierkapazitäten pro Schiff geändert, ebenso rüsteten die Reedereien im letzten Jahrzehnt ihre Flotten kontinuierlich mit neuen Schiffen auf (vgl. Jans 2010). Ein solches Überangebot führte auf dem Kreuzfahrtmarkt zu einer Konkurrenzsituation, die sich bei den Reedereien in einem erhöhten Preisdruck äußerte. Beispielsweise waren siebentägige Mittelmeerkreuzfahrtreisen im Jahr 2009 bereits zu einem Angebot von 399 € pro Person buchbar (vgl. Gloobi.de 2009). Gleichzeitig vervielfältigte sich das Unterhaltungsangebot auf den Fahrgastschiffen. Seit 2010 können Kreuzfahrtinteressierte Reisen auf Schiffen buchen, die mit Brauereien, Eislauf- und Bowlingbahnen, Kletterwänden oder Zirkuszelten ausgestattet sind (vgl. Jans 2010). Kreuzfahrten haben demnach nicht nur eine Transformation zur Massentauglichkeit erlebt, sondern jagen auch ihrem Image nach Exklusivität durch immer innovativere Angebote hinterher. Hinter dem Konflikt zwischen Sicherheitsanforderungen und Effizienzbestrebungen steckt insofern ein grundlegender Widerspruch. Zum einen wird in der Organisationsumwelt erwartet, dass Kreuzfahrtreisen nach wie vor dem Anspruch nach Exklusivität gerecht werden, zum anderen sollen sich Kreuzfahrtinteressierte eine solche Reise auch leisten können, sodass ebenso in der Umwelt die Forderung nach günstigen Angeboten besteht. Während die Konstruktion überdimensional großer Schiffe anfangs wahrscheinlich darauf ausgerichtet war, die Durchschnittskosten pro Tourist für die Organisation zu senken, um günstige Preise anbieten zu können, und auf diese Weise weitere Märkte zu erschließen, d. h. Kreuzfahrtinteressierte zu gewinnen, für die eine Kreuzfahrt bislang nicht erschwinglich war, führte diese Entwicklung aufgrund des entstandenen Überangebots zu einem Preisdruck auf dem Kreuzfahrtmarkt wie auch zu einem Imageschaden. Die Massentauglichkeit der Schiffe steht in diesem Sinne in einem Widerspruch zu der Erwartung nach Exklusivität. Um das Image der Besonderheit einer Kreuzfahrtreise zu rehabilitieren, rüsten die Reedereien ihre Schiffe mit vielfältigen wie auch spektakulären Unterhaltungsangeboten aus. Beispielsweise haben Passagiere der Oasis of the Seas während einer Kreuzfahrtreise in der karibischen See die Möglichkeit, sich

5.2 Reflektierende Interpretation

auf einer Eislaufbahn abzukühlen[52] (vgl. Die Welt.de 2012g). Das kontinuierliche Aufrüsten mit Freizeitangeboten bei einem vorherrschenden Preisdruck auf dem Markt führt allerdings dazu, dass immer größere Schiffe notwendig sind, um diesen Anforderungen gerecht zu werden. Wie die informelle Praktik der Schottenöffnung zeigt, sind derartige Schiffskonstruktionen bzw. deren Auswirkungen auf den Schiffsbetrieb, nicht immer mit den erwarteten Sicherheitsstandards vereinbar. Um an Bord der Costa Concordia einen flüssigen Schiffsbetrieb zu ermöglichen war es notwendig, entgegen den gegebenen Sicherheitsvorschriften nach Solas die Schottentüren regelmäßig zu öffnen. Es ist demnach zu vermuten, dass der Spagat zwischen der Umweltanforderung Exklusivität bei einem gleichzeitigen Erwarten von „Billig-Angeboten" sich in dem Bau kontinuierlich größerer Schiffe äußert, auf denen Sicherheitsstandards hinsichtlich der betrieblichen Anforderungen auf See nicht immer eingehalten werden können. Wie Krüger (2012) ermittelt, stellt sich nach jedem schweren Seeunfall in der maritimen Welt heraus, dass Sicherheitsstandards verletzt wurden. Statt Sicherheitsverstöße zu sanktionieren, besteht nach Unfallereignissen jedoch lediglich die Forderung an Schiffsingenieure, Sicherheitsstandards zu verschärfen (vgl. Krüger 2012, S. 2). Da sich die Verschärfung von Sicherheitsregeln dabei nur auf neue Schiffsbauten bezieht und keinen Einfluss auf bestehende Konstruktionsformen hat, bleibt das Sicherheitsniveau auf den im Betrieb stehenden Schiffen dadurch unverändert und Sicherheitsverstöße unbestraft. Obwohl die Einführung neuer Sicherheitsstandards für Neubauten enorme Zusatzkosten nach sich zieht und für die Schiffsingenieure zunehmend das Problem besteht, die technische Umsetzung dieser Standards zu ermöglichen (vgl. ebd., S. 4 f.), erweist sich diese Handhabung für die Reedereien als funktional. Zum einen werden durch die Einführung neuer Sicherheitsregeln und den Sanktionsverzicht von Sicherheitsverstößen bestehende Normabweichungen informell geduldet. Auf diese Weise sind die Reedereien in der Lage, sich weiterhin primär auf die Realisierung ihrer Effizienzziele zu fokussieren, was jedoch nach wie vor unbemerkt auf Kosten der Schiffssicherheit stattfindet. Und zum anderen erfolgt auf die Verschärfung von Sicherheitsregeln im Nachhinein in vielen Fällen wieder eine Aufweichung, da die Schiffsingenieure bei der Umsetzung an technische Grenzen stoßen. So wurden die Kriterien zur Schiffsstabilität auf Passagierschiffen gemäß Solas-II-/1.15.9.3 im Jahr 2009 dahingehend aufgeweicht, dass auf Basis von Ausnahmegenehmigungen die temporäre Öffnung wasserdichter Schottentüren für den allgemeinen Schiffsbetrieb erlaubt ist (vgl. IMO 2009). Für die Reedereien bedeutet dies sozusagen einen „Freifahrtsschein".

---

[52] Eine bildliche Veranschaulichung des Kreuzfahrtschiffs Oasis of the Seas findet sich im Anhang unter der Abb. A.5.5.

Durch die stetigen Verschärfungen von Sicherheitsstandards bleiben Normenverstöße der Reedereien nicht nur unbestraft, sondern tatsächlich wird auf diese Weise das Sicherheitsniveau derart angehoben, dass eine technische Realisierung der Standards kaum zu erreichen ist, sodass auch bei hohen Sicherheitsstandards, Normabweichungen durch die Handhabung von Ausnahmeregelungen toleriert werden. Dabei werden kontinuierlich kreativere Wege gegangen, um der Forderung nach hohen Sicherheitsstandards für große Passagierschiffe gerecht zu werden. So unternimmt die IMO derzeit Anstrengungen, die im Jahr 2003 eingeführte Verschärfung der Sicherheitsregeln zur Leckstabilität von RoRo-Fahrgastschiffen abzuschaffen, um auf diese Weise die Realisierung eines höheren Sicherheitsniveaus auf großen Passagierschiffen erreichen zu können (vgl. Krüger 2012, S. 2). Diese Entwicklung erscheint paradox, aus technischer Sicht lässt sich jedoch der Forderung nach einem höheren Sicherheitsstandard auf Passagierschiffen nur nachkommen, wenn die Sicherheitskriterien für kleinere Schiffe herabgesetzt werden, um der Erwartung, nach welcher große Schiffe sicherer sein müssen als kleine Schiffe, gerecht werden zu können (vgl. ebd.). Auf diese Weise führt die kontinuierliche Verschärfung von Sicherheitsstandards sowohl zur Duldung von Normabweichungen auf Schiffen, auf welchen diese Regeln keine Anwendung finden, wie auch zu einem weiteren Unterlaufen von neu eingeführten Normen durch Ausnahmegenehmigungen.

5.2.2 Die „Concordia-Kultur"

Wie die Rekonstruktion der Normabweichungen im Fall der Havarie der Costa Concordia zeigt, sind die informelle Schiffsroute und das regelmäßige Schottenöffnen auf See nicht die beiden einzigen Verstöße gegen Normen. Sowohl für den Betriebsalltag wie auch für die Krisensituation konnte dokumentiert werden, dass die Besatzungsmannschaft von einer Vielzahl an Normen abwich. Bereits vor Fahrtantritt der Costa Concordia im Hafen von Civitavecchia zeigten sowohl der Kadett Iaccarino wie auch die Offizierin Canessa eine unkritische Haltung gegenüber der Kartennutzung des Kapitäns. Im Hinblick darauf, dass Klarheit über den Informationsstand vorlag, nämlich dass sich die Routenplanung auf die Schiffsannäherung an die Insel Giglio bezieht und demgemäß vorgeschrieben ist, einen Kartenmaßstab zu verwenden, welcher Untiefen vor Küsten dokumentiert, wäre es von normkonform handelnden Besatzungsmitgliedern zu erwarten gewesen, dass sie dieses Vorgehen verbal sanktionieren und den Kapitän auf diese Weise auf die Normabweichung hinweisen. Stattdessen tolerierten sie nicht nur den Kartengebrauch, sondern partizipierten an der Routenplanung anhand des risikobergenden Maßstabs. Der gleiche Umgang mit Normenverstößen ist während der Fahrt der

5.2 Reflektierende Interpretation

Costa Concordia auf der Kommandobrücke zu beobachten. Zwei Seemeilen vor der Küstenannäherung an der Insel Giglio ordnet der Kapitän aufgrund des Wechsels zur manuellen Navigation an, den Rudergänger von seiner „Ausguck"-Position abzuziehen. Die Zuständigkeit, einen neuen „Ausguck" zu bestimmen, liegt in der Verantwortung des ersten Navigationsoffiziers Ambrosio. Da dieser es unterlässt, einem anderen Offizier diese Aufgabe zu übertragen, wäre es im Hinblick auf normkonformes Verhalten zu erwarten gewesen, dass der Kapitän oder die Offiziere den Navigationsoffizier auf diesen Normenverstoß aufmerksam machen. Jedoch tritt der gegenteilige Fall ein, und zwar in dem Sinne, dass die Anwesenden weder irritiert noch verunsichert reagieren, sondern diese Abweichung dulden. Wie durch die Darstellung der Praktiken der Routenabweichung und Schottenöffnungen ersichtlich ist, wurde aus ökonomischen Gründen informell erwartet, in bestimmten Situationen regelmäßig von Normen abzuweichen. Demnach wurde an Bord der Costa Concordia konsistent mit Normenverstößen verfahren, jedoch nicht, wie hinsichtlich der formalen Mitgliedschaftsbedingungen vorgesehen, mit einer Sanktionierung der Abweichung, sondern mit einem Sanktionsverzicht. Obwohl die Verletzungen der Normen des Kartenmaßstabs und der „Ausguck"-Position nicht auf Effizienzanforderungen zurückzuführen sind, wurden diese Abweichungen an Bord geduldet. Bezieht man den Aspekt der Funktionalität von Sanktionen in Organisationen ein, ist dies darauf zurückzuführen, dass derartige Normenverstöße nicht als solche wahrgenommen wurden. Da der Mechanismus der Sanktion darauf abzielt, Normenverletzungen zum einen als Abweichungen von der Norm darzustellen und zum anderen diese Abweichungen auch als Fehlverhalten zu isolieren, tritt bei einem Sanktionsverzicht der gegensätzliche Fall ein. Die Reaktion der Duldung, Unbeirrtheit, Kritiklosigkeit wie auch der fehlenden Verunsicherung führten demnach zu einer Integration von Devianz. Die durch den Sanktionsverzicht fehlende Isolierung der Normverstöße rekurrierte auf die Norm selbst und ließ ihren Geltungsstatus in den Hintergrund rücken. In diesem Sinne war der Konsens über die Normenakzeptanz infrage gestellt. Normen, die in der Organisation bislang als Orientierungspunkte für Entscheidungen galten, fanden geringere Akzeptanz, stattdessen motivierte der Sanktionsverzicht zu Normenverstößen. In dieser Hinsicht führten die fehlenden Sanktionierungsmaßnahmen zu einer Solidarität zu Normabweichungen. Daraus wird geschlussfolgert, dass sich auf der Costa Concordia eine Kultur der Regelabweichung ausgebildet hat, in der Regelbrüche nicht als Fehlverhalten galten, sondern sich als informelle Normen institutionalisierten. Normenverletzungen transformierten demnach zu Orientierungspunkten für das Entscheidungsverhalten der Mitglieder. Eine solche Akzeptanz von Normenverstößen zeigt sich auch an den Reaktionen des Krisenkoordinators Ferrarini. Bereits dreizehn Minuten nach der Felsenkollision der Costa Concordia ist der Krisenkoordinator sowohl über das Leck und den Wassereinbruch wie auch den

Stromausfall an Bord informiert. Im Hinblick auf normkonformes Verhalten hätte zu diesem Zeitpunkt der Notalarm ausgerufen und die Küstenwache informiert werden müssen. Der Kapitän informiert den Krisenkoordinator darüber, dass er bei der gegebenen Situation „wartet". Statt den Kapitän nach dieser Äußerung auf sein normabweichendes Verhalten hinzuweisen und ihn auf die erforderlichen Maßnahmen gemäß den Normen aufmerksam zu machen, kritisiert der Krisenkoordinator das Vorgehen nicht, sondern duldet diese Verfahrensweise. Darüber hinaus reagiert der Krisenmanager selbst normabweichend, indem er die Berichterstattung des Kapitäns nicht unmittelbar an die Küstenwache weiterleitet. In dieser Hinsicht ist auch ein weiterer Zielkonflikt möglich, der jedoch nicht explizit nachgewiesen werden kann. Der Krisenkoordinator obliegt in seiner Funktion als Durchführungsbeauftragter gemäß dem ISM-Code einer Melde- und Berichterstattungspflicht von Unfällen oder allgemeinen Mängeln und ist demnach für die Überwachung der Schiffssicherheit verantwortlich. Für die Organisation Costa Crociere stellt die Costa Concordia aber auch ein wirtschaftliches Gut dar, das einen hohen Marktwert besitzt und einer Wettbewerbssituation auf See gegenüber anderen Schiffen ausgesetzt ist. Jegliche Unfall- oder Mängelmeldungen des Krisenkoordinators stehen insofern im Widerspruch zu der Betrachtung der Costa Concordia als Wirtschaftsfaktor, zumal Mängelbehebungen auch einen Kostenfaktor darstellen. Es ist zwar nicht nachweisbar, dass es von dem Krisenmanager informell erwartet wurde, negative Berichte zum Zustand des Schiffs zurückzuhalten, im Hinblick eines Konflikts zwischen Sicherheit und Effizienz, wäre es aber dennoch denkbar, dass die Zurückhaltung von Schadensmeldungen, wie im Fall der Havarie der Costa Concordia, darauf abzielte, das Schiff als wirtschaftliches Gut zu schützen und nicht durch die Bekanntgabe eines Unfalls negative Resonanzen in der Gesellschaft hervorzurufen, insbesondere dann, wenn Schäden noch nicht als absehbar wahrgenommen wurden. Ein solches Schützen der Effizienzziele vernachlässigt jedoch das Ziel der Schiffssicherheit. Da das Zurückhalten von Informationen im Fall des Schiffbruchs der Costa Concordia nicht als informelle Praktik dokumentarisch nachgewiesen kann, muss es an dieser Stelle bei der Interpretation bleiben, dass sich auf der Costa Concordia eine Kultur der Regelabweichung ausgebildet hat.

Der nachfolgende Abschnitt befasst sich nun mit der Frage, wie die Organisation Costa Crociere auf das Unfallereignis reagiert, wenn dieses zum Thema der gesellschaftlichen Kommunikation wird. Anhand der Analyse des Umgangs der Organisation und der Erwartungsbildung der Organisationsumwelt auf den Unfall, werden die prozessierten Verantwortungszurechnungen exemplarisch dargestellt und reflektiert.

5.2.3 Krisenbewältigung

Nach dem Schiffbruch der Costa Concordia kommuniziert an erster Stelle die Organisation Costa Crociere einen Kontakt zur gesellschaftlichen Umwelt. Die Thematisierung des Unfallereignisses erfolgt zurückhaltend und wird lediglich als „Vorfall" kommuniziert. Dabei wird auf die Kommunikation von Sachverhalten verzichtet, welche die Erwartungen der Organisationsumwelt enttäuschen. Die Beschreibung der Organisation, dass auf der Costa Concordia insgesamt 4.200 Personen evakuiert wurden, verzichtet dabei auf die Einbindung der Fakten, dass zum einen 46 Personen nicht evakuiert wurden und zum anderen der Grund der Evakuierungsmaßnahme eine Schiffskollision ist. Das Auslassen dieser Informationen ermöglicht der Organisation, zunächst die Erwartung in der Umwelt zu bilden, dass alles unter Kontrolle ist und die Erwartungshaltung der Umwelt von der Organisation nicht enttäuscht wurde. Darüber hinaus antizipiert die Organisation in ihrem Kontakt die Erwartung der Umwelt, nach der die Organisation an der Störungsbeseitigung mitzuwirken hat, da das Schiff ihrem Betrieb untersteilt ist. Die Kommunikation der Organisation, durch „höchste Einsatzbereitschaft" „entsprechende Unterstützung" zu leisten, ist dabei als Erfüllung einer moralischen Verpflichtung der Gesellschaft zu verstehen (vgl. Goffman 1969, S. 193). Die zeitnahe Reaktion der Organisation auf das Unfallereignis zielt demnach darauf ab, den Schiffbruch als eigentliche Irritation der Umwelt nicht als solche zu thematisieren und in diesem Sinne, das Konfliktpotential des Ereignisses einzudämmen. Die darauffolgende Thematisierung des Unfalls in der Gesellschaft erfolgt ebenfalls durch die Organisation. Dabei wird durch den Ausdruck von Beileid und Mitgefühl der Umwelt gegenüber eine emotionale Anteilnahme an dem Ereignis kommuniziert (vgl. ebd., S. 196). Die Darstellung der Organisation, dass es sich bei dem Unfallgeschehen um eine „Tragödie" handelt, kommuniziert die Erwartung, dass die Organisation in diesen Sachverhalt schuldlos verwickelt ist. Zudem antizipiert die Organisation mit dieser Unfalltypisierung die Empörung über das Ereignis in der Umwelt und stellt sich selbst als tief bestürzt dar und das Geschehen als schicksalshaft. Da die kommunizierten Informationen der Organisation zur Schiffsevakuierung zudem nicht den Tatsachen entsprechen, ist abzuleiten, dass die Organisation auch in diesem Kontakt eine Schadensbegrenzung betreibt, indem sie durch ihre Darstellung Einfluss auf die Erwartungsbildung der Umwelt ausübt. Nach den Reaktionen der Organisation thematisieren die Massenmedien das Unfallereignis. Im Zentrum dieser Berichterstattung steht die Erwartungshaltung der Rechtskommunikation. Neben der Erwartungsbestätigung, dass es sich bei dem Schiffbruch um eine Tragödie handelt, thematisiert die mediale Berichterstattung die Reaktionen von Rechtsorganisationen und orientiert sich auch in ihrer weiteren Erwartungsbildung an den Erwartungen des Rechtsystems. Eine solche Erwartungsanpassung ist darauf zurückzuführen, dass die Rechtskommunikation in ihrer Erwartungsbildung den höchsten normativen Geltungsstatus in der Gesellschaft besitzt. Darüber hinaus ist zu beobachten, dass die Rechtskommunikation in ihrer Erwartungsbildung unmittelbar den Kapitän als „natürliche Person", d. h. als Rechtssubjekt eine sanktionsfähige Person adressiert, welcher nicht Fahrlässigkeit, sondern Absicht zugeschrieben wird. Die Ermittlung von Absicht entsteht dabei durch eine Bezugnahme zu den formalisierten Zuständigkeiten des Kapitäns gemäß seiner Mitgliedschaftsrolle. Anhand seines Hierarchiestatus an Bord, nämlich dass der Kapitän für die Schiffsführung verantwortlich ist, wird durch die Programme der Rechtsorganisation ein Fehlverhalten im Sinne einer persönlichen Schuld festgestellt. Da der Kapitän die Befehlsbefugnis auf der Kommandobrücke hatte wie auch für die Bestimmung der Fahrtroute verantwortlich ist, reicht das Unfallereignis aus, um ein Fehlverhalten und dementsprechend eine Schuldhaftigkeit zu identifizieren. Der Kapitän wird durch seine dokumentierte Zuständigkeit demnach als schuldhaft gekennzeichnet. Dies bedeutet, dass an dieser Stelle eine erste Verantwortungszurechnung stattfindet, indem die Normabweichung personalisiert wird. Für die Rechtsorganisation ist diese Verantwortungszuweisung funktional, da sie auf diese Weise auf die Folgen des Unfalls, d. h. auf die Erwartungsenttäuschung in der Umwelt, reagieren kann und kommuniziert, dass weiterhin die Erwartungshaltung besteht, dass normativ erwartet wird. In der Folge werden Ermittlungen gegen den Kapitän eingeleitet und eine Untersuchungshaft angeordnet. Die Massenmedien thematisieren neben dieser Verfahrensweise des Rechtssystems auch die Reaktion des politischen Systems. Die Politik greift die Erwartungshaltung der Rechtskommunikation nicht nur auf, sondern steigert die Personalisierung der Normabweichung, indem der Schiffbruch als „großer menschlicher Fehler" kommuniziert wird. Die mediale Berichterstattung passt sich diesen Erwartungshaltungen an und verstärkt wiederum die Personalisierung des Normenverstoßes, indem das Fehlverhalten individualisiert wird. Die Thematisierung, dass der Kapitän mit einem „Mädchen" „Wein trank" indiziert dabei negative Einstellungsmerkmale des Kapitäns und verweist auf eine Steigerung des personalen Fehlverhaltens. Zu diesem Zeitpunkt wurde die Normabweichung von der Organisationsumwelt nicht nur personalisiert, sondern in der öffentlichen Meinung zum Teil auch individualisiert. Die unfallverursachende Organisation reagiert auf den Prozess der Verantwortungszuweisung, indem sie sich rudimentär an den normativen Erwartungen der Umwelt orientiert und insofern durch das Kommentar „unter der Schiffsführung von Kapitän F. Schettino" die Zuständigkeit des Kapitäns gemäß seiner Mitgliedschaftsrolle bestätigt, ohne aber direkt ein personales Fehlverhalten darzustellen. Die Organisation kommuniziert lediglich explizit die Zuständigkeit des

5.2 Reflektierende Interpretation

Kapitäns bzw. die Voraussetzung der Schuldkennzeichnung. Allerdings wird auch die Erklärung für das Unfallereignis indirekt vorbereitet, in dem kommuniziert wird, dass „als das Schiff plötzlich einen Felsen streifte", „der Kapitän (...) sich zu dieser Zeit auf der Brücke befand". An dieser Stelle wird demnach eine unmittelbare Verbindung zwischen dem unfallauslösenden Ereignis und der Zuständigkeit des Kapitäns kommuniziert und unterschwellig die Erklärung der Unfallursache durch ein Fehlverhalten vorbereitet. Darüber hinaus thematisiert die Organisation in ihrer Kommunikation gegenüber der Umwelt, dass das Unfallereignis nicht vorhersehbar war und die Organisationsstrukturen die direkten Folgen des unfallauslösenden Ereignisses, d. h. die Evakuierung aufgrund der Felsenkollision, formal abdecken. Die kommunikative Darstellung, dass „auf regulärem Kurs" „das Schiff plötzlich einen Felsen streifte", ein „Sicherheitsmanöver" eingeleitet wurde, „alle Sicherheitsbestimmungen in Kraft gesetzt" wurden, „um für den Fall vorbereitet zu sein, das Schiff zu evakuieren", zielt darauf ab, die Erwartung in der Umwelt zu bilden, dass das Unfallereignis wie auch dessen Ausmaß nicht durch die Normen der Organisation erklärt werden können, sondern in der Folge nur durch einen personalen Normenverstoß, ohne dies jedoch direkt kommunikativ zu formulieren. Auf diese Weise hält die unfallverursachende Organisation die Erwartung aufrecht, dass sie nicht von Schuld gekennzeichnet ist, und vermeidet eine Verantwortungszurechnung der Umwelt auf die Organisation selbst. Relevant ist in diesem Zusammenhang auch, dass sich die deutsche Medienberichterstattung zu einem Zeitpunkt auf das Unfallereignis bezieht, als die Informationen zur Verfahrensweise des Rechtsystems noch nicht übermittelt waren. Auf Basis des Nicht-Wissens um die Schuldkennzeichnung durch die Rechtsorganisation kommuniziert dieser Teil der Medien eine Erwartungsenttäuschung in Richtung der unfallverursachenden Organisation. Die Thematisierung, dass „ein Stromausfall" die „mutmaßliche Unfallursache" ist und „die Besatzung überfordert" war, verweist darauf, dass die unfallverursachende Organisation eine Umwelterwartung enttäuscht hat, nach welcher die Organisation als Kreuzfahrtunternehmen die Schiffstechnik unter Kontrolle haben soll und in der Verantwortung über die Ausbildung ihrer Mitglieder steht. Demzufolge ist festzuhalten, dass ohne die Schuldkennzeichnung in der Rechtskommunikation die Verantwortung für das Unfallereignis in der öffentlichen Meinung der Organisation zugerechnet wird. Nachdem jedoch die Informationen zur Reaktion des Rechtsystems von den Massenmedien verarbeitet wurden, orientiert sich die öffentliche Meinung an den normativen Erwartungen des Rechts und erklärt den Unfall durch ein Fehlverhalten des Kapitäns. Die durch das Unfallgeschehen verursachte Erwartungsenttäuschung in der Gesellschaft wird demnach wieder auf den Kapitän projiziert. Das heißt, die Normabweichung wird auch in den deutschen Medien personalisiert. Die unfallverursachende Organisation orientiert sich in ihrer weiteren Reaktionsweise an den Umwelterwartungen und kommuniziert, dass „menschliche Fehleinschätzungen Grund für diese schwerwiegenden Konsequenzen gewesen sein könnten". Das Entscheidungsverhalten des Kapitäns wird als nicht konform mit den Normen der Organisation Costa Crociere dargestellt. Ab diesem Zeitpunkt rechnet die Organisation die Verantwortung für das Unfallereignis dem Kapitän zu, indem ein Fehlverhalten zur Unfallursache erklärt wird. Auch hieran zeigt sich, dass die Personalisierung der Normabweichung eine Voraussetzung für die Verantwortungszuweisung darstellt. Zudem thematisiert die Organisation, dass die Besetzung der Stelle des Kapitäns durch die Person F. Schettino aufgrund seiner Ausbildung und Erfahrungswerte einwandfrei ist und die Organisation „ohne Einschränkung alle Sicherheitsstandards" erfüllt. Durch diese Kommunikation wird signalisiert, dass die normativen Erwartungen der Umwelt hinsichtlich der Kompetenz der Organisation Costa Crociere nicht enttäuscht worden sind, sodass die Organisation nach wie vor als kompetent erscheint und die normativ erwartete Sicherheit auf Kreuzfahrtschiffen in der Gesellschaft gewährleistet. Im Hinblick darauf, dass im geringen Umfang auch die „Verneigung" von Costa-Schiffen Thema der medialen Berichterstattung war, ist die darauffolgende Reaktion der unfallverursachenden Organisation als Rechtfertigungsmaßnahme zu bewerten. Die Organisation Costa Crociere kommuniziert, dass keine Kenntnis über die Küstennäherung der Costa Concordia vorlag, und verdeutlicht, dass der Kapitän die Normen der Organisation verletzte, sodass „schwere Fehler" vorliegen. Der personalisierte Normenverstoß wird demnach in seinem Abweichungscharakter noch einmal verschärft. Darüber hinaus übermittelt die Organisation Costa Crociere zum einen Fehlinformationen hinsichtlich einer einmaligen und autorisierten Küstenverneigung, und zum anderen wird auch eine Konformität der Organisationsstrukturen mit den normativen Erwartungen des Rechtssystems explizit verdeutlicht. Auf diese Weise kommuniziert die Organisation Costa Crociere, dass die Norm der administrativen Verantwortung der Organisation nicht verletzt wurde und verhindert insofern, dass eine solche Erwartungsbildung in der Gesellschaft stattfindet. Die Thematisierung der „Entschädigung aller Opfer" antizipiert zudem die Erwartungshaltung der Umwelt, nach der die Organisation für die Beseitigung von Unfallschäden zuständig ist. Die Darstellungen der Organisation Costa Crociere laufen in diesem Sinne darauf hinaus, eine Verantwortungszurechnung auf die Organisation zu vermeiden, die Schuldhaftigkeit des Kapitäns anhand der Schilderung der Abweichungen von den Normen des Unternehmens zu betonen und infolgedessen die Verantwortlichkeit des Kapitäns zu unterstreichen. Darauffolgend orientieren sich die Massenmedien in ihrer Berichterstattung auf die Kommunikation der unfallverursachenden Organisation und produzieren eine öffentliche Meinung, in welcher das Fehlverhalten des Kapitäns potenziert darge-

5.2 Reflektierende Interpretation

stellt wird. Die vergangene Thematisierung von aufgezählten Fehlern des Kapitäns wechselt zu einer Beschreibung, in welcher der Kapitän „alles falsch machte" und ein „Totalversagen" dokumentiert wird. Neben der Zuschreibung negativer Einstellungsmerkmale des Kapitäns, wie beispielsweise Alkoholkonsum während der Schiffsführung, werden dem Kapitän auch persönliche Motive für den Normenverstoß unterstellt. So wird die Routenabweichung als Gefälligkeit des Kapitäns gegenüber einem Schiffskellner dargestellt. Auf diese Weise wird die Personalisierung des Normenverstoßes durch eine Individualisierung der Abweichungen verstärkt. Nachdem ein Mitschnitt des Telefonats zwischen der Küstenwache und dem Kapitän während der Schiffsevakuierung Thema der medialen Kommunikation wird, intensiviert sich die Darstellung des personalen Normenverstoßes. Die Normabweichung wird nun auch durch charakterliche Eigenschaften des Kapitäns erklärt, die sich in Feigheit und Unehrlichkeit äußern. Zudem wird durch die Zuschreibung krimineller Merkmale, wie die Unterstellung der Schiffsnavigation „im Drogenrausch", die Normabweichung skandalisiert. Durch die Darstellung negativer Charaktereigenschaften wie die Kriminalisierung der Person F. Schettino wird die Normabweichung zunehmend individualisiert und infolgedessen die Personalisierung verstärkt. Nach der öffentlichen Meinung ist der Kapitän zu diesem Zeitpunkt unentschuldbar schuldig und alleinig für das Unfallereignis verantwortlich. Die medial verstärkte Normabweichung, d. h. der hohe Individualisierungs- und Personalisierungsgrad, wird darüber hinaus auch zum Orientierungspunkt der Rechtskommunikation. Der Staatsanwalt Verusio begründet seinen Einspruch gegen die Aufhebung der Untersuchungshaft vor Gericht damit, dass eine Fluchtgefahr besteht, weil aufgrund der „Persönlichkeit von Schettino" zu vermuten ist, dass sich dieser seiner Verantwortung entzieht. Die nachfolgende Thematisierung der Massenmedien bezieht sich zudem auch auf die Beschreibung einer Risikoaffinität des Kapitäns. In der öffentlichen Meinung wird der Kapitän mittlerweile als Draufgänger, Lügner, Feigling sowie als Krimineller präsentiert. Demnach durchlief der Kapitän in der medialen Berichterstattung einen Stigmatisierungsprozess. Die unfallverursachende Organisation orientiert sich wiederum an der öffentlichen Meinung und kommuniziert nicht nur die sofortige Suspendierung des Kapitäns, sondern auch, dass sich die Organisation selbst als geschädigt sieht und dem Kapitän keine weitere Unterstützung leisten wird. Die Darstellung des Kapitäns in der Rolle des Täters und der Organisation Costa Crociere in der Rolle des Opfers entspricht zu diesem Zeitpunkt der öffentlichen Meinung. Darauffolgend kommunizieren die Massenmedien einerseits weitere Charakterschwächen des Kapitäns, wie z. B. Eitelkeit und Selbstüberschätzung, wie auch die moralische Verwerflichkeit, dass der verheiratete Kapitän eine Geliebte hat. Ab diesem Zeitpunkt geht die unfallverursachende Organisation in ihrer Reaktionsweise offensiv gegen den Kapitän vor und thematisiert, dass die Anzahl der Todesopfer auf das Fehlverhalten des Kapitäns zurückzuführen ist und der Kapitän sowohl die Besatzungsmannschaft wie auch das Unternehmen belogen hat. Nach einer medialen Hetzjagd, durch die der Kapitän stigmatisiert und die Normabweichung zunehmend individualisiert und personalisiert wurde, scheint der Kapitän nun in der öffentlichen Meinung keine Daseinsberechtigung mehr zu haben. Die spätere Thematisierung vereinzelter Vorwürfe gegen Costa Crociere in den Massenmedien wird durch unmittelbare Reaktionen der Organisation in Form von Gegendarstellungen unterbunden. Die Frage nach der Schuld für das Unfallereignis ist in der öffentlichen Meinung demnach geklärt und alleinig auf den Kapitän übertragen worden, sodass dieser letztlich das Stigma eines Sündenbocks trägt. Darauffolgende Meldungen über einen Brandvorfall auf der Costa Allegra rekurrieren in der öffentlichen Meinung nur kurzeitig auf den Vorfall der Costa Concordia. Die unfallverursachende Organisation reagiert auf diese Thematisierung, indem sie eine Lernbereitschaft signalisiert und dadurch der Umwelt gegenüber kommuniziert, dass deren normative Erwartungshaltung weiterhin Bestand hat. Die Organisation kommuniziert die Verschärfung von Sicherheitsregeln, welche sich explizit auf die Normabweichungen im Fall des Schiffsbruchs der Costa Concordia beziehen. Kurz darauf präsentiert die unfallverursachende Organisation der Öffentlichkeit ein neues, größeres Kreuzfahrtschiff und kündigt zugleich den Bau eines weiteren Schiffs an, welches eine noch höhere Passagierkapazität aufweist. In der öffentlichen Meinung werden diese Informationen nicht negativ konnotiert. Daher ist zu schlussfolgern, dass durch den Prozess der Verantwortungszuweisung auf den Kapitän die Normabweichung vollständig von der Organisation Costa Crociere abgewendet bzw. neutralisiert wurde, sodass die Organisation nicht gezwungen war, ihre Strukturen zu ändern. Zwar signalisiert die Organisation eine Lernbereitschaft, diese bezieht sich jedoch nicht auf die widersprüchlichen Zielsetzungen der Organisation. Die Konflikte zwischen den Zielen Sicherheit, Effizienz und Attraktivität bleiben durch die gesellschaftliche Konstruktion eines Sündenbocks unentdeckt, so dass folglich keine Notwendigkeit besteht, Zielvorstellungen abzuändern. Dies zeigt sich in der Präsentation neuer, überdimensional großer Schiffe der Organisation und in der Ankündigung, dass weitere, noch größere Schiffe folgen werden. Die Krise der Erwartungsenttäuschung in der Organisationsumwelt konnte erfolgreich durch die Verantwortungszurechnung auf den Kapitän bewältigt werden. In der Beibehaltung der existierenden Organisationsstrukturen liegt folglich die Funktionalität der Externalisierung von Normabweichungen.

Im nachfolgenden Abschnitt wird des Weiteren auf Gründe eingegangen, die ebenfalls die Funktionalität der Personalisierung des Normenverstoßes und der daraus resultierenden Verantwortungszurechnung auf den Kapitän für die Organisation unterstreichen.

5.2.4 Krisenprävention

Neben der Bewältigung der Erwartungsenttäuschung in der Organisationsumwelt ist die Personalisierung von Normenverstößen auch aus ökonomischen Gründen funktional für die Organisation Costa Crociere. So besteht auf Basis der Haager Regeln von 1924 ein internationales Übereinkommen zur Haftungsbeschränkung der Schiffseigentümer, welches nach Seeunfällen die Ansprüche Dritter, d. h. von Passagieren oder anderen Geschädigten, regelt (vgl. Colombos 1963, S. 292 ff.). Demnach wird die Haftungssumme für Schäden nach Schiffsunfällen durch eine Summenberechnung anhand der jeweiligen Schiffsgröße, d. h. den Raumgehalt, ermittelt (vgl. Herber 1999, S. 216 f.). Durch die Überarbeitung der Haager Regeln im Jahr 1955 entfällt unter bestimmten Bedingungen das Recht des Schiffseigentümers zur Haftungsbeschränkung (vgl. ebd., S. 215). Demnach kann die Haftungssumme auch unbeschränkt ausfallen, wenn der Nachweis erbracht ist, dass der Schiffseigentümer „den Schaden entweder vorsätzlich oder leichtfertig und in dem Bewusstsein verursacht hat, dass ein solcher Schaden mit Wahrscheinlichkeit eintreten würde" (ebd.). Die Aufhebung der Haftungsbeschränkung bezieht sich demnach explizit auf eine bewusste und grobe Fahrlässigkeit des Schiffseigentümers. Für den Fall der Havarie der Costa Concordia hätte ein Nachweis über eine solche Fahrlässigkeit zur Folge, dass die Entschädigungsforderungen der überlebenden Passagiere wie auch der Besatzungsmitglieder in einem zivilrechtlichen Verfahren in den hundert Millionenbereich steigen könnten. Sollte den Anträgen der Rechtsanwaltschaft statt gegebenen werden und der zivilrechtliche Prozess in den USA ausgetragen werden, ist es bei einem Nachweis der bewussten, groben Fahrlässigkeit durchaus möglich, dass die Schadensersatzsummen noch weitaus höher ausfallen. Insofern besteht ein ernstes Interesse der Organisation Costa Crociere, jegliche Verantwortung für den Schiffbruch der Costa Concordia abzustreiten und den Verstoß auf den Kapitän zu personalisieren. Darüber hinaus spielen in diesem Zusammenhang auch konkrete versicherungsvertragsrechtliche Bestimmungen eine Rolle. Durch den Abschluss einer Seekaskoversicherung erhalten Schiffseigentümer grundsätzlich einen Versicherungsschutz für den Verlust oder Beschädigungen ihrer Schiffe. Seit der Einführung der Kollisionshaftung im Jahr 1978 und der Überarbeitung im Jahr 2004 deckt ein solcher Versicherungsschutz auch die Schadensersatzansprüche Dritter (vgl. ebd., S. 419). Dieser Haftungsregelung zufolge übernimmt der Versicherer die Haftungssummen, wenn die Schäden, für die es zu haften gilt, „bei der Bewegung des Schiffs oder durch navigatorische Maßnahmen in unmittelbarem Zusammenhang mit der Teilnahme am Schiffsverkehr verursacht worden sind" (ebd.). Als Bedingung für die Übernahme der Haftungssummen durch den Versicherer gilt insofern eine fehlerhafte Schiffsführung, welche durch den Begriff des „nautisches Verschuldens" definiert ist. Übertragen auf den Fall der Havarie der Costa Concordia ist es daher funktional, das Unfallereignis durch ein Fehlverhalten des Kapitäns bzw. durch eine fehlerhafte Navigation zu erklären. Zudem wird über die Kollisionshaftung im Fall einer „großen Havarie" definiert, dass der Versicherer bei Eintritt dieses Versicherungsfalls von seiner Leistung frei ist, wenn eine schuldhafte Herbeiführung des Versicherungsfalls nachgewiesen wird (vgl. ebd., S. 419 f.). Eine solche Schuldhaftigkeit bezieht sich jedoch nicht auf die Schiffsnavigation, sondern auf das „Verschulden an der Gefahrensituation" des Versicherungsnehmers (ebd.). Ein Nachweis über ein eigenes Verschulden der Organisation Costa Crociere hätte demnach zur Folge, dass weder die Haftungssummen durch den Versicherer übernommen werden, noch dass die Haftungssumme auf den Raumgehalt des Schiffs beschränkt bleibt. Um zukünftigen Krisen vorzubeugen, erscheint es daher funktional für die Organisation Costa Crociere, den Schiffbruch der Costa Concordia mit einem Fehlverhalten des Kapitäns zu begründen und Verantwortungszurechnungen auf die Organisation selbst vorzubeugen wie auch zu unterbinden.

Literatur

Colombos, John C. 1963. *Internationales Seerecht*. München: Beck.
Goffman, Erving. 1969. *Wir alle spielen Theater. Die Selbstdarstellung im Alltag*. München: Piper.
Herber, Rolf. 1999. *Seehandelsrecht. Systematische Darstellung*. Berlin: de Gruyter.
International Maritime Organization (IMO). 2010a. *Ships' routeing: This edition includes amendments adopted up to may 2010*. 10. Aufl. London: IMO Publication.
Krüger, Stefan. 2012. *Kreuzfahrtschiffe – Immer größer, aber auch sicherer? Bemerkungen eines Ingenieurs*. Technische Universität Hamburg-Harburg, Institut für Entwerfen von Schiffen und Schiffsicherheit.
Schulz, Axel, und Josef Auer. 2010. *Kreuzfahrten und Schiffsverkehr im Tourismus*. München: Oldenbourg.
Schweisfurth, Theodor. 2006. *Völkerrecht*. Tübingen: Mohr Siebeck.
Wiebeck, Erno, und Wolfgang Althof. 1980. *Schiffbau/Schifffahrt*. Leipzig: Bibliographisches Institut

Internetquellen

AIS-Daten der Costa Concordia. 2012a. Grafische Aufbereitung der Route mittels Interpolationsverfahren. http://www.arcgis.com/home/webmap/presentation.html?webmap=f2a7354f52be4330845c3abbfd7adeb5. Zugegriffen: 7. Januar 2013.
AIS-Daten der Costa Concordia. 2012b. Grafische Aufbereitung der Küstenannäherung mittels Interpolationsverfahren. http://news.qps.nl.s3.amazonaws.com/Grounding+Costa+Concordia.wmv. Zugegriffen: 21. Oktober 2013.

ADAC. 2006. ADAC-Sportschifffahrt. Italien. http://www.conscolonia.esteri.it/NR/rdonlyres/004D2B10-AA9B-4EE4-82A3-1F549736D97F/0/ADACSportboote.pdf. Zugegriffen: 7. Februar 2013.

Arnsperger, Malte, und Niels Kruse. 2012. Unglück der Costa Concordia. Der Kapitän, der alles falsch machte. Stern.de. http://www.stern.de/panorama/unglueck-der-costa-concordia-der-kapitaen-der-alles-falsch-machte-1774432.html. Zugegriffen: 28. September 2012.

Bachstein, Andrea. 2012. Anhörung im Fall Costa Concordia. Keine Brille, kein Verantwortungsgefühl. Süddeutsche.de. http://www.sueddeutsche.de/panorama/anhoerung-im-fall-costa-concordia-keine-brille-kein-verantwortungsgefuehl-1.1300060. Zugegriffen: 2. Oktober 2012.

Becker, K. , und A. Englisch. 2012. Zeugen berichten von „reichlich Wein". War der Lügen-Kapitän auch noch besoffen?. Bild.de. http://www.bild.de/news/ausland/costa-concordia/war-der-luegen-kapitaen-auch-noch-besoffen-22196452.bild.html. Zugegriffen: 4. Februar 2013.

Berliner Zeitung.de. 2012. Nach Crash: Kapitän bestellte Menu auf Kabine. http://www.bz-berlin.de/aktuell/welt/nach-crash-kapitaen-bestellte-menue-auf-kabine-article1367943.html. Zugegriffen: 4. Februar 2013.

Bild.de. 2012. Telefonprotokolle belasten den Katastrophen-Kapitän. „Nein, ich bin nicht an Bord, weil das Schiff sinkt". http://www.bild.de/news/ausland/costa-concordia/telefonprotokolle-belasten-katastrophen-kapitaen-schettino-22129988.bild.html. Zugegriffen: 12. Februar 2013.

Bremer, Jörg. 2012. Gekenterte Costa Concordia. Kreuzfahrtgesellschaft erhebt Vorwürfe gegen Kapitän. Frankfurter Allgemeine Zeitung. http://www.faz.net/aktuell/gesellschaft/gekenterte-costa-concordia-kreuzfahrtgesellschaft-erhebt-vorwuerfe-gegen-kapitaen-11608497.html. Zugegriffen: 18. November 2012.

Capitaneria di porto di Livorno. 2012. Il brogliaccio della capitaneria di porto di Livorno. Cronologico degli eventi accaduti il 13-14 Gennaio 2012. http://www.repubblica.it/cronaca/2012/01/18/news/il_brogliaccio_della_capitaneria_di_porto_di_livorno-28369073/. Zugegriffen: 21. Januar 2013.

Carpinteri, Francesco, Giuseppe Cavo Dragone, Enzo Dalle Mese, und Mario Maestro. 2012. Ufficio del GIP presso il tribunale di Grosseto. Procedimento penale 12/285 RGNR 12/117 RGGIP. Oggetto: Naufragio della nave Costa Concordia. Avvenimento del 13 Gennaio 2012. Relazione tecnica dei consulenti nominati dal gip del tribunale di Grosseto. http://www.scribd.com/fullscreen/105718306?access_key=key-24ceg9f7twksubh3q1mq. Zugegriffen: 23. Dezember 2012.

Ceballos Betancur, Karin. 2012. Kreuzfahrten. Eine Frage des Charakters. Zeit Online. http://www.zeit.de/2012/04/Berufsstand-Kapitaen. Zugegriffen: 2. November 2012.

Codice della navigazione. 1942. Legislazione italiana di diritto della navigazione e dei trasporti. Codice della navigazione. http://www.fog.it/legislaz/cn-1088-1160.htm#1111. Zugegriffen: 2. Januar 2013.

Corriere della Sera. 2012. Corriere TV. La nave Concordia vicino al Giglio. http://video.corriere.it/nave-concordia-al-giglio-/9dfa5ea6-3e9b-11e1-8b52-5f77182bc574. Zugegriffen: 10. September 2012.

Costa Kreuzfahrten. 2012a. Costa Concordia-Update. http://www.costakreuzfahrten.ch/B2C/CH/Info/concordia_statement.htm. Zugegriffen: 28. Dezember 2012.

Costa Kreuzfahrten. 2012b. Verantwortung zeigen. Sicherheit hat für Costa Kreuzfahrten oberste Priorität. http://www.costakreuzfahrten.de/B2C/D/AreaNews/CompanyCommunications/company-communications.htm. Zugegriffen: 1. Januar 2013.

Costa Kreuzfahrten. 2012c. Neue Routen 2012. Costa Concordia. http://cc-cruises.de/das-costa-angebot/costa-programm-2012/neue-routen-2012/. Zugegriffen: 24. Oktober 2012.

Der Tagesspiegel.de. 2012. Vier Deutsche vermisst. Schwere Vorwürfe gegen Kapitän der Costa Concordia. http://www.tagesspiegel.de/weltspiegel/vier-deutsche-vermisst-schwere-vorwuerfe-gegen-kapitaen-der-costa-concordia/6066880.html. Zugegriffen: 10. Februar 2013.

Die Welt.de. 2012a. Unglücksursache: Wollte der Kapitän den Gästen ein Spektakel bieten? http://www.welt.de/vermischtes/article13816783/Wollte-der-Kapitaen-den-Gaesten-ein-Spektakel-bieten.html. Zugegriffen: 9. Oktober 2012.

Die Welt.de. 2012b. Costa Concordia: Kapitän soll sich schon vor Havarie verfahren haben. http://www.welt.de/vermischtes/weltgeschehen/article13819361/Kapitaen-soll-sich-schon-vor-Havarie-verfahren-haben.html. Zugegriffen: 13. November 2012.

Die Welt.de. 2012c. Concordia-Kapitän. „Ich bin nicht an Bord, weil das Schiff untergeht". http://www.welt.de/vermischtes/weltgeschehen/article13820234/Ich-bin-nicht-an-Bord-weil-das-Schiff-untergeht.html. Zugegriffen: 12. Oktober 2012.

Die Welt.de. 2012d. Costa Concordia. Polizeiabhörprotokoll überführt Schettino als Lügner. http://www.welt.de/vermischtes/weltgeschehen/article13833393/Polizei-Abhoerprotokoll-ueberfuehrt-Schettino-als-Luegner.html. Zugegriffen: 29. Oktober 2012.

Die Welt.de. 2012e. Concordia-Kapitän. Schettino hatte am Unglücksabend keine Brille auf. http://www.welt.de/vermischtes/weltgeschehen/article13901716/Schettino-hatte-am-Unglueckabend-keine-Brille-auf.html. Zugegriffen: 13. November 2012.

Die Welt.de. 2012f. Francesco Schettino. Costa-Kapitän baute schon Unfall vor Warnemünde. http://www.welt.de/vermischtes/weltgeschehen/article13899209/Costa-Kapitaen-baute-schon-Unfall-vor-Warnemuende.html. Zugegriffen: 10. Dezember 2012.

Die Welt.de. 2012g. Royal Caribbean. Royal Caribbean Kreuzfahrt bietet Eislaufen in den Tropen. http://www.welt.de/reise/specials/kreuzfahrten/karibik/article7795008/Royal-Caribbean-Kreuzfahrt-bietet-Eislaufen-in-den-Tropen.html. Zugegriffen: 9. März 2013.

Doerfler, Kordula. 2012a. Costa Concordia. Kapitän Feigling. Frankfurter Rundschau Online. http://www.fr-online.de/costa-concordia/costa-concordia-kapitaen-feigling-,11519574,11465564.html. Zugegriffen: 5. November 2012.

Doerfler, Kordula. 2012b. Costa Concordia-Unglück. Reederei soll illegal Crew-Mitglieder beschäftigt haben. Frankfurter Rundschau Online. http://www.fr-online.de/panorama/-costa-concordia--unglueck-reederei-soll-illegal-crew-mitglieder-beschaeftigt-haben,1472782,11500430.html. Zugegriffen: 12. Januar 2013.

Doerfler, Kordula. 2012c. Costa Allegra-Brand auf Kreuzfahrtschiff. Reederei Concordia in der Kritik. Frankfurter Rundschau Online. http://www.fr-online.de/panorama/costa-allegra-brand-auf-kreuzfahrtschiff-reederei-concordia-in-der-kritik,1472782,11720816.html. Zugegriffen: 7. Dezember 2012

Ehlers, Fiona. 2012. Havarie der Costa Concordia: Passagiere beklagen Rettungs-Chaos. Spiegel Online. http://www.spiegel.de/panorama/havarie-der-costa-concordia-passagiere-beklagen-rettungs-chaos-a-809148.html. Zugegriffen: 5. Oktober 2012.

Fiestas de San Lorenzo.es. 2012. http://www.fiestassanlorenzo.es/. Zugegriffen: 12. Februar 2013.

Financial Times Deutschland.de. 2012a. Havarie der Costa Concordia: Kreuzfahrtschiff kentert vor Italien. http://www.ftd.de/politik/europa/:havarie-der-costa-concordia-kreuzfahrtschiff-kentert-vor-italien/60154630.html. Zugegriffen: 5. Januar 2013.

Literatur

Financial Times Deutschland.de. 2012b. Havarie der Costa Concordia. Passagierverband erhebt schwere Vorwürfe gegen die Reederei. http://www.ftd.de/wissen/leben/:havarie-der-costa-concordia-passagierverband-erhebt-schwere-vorwuerfe-gegen-die-reederei/60154864.html. Zugegriffen: 30. September 2012.

Financial Times Deutschland.de. 2012c. Untergang der Costa Concordia. Unglückskapitän änderte Route eigenmächtig. http://www.ftd.de/politik/europa/:untergang-der-costa-concordia-unglueckskapitaen-aenderte-route-eigenmaechtig/60155263.html. Zugegriffen: 3. Dezember 2012.

Financial Times Deutschland.de. 2012d. Schiffsunglück an der Toskana: „Kehren sie zurück aufs Schiff". http://www.ftd.de/politik/europa/:schiffsunglueck-an-der-toskana-kehren-sie-zurueck-aufs-schiff/60155972.html. Zugegriffen: 28. September 2012.

Focus Online. 2012a. Das Stundenprotokoll der Havarie. „Kapitän voll verantwortlich". http://www.focus.de/panorama/welt/costa-concordia/tid-24806/die-havarie-in-der-chronologie-kapitaen-voll-verantwortlich_aid_703121.html. Zugegriffen: 12. Januar 2013.

Focus Online. 2012b. Havarie der Costa Concordia. Katastrophenkapitän kündigte Risikokurs vorher an. http://www.focus.de/panorama/welt/costa-concordia/havarie-der-costa-concordia-katastrophen-kapitaen-kuendigte-risiko-kurs-vorher-an_aid_703069.html. Zugegriffen: 2. Oktober 2012

Focus Online. 2012c. Richterin stellt Kapitän Schettino unter Hausarrest. Steuerte Kapitän Schettino die Costa Concordia im Drogenrausch?. http://www.focus.de/panorama/welt/costa-concordia/boeser-verdacht-der-ermittler-manoevrierte-kapitaen-schettino-die-costa-concordia-im-drogenrausch_aid_703395.html. Zugegriffen: 30. September 2012.

Focus Online. 2012d. Vor der Havarie der Costa Concordia. Schettino soll mit Blondine Wein getrunken haben. http://www.focus.de/panorama/welt/costa-concordia/vor-havarie-der-costa-concordia-schettino-soll-mit-blondine-wein-getrunken-haben_aid_704944.html. Zugegriffen: 2. November 2012.

Focus Online. 2012e. Entschädigung für die Havarie der Costa Concordia. Reederei bietet jedem Passagier 11.000 Euro an. http://www.focus.de/panorama/welt/costa-concordia/entschaedigung-fuer-havarie-der-costa-concordia-reederei-bietet-jedem-passagier-11-000-euro-an_aid_707521.html. Zugegriffen: 3. Oktober 2012.

Frankfurter Allgemeine Zeitung.net. 2012a. Costa Concordia. Reederei und Kapitän beschuldigen sich gegenseitig. http://www.faz.net/aktuell/gesellschaft/costa-concordia-reederei-und-kapitaen-beschuldigen-sich-gegenseitig-11625616.html. Zugegriffen: 10. Oktober 2012.

Frankfurter Allgemeine Zeitung.net. 2012b. Costa Concordia. 14.000 Euro für jeden Passagier. http://www.faz.net/aktuell/gesellschaft/costa-concordia-14-000-euro-fuer-jeden-passagier-11627310.html. Zugegriffen: 3. Oktober 2012.

Frankfurter Allgemeine Zeitung.net. 2012c. Costa Concordia. Weiter Hausarrest für Kapitän Schettino. http://www.faz.net/aktuell/gesellschaft/costa-concordia-weiter-hausarrest-fuer-kapitaen-schettino-11641702.html. Zugegriffen: 2. Februar 2013.

Frankfurter Allgemeine Zeitung.net. 2012d. Kapitän der Costa Concordia. Schettino schlug auch Wellen in Warnemünde. http://www.faz.net/aktuell/gesellschaft/unglueckz/kapitaen-der-costa-concordia-schettino-schlug-auch-wellen-in-warnemuende-11670427.html. Zugegriffen: 12. Dezember 2012.

Giglio News. 2012. Naufragio Costa Concordia. http://www.giglionews.it/2012012358128/news/isola-del-giglio/le-nostre-foto-in-giro-per-il-mondo-nuovo-video.html. Zugegriffen: 10. Januar 2013.

Gloobi.de. 2009. Kreuzfahrten so billig wie nie. http://www.gloobi.de/de/PREISRUTSCH-Kreuzfahrten-so-billig-wie-nie-2.html?n=837. Zugegriffen: 23. Februar 2013.

Go7Seas Kreuzfahrten.de. 2012. Cruise News. Neue Megaliner für AIDA und Costa. http://www.go7seas-kreuzfahrten.de/informationen/cruisenews/neue-schiffe-aida-costa. Zugegriffen: 2. Februar 2013.
Guardia Costiera. 2012a. Organizzazione-S.A.R.-Centrale operativa. http://www.guardiacostiera.it/organizzazione/centraleoperativa.cfm. Zugegriffen: 21. Januar 2013.
Guardia Costiera. 2012b. Organizzazione-Struttura Centrale. http://www.guardiacostiera.it/organizzazione/strutturacentrale.cfm. Zugegriffen: 21. Januar 2013.
Guardia Costiera. 2012c. Costa Concordia. 13/01/2012 isola del Giglio. http://www.youtube.com/watch?v=USWo5yq2f80&t=15s. Zugegriffen: 2. Februar 2013.
Hamburger Abendblatt.de. 2012a. War der Costa-Kapitän auch in Warnemünde auf Kollisionskurs? http://www.abendblatt.de/region/article2204041/War-der-Costa-Kapitaen-auch-in-Warnemuende-auf-Kollisionskurs.html. Zugegriffen: 12. Dezember 2012.
Hamburger Abendblatt.de. 2012b. Kreuzfahrtschiff „Azamara Quest": Luxusliner in Seenot: Auch Deutsche an Bord. http://www.abendblatt.de/vermischtes/article2234990/Luxusliner-in-Seenot-Auch-Deutsche-an-Bord.html. Zugegriffen: 14. November 2012.
Handelsblatt.com. 2012a. „Manöver wurde verlangt". Kapitän attackiert die Reederei der „Costa Concordia". http://www.handelsblatt.com/panorama/aus-aller-welt/manoeverwurde-verlangt-kapitaen-attackiert-die-reederei-der-costa-concordia/6096004.html. Zugegriffen: 11. Oktober 2012.
Handelsblatt.com. 2012b. Küstenwache beschuldigt Costa-Reederei. Kapitän und Reederei schieben sich gegenseitig die Schuld zu. http://www.handelsblatt.com/panorama/aus-aller-welt/beweissicherung-nach-havarie-kapitaen-und-reederei-schieben-sich-gegenseitig-die-schuld-zu/7263216-2.html. Zugegriffen: 10. Oktober 2012.
Handelsblatt.com. 2012c. Schiffs-Havarie. Neue Anschuldigungen gegen Concordia-Kapitän. http://www.handelsblatt.com/panorama/aus-aller-welt/schiffs-havarie-neue-anschuldigungen-gegen-concordia-kapitaen-/6280530.html. Zugegriffen: 27. Dezember 2012.
Hoffmann, Maren. 2011. MSC-Croicière-Chef Vago. „Kreuzfahrten werden immer billiger". Manager Magazin Online. http://www.manager-magazin.de/lifestyle/reise/0,2828,785327,00.html. Zugegriffen: 21. Februar 2013.
Il Sole 24 Ore. 2012. Arrestato il comandante della Costa Concordia. Il dg: evento imprevedibile. http://www.ilsole24ore.com/art/notizie/2012-01-14/comandante-costa-concordia-sperone-154404.shtml?uuid=Aa1Fc5dE. Zugegriffen: 2. Februar 2013.
Il tirreno.it. 2012. Clini e passera firmano il decreto "anti inchini". http://iltirreno.gelocal.it/livorno/cronaca/2012/03/01/news/clini-e-passera-firmano-il-decreto-anti-inchini-1.3240232. Zugegriffen: 9. November 2012.
International Maritime Organization (IMO). 1998. International convention on standards of training, certification and watchkeeping for seafarers. http://seafarers.msa.gov.cn/InternationalPact/InternationalFile/STCW/stcw%20code//%E8%8B%B1STCW%20Code.pdf. Zugegriffen: 22. Dezember 2012.
International Maritime Organization (IMO). 2004. Solas consolidated edition 2004. Consolidated text of the international convention for the safety of life at sea, 1974, and its protocol of 1988: Articles, annexes and certificates. Incorporating all amendments in effect from 1 July 2004. http://www.pfri.uniri.hr/~rudan/Publikacije/SOLAS%20consolidated%20edition%202004.pdf. Zugegriffen: 20. Dezember 2012.
International Maritime Organization (IMO). 2009. Solas consolidated Edition 2009 with explanatory notes (Res. MSC. 281 (85)). http://www.dft.gov.uk/mca/solas_updates_working_document_for_slf_54_agenda_item_8.pdf. Zugegriffen: 8. November 2012.

International Maritime Organization (IMO). 2010b. The ISM Code-Instructions for the Guidance of Surveyors. http://www.ismcode.net/auditing_procedures/MCA_Instructions_for_the_guidance_of_surveyors.pdf. Zugegriffen: 14. Februar 2013.
International Maritime Organization (IMO). 2012b. Conventions. http://www.imo.org/About/Conventions/Pages/Home.aspx. Zugegriffen: 9. März 2013.
Italian Ministry of Infrastructure and Transport (MIT). 2012. Italian maritime investigative body on marine accidents. Marine accident investigation C/S Costa Concordia 13th January 2012. MSC90 London-May 18th 2012. http://www.ifsma.org/terrpannounce/CostaConcordia.pdf. Zugegriffen: 27. Februar 2013.
Jans, Bernhard. 2011a. Hintergründe-Neuigkeiten. Newsletter Kreuzfahrt Nr. 35. Freizeit und Touristik GmbH (FT). http://www.kreuzfahrt-forschung.de/resources/Newsletter+35.pdf. Zugegriffen: 1. Januar 2013.
Jans, Bernhard. 2010. Kreuzfahrttourismus. Konzepte-Trends-Perspektiven. Zur Einführung. Kreuzfahrtourismus. Kreuzfahrtforschung.de. http://www.kreuzfahrt-forschung.de/resources/Jans+-+Kreuzfahrttourismus+Einf$C3$BChrung.pdf. Zugegriffen: 20. Februar 2013.
Kaffsack, Hans Jochen, und Peter Mayer. 2012. Costa-Chef nach den Havarien: „Aus dem Geschehen lernen". Europe Online Magazine (2012). http://www.europeonline-magazine.eu/costa-chef-nach-den-havarien-aus-dem-geschehen-lerneninterview-hannsjochen-kaffsack-und-peter-mayer-dpa_195496.html. Zugegriffen: 20. Dezember 2012.
Kleine Zeitung. 2012. Auszüge aus der Pressekonferenz von Costa Crociere am 16.01.12. http://www.youtube.com/watch?v=MD8bkoWtEPI. Zugegriffen: 10. Dezember 2012.
La Repubblica. 2012. Repubblica TV. Naufragio Giglio. http://video.repubblica.it/dossier/naufragio-giglio-costa-concordia/esclusivo-tg5-concordia-i-momenti-concitati-della-fuga-dalla-nave/87884?video. Zugegriffen: 7. Februar 2013.
La Repubblica Firenze.it. 2012. Le accuse al comandante della Concordia. „La nave troppo vicina all'isola". http://firenze.repubblica.it/cronaca/2012/01/14/news/la_nave_ha_urtato_uno_scoglio_il_comandante_non_era_sulla_carta-28110947/. Zugegriffen: 15. Januar 2013.
Langer, Annette. 2012a. Kapitän der Costa Concordia: Das Totalversagen des Comandante Schettino. Spiegel Online. http://www.spiegel.de/panorama/kapitaen-der-costa-concordia-das-totalversagen-des-comandante-schettino-a-809318.html. Zugegriffen: 30. September 2012.
Langer, Annette. 2012b. Versagen des Concordia-Kapitäns: „Gehen Sie verdammt noch mal an Bord!". http://www.spiegel.de/panorama/versagen-des-concordia-kapitaens-gehen-sie-verdammt-noch-mal-an-bord-a-809694.html. Zugegriffen: 28. September 2012.
Legione Carabinieri Toscana. 2012. Comando Provinciale di Grosseto. Reparto Operativo-Nucleo Investigativo. Verbale di assuzione di informazioni. http://www.quotidiano.net/file_generali/documenti/PDF/2012/02/cemortan.pdf. Zugegriffen: 14. Februar 2013.
Libero Quotidiano.it. 2012. "A bordo della Concordia droga, sesso e machismo". http://www.liberoquotidiano.it/news//947342/-A-bordo-della-Concordia-droga--sesso-e-machismo-.html. Zugegriffen: 1. Februar 2013.
Lloyds List Intelligence.com. 2012. http://www.lloydslistintelligence.com/llint/index.htm;jsessionid=C08DA9D88D2BB774DBA6A9473E560A4B. Zugegriffen: 10. Oktober 2012.
Luig, Judith. 2012. Vorwurf gegen Reederei. „Das Manöver war von Costa geplant und gewollt". Welt.de. http://www.welt.de/vermischtes/weltgeschehen/article13828334/Das-Manoever-war-von-Costa-geplant-und-gewollt.html. Zugegriffen: 11. Oktober 2012.
L'Unità.it. 2012. Strage del Giglio. Arrestato il comandante. http://www.unita.it/italia/giglio-nave-affonda-almeno-3-morti-1.371437. Zugegriffen: 5. Februar 2013.

Mandryk, Wally, und David Osler. 2012. Costa Concordia in previous close call. Lloyds List. http://www.lloydslist.com/ll/sector/ship-operations/article389069.ece. Zugegriffen: 9. September 2012.

Marsili, Umberto, Stefano Carnevali, Marco Ruberto, und Ivan Bruno. 2012. Inchiesta sommaria relativa al sinistro marittimo. naufragio della nave da crociera "Costa Concordia" 13 Gennaio 2012 isola del Giglio. Capitaneria di porto di Livorno. http://www.scribd.com/fullscreen/110536929?access_key=key-25t9o2c9ryj8pc71mfrb. Zugegriffen: 27. Dezember 2012.

Montesarchio, Valeria. 2012. Preliminary Inquiries. Court of Grosseto. Office of the magistrate in charge of preliminary inquiries. http://download.repubblica.it/pdf/2012/traduzione_ordinanza_grosseto.pdf. Zugegriffen: 2. Januar 2013.

Nano Press Cronaca. 2012. Costa Concordia dissequestrata la nave Carnival Triumph. http://www.fattidicronaca.it/articolo/costa-concordia-dissequestrata-la-nave-carnival-triumph/8729/22/. Zugegriffen: 7. Februar 2013.

Neumeier, Franz. 2012. Die ganz persönliche Rettungsübung. Cruisetricks. http://www.cruisetricks.de/die-ganz-persoenliche-rettungsuebung/. Zugegriffen: 15. Januar 2013.

Orth, Stephan, und Antje Blinda. 2012. Sicherheit auf der Concordia: „Das Personal wirkte unqualifiziert und nicht geschult". Spiegel Online. http://www.spiegel.de/reise/aktuell/sicherheit-auf-der-concordia-das-personal-wirkte-unqualifiziert-und-nicht-geschult-a-809412.html. Zugegriffen: 30. September 2012.

Piccinelli, Mario. 2012. Il naufragio del Costa Concordia. Codacons. http://video.repubblica.it/dossier/naufragio-giglio-costa-concordia/schettino-amma-fa-n-inchino-al-giglio/107633/106013. Zugegriffen: 15. Januar 2013.

Piccinelli, Mario. 2013. Ricostruzione del naufragio del Costa Concordia. Codacons. http://www.youtube.com/watch?v=csZzD-HfX8E. Zugegriffen: 8. Februar 2013.

Procura della Repubblica. 2012a. Presso il tribunale di Grosseto. Verbale assunzione di informazioni. http://www.quotidiano.net/file_generali/documenti/PDF/2012/01/_verbali.pdf. Zugegriffen: 2. Februar 2013.

Procura della Repubblica. 2012b. Presso il tribunale di Grosseto. Verbale assunzione di informazioni. http://www.quotidiano.net/file_generali/documenti/PDF/2012/01/palombo.pdf. Zugegriffen: 1. Februar 2013.

Registrato Italiano Navale (RINA). 2012. Overview. http://www.rina.org/EN/istituzionale/presentazione.aspx. Zugegriffen: 7. Dezember 2012.

Reinbold, Fabian. 2012. Concordia-Kommandant Schettino: Capitano dilettante. Spiegel Online. http://www.spiegel.de/panorama/concordia-kommandant-schettino-capitano-dilettante-a-809862.html. Zugegriffen: 1. Oktober 2012.

Reinbold, Fabian, und Annette Langer. 2012. Havarie der Costa Concordia. Kapitän ohne Kompass. Spiegel Online. http://www.spiegel.de/panorama/havarie-der-costa-concordia-kapitaen-ohne-kompass-a-809210.html. Zugegriffen: 10. Februar 2013.

Riccardi, Katia. 2012. "In quell inferno ci siamo aiutati". Il vicesindaco e gli ultimi sulla nave. La Repubblica. http://www.repubblica.it/cronaca/2012/01/16/news/pellegrini_sindaco_giglio_eroi-28241279/. Zugegriffen: 17. Februar 2013.

Sanna, Federica. 2012. La nave affondata. Fermato il comandante della Concordia. Corriere Fiorentino.it. http://corrierefiorentino.corriere.it/firenze/notizie/cronaca/2012/14-gennaio-2012/rotta-sbagliata-scoglio-divelto-poi-testacoda-avvicinarsi-porto-1902860883651.shtml#.Leggi. Zugegriffen: 13. Februar 2013.

Schmid, Barbara. 2012. Enorme Profite. Der Spiegel 34/12. http://www.spiegel.de/spiegel/print/d-87818582.html. Zugegriffen: 10. März 2013.

Literatur

Schönau, Birgit. 2012. Kreuzfahrtunglück: „An eine Ölpest mag ich garnicht denken". Die Zeit 01/2012. http://www.zeit.de/2012/04/Interview-Tozzi. Zugegriffen: 8. Februar 2013.
Sky News. 2012. Naufragio Costa Concordia, il racconto dei passeggeri. http://video.sky.it/news/cronaca/naufragio_costa_concordia_il_racconto_dei_passeggeri/v107982.vid. Zugegriffen: 14. Februar 2013.
Spiegel Online. 2012a. Schiffsunglück: Blackbox der Costa Concordia war offenbar defekt. http://www.spiegel.de/panorama/gesellschaft/schiffsunglueck-vor-giglio-blackbox-der-costa-concordia-war-defekt-a-842407.html. Zugegriffen: 22. Februar 2013.
Spiegel Online. 2012b. Privatvideos von der Costa Concordia: „Unsere Techniker arbeiten daran, das Problem zu lösen". http://www.spiegel.de/panorama/privatvideos-von-der-costa-concordia-unsere-techniker-arbeiten-daran-das-problem-zu-loesen-a-809227.html. Zugegriffen: 8. Februar 2013.
Spiegel Online. 2012c. Costa Concordia: Kapitän droht Verfahren wegen fahrlässiger Tötung. http://www.spiegel.de/panorama/costa-concordia-kapitaen-droht-verfahren-wegen-fahrlaessiger-toetung-a-809183.html. Zugegriffen: 11. November 2012.
Spiegel Online. 2012d. Kapitän der Costa Concordia: Beim Unglück auf der Brücke. http://www.spiegel.de/panorama/kapitaen-der-costa-concordia-beim-unglueck-auf-der-bruecke-a-809454.html. Zugegriffen: 1. Oktober 2012.
Spiegel Online. 2012e. Gespräch mit Hafenkommandantur: Costa-Kapitän Schettino redet sich raus. http://www.spiegel.de/panorama/gespraech-mit-hafenkommandantur-costa-kapitaen-schettino-redet-sich-raus-a-809700.html. Zugegriffen: 28. September 2012.
Spiegel Online. 2012f. Anhörung des Concordia-Kapitäns: „Irgendwas ist schief gegangen". http://www.spiegel.de/panorama/anhoerung-des-concordia-kapitaens-irgendwas-ist-schiefgegangen-a-809766.html. Zugegriffen: 12. Oktober 2012.
Spiegel Online. 2012g. Concordia-Schiffsführer: Mysteriöse Frau beim Kapitän auf der Brücke. http://www.spiegel.de/panorama/concordia-schiffsfuehrer-mysterioese-frau-beim-kapitaen-auf-der-bruecke-a-810053.html. Zugegriffen: 23. November 2012.
Spiegel Online. 2012h. Costa Concordia-Havarie: Die seltsame Rolle der Domnica C. http://www.spiegel.de/panorama/a-810281.html. Zugegriffen: 1. November 2012.
Spiegel Online. 2012i. Seychellen: Costa-Kreuzfahrtschiff treibt nach Brand auf offener See. http://www.spiegel.de/panorama/seychellen-costa-kreuzfahrtschiff-treibt-nach-brand-auf-offener-see-a-817883.html. Zugegriffen: 7. Dezember 2012.
Spiegel Online. 2012j. Philippinen: Kreuzfahrtschiff treibt nach Brand antriebslos im Meer. http://www.spiegel.de/panorama/kreuzfahrtschiff-nach-brand-vor-der-kueste-borneos-in-seenot-a-824925.html. Zugegriffen: 14. November 2012.
Spiegel Online. 2012k. Konsequenzen aus Concordia-Unglück: Reederei Costa verschärft Sicherheitsregeln. http://www.spiegel.de/reise/aktuell/costa-concordia-reederei-verschaerft-sicherheitsregeln-a-831536.html. Zugegriffen: 20. Oktober 2012.
Stanek, Julia. 2012. Passagiere der Costa Concordia. „Das Schiffspersonal hat uns angelogen". Spiegel Online. http://www.spiegel.de/panorama/passagiere-der-costa-concordia-das-schiffspersonal-hat-uns-angelogen-a-809173.html. Zugegriffen: 9. Februar 2013.
Steinlein, Christina. 2012. Psychogramm des Kapitäns. Schettino auf der Flucht vor der eigenen Unfähigkeit. Focus Online. http://www.focus.de/wissen/mensch/psychologie/tid-24839/psychogramm-des-kapitaens-auf-der-flucht-vor-der-eigenen-unfaehigkeit_aid_704985.html. Zugegriffen: 16. November 2012.
Stern.de. 2012a. Unglück der Costa Concordia. Richterin macht Kapitän verantwortlich. http://www.stern.de/panorama/unglueck-der-costa-concordia-richterin-macht-kapitaen-verantwortlich-1775342.html. Zugegriffen: 10. Oktober 2012.

Stern.de. 2012b. Havarie der Costa Concordia. Blinde Passagiere auf der Brücke. http://www.stern.de/panorama/havarie-der-costa-concordia-blinde-passagiere-auf-der-bruecke-1775578.html. Zugegriffen: 19. November 2012.

Stern.de. 2012c. „Azamara Quest". Kreuzfahrtschiff nach Brand im Hafen. http://www.stern.de/reise/fernreisen/azamara-quest-kreuzfahrtschiff-nach-brand-im-hafen-1808151.html. Zugegriffen: 14. November 2012.

Strassmann, Burkhard. 2012. Reederei Costa Crociere. Drill auf Deck 4. Die Zeit Nr. 31/2012. http://www.zeit.de/2012/31/costa-concordia-sicherheitskonzept. Zugegriffen: 13. Oktober 2012.

Süddeutsche.de. 2012a. Taucher finden zwei weitere Leichen im Schiffswrack. http://www.sueddeutsche.de/panorama/havarie-der-costa-concordia-taucher-finden-zwei-weitere-leichen-im-schiffswrack-1.1258472. Zugegriffen: 28. Dezember 2012.

Süddeutsche.de. 2012b. Ein Jahr nach dem Schiffsunglück. http://www.sueddeutsche.de/panorama/ein-jahr-nach-dem-schiffsunglueck-trauerfeier-am-wrack-der-costa-concordia-1.1571990. Zugegriffen: 2. Februar 2013.

Süddeutsche.de. 2012c. Costa Concordia läuft auf Grund. Mehrere Tote bei Kreuzfahrt- Unglück vor der italienischen Küste. http://www.sueddeutsche.de/panorama/costa-concordia-laeuft-vor-italien-auf-grund-mehrere-menschen-sterben-bei-kreuzfahrt-1.1257891. Zugegriffen: 9. November 2012.

Süddeutsche.de. 2012d. Nach Havarie des Kreuzfahrtschiffs Costa Concordia. Opfer identifiziert-Kapitän verhaftet. http://www.sueddeutsche.de/panorama/nach-havarie-des-kreuzfahrtschiffs-costa-concordia-opfer-identifiziert-kapitaen-verhaftet-1.1257993. Zugegriffen: 23. Dezember 2012.

Süddeutsche.de. 2012e. Gekentertes Kreuzfahrtschiff Costa Concordia. Kapitän gibt Reederei Schuld für gefährliches Manöver. http://www.sueddeutsche.de/panorama/gekentertes-kreuzfahrtschiff-costa-concordia-kapitaen-gibt-reederei-die-schuld-fuer-gefaehrliches-manoever-1.1263813. Zugegriffen: 11. Oktober 2012.

Süddeutsche.de. 2012f. Havarie der Costa Concordia. Angeblich vermisste Passagierin seit Jahren tot. http://www.sueddeutsche.de/panorama/havarie-der-costa-concordia-angeblich-vermisste-ungarin-seit-jahren-tot-1.1265491. Zugegriffen: 10. Januar 2013.

Süddeutsche.de. 2012g. Zwischenfall auf der Costa Allegra. Brand auf Kreuzfahrtschiff der Costa Concordia-Reederei. http://www.sueddeutsche.de/panorama/zwischenfall-auf-der-costa-allegra-brand-auf-kreuzfahrtschiff-der-costa-concordia-rederei-1.1294893. Zugegriffen: 7. Dezember 2012.

Süddeutsche.de. 2012h. Ermittlungen zu Costa Concordia-Unglück. Mitarbeiter berichten von Partys, Drogen und Prostitution. http://www.sueddeutsche.de/panorama/ermittlungen-zu-costa-concordia-unglueck-mitarbeiter-berichten-von-partys-drogen-und-prostitution-1.1298012. Zugegriffen: 21. Januar 2013.

Telegraph Online. 2012. Costa Concordia passed 230m from Giglio during previous salute. http://www.telegraph.co.uk/news/worldnews/europe/italy/9022442/Costa-Concordia-passed-230m-from-Giglio-during-previous-salute.html. Zugegriffen: 11. Dezember 2012.

TGcom24. 2012. Comandante: "Roccia non segnalata". http://www.tgcom24.mediaset.it/cronaca/toscana/articoli/1033963/comandante-roccia-non-segnalata.shtml. Zugegriffen: 20. Februar 2013.

Tonaufnahme. 2012a. Mitschnitt des ersten Gesprächs zwischen Kommandant De Falco und Kapitän Schettino. http://www.youtube.com/watch?v=9rGRGFWojIY. Zugegriffen: 27. Januar 2013.

Tonaufnahme. 2012b. Mitschnitt des zweiten Telefongesprächs zwischen Kommandant De Falco und Kapitän Schettino. http://www.youtube.com/watch?v=kh6htrW41SU. Zugegriffen: 14. Dezember 2012.

Welt.TV. 2012. Costa Concordia. Kapitän Schettino weiter unter Hausarrest. Die Welt.de. http://www.welt.de/vermischtes/article13856051/Kapitaen-Schettino-weiter-unter-Hausarrest.html. Zugegriffen: 2. Februar 2013.

Zeit Online. 2012a. Havarie. Concordia-Kapitän änderte Route eigenmächtig. http://www.zeit.de/gesellschaft/zeitgeschehen/2012-01/concordia-vermisste-rettung. Zugegriffen: 30. November 2012.

Zeit Online. 2012b. Kreuzfahrt-Havarie. Schettino überführt sich selbst. http://www.zeit.de/gesellschaft/zeitgeschehen/2012-01/costa-concordia-kapitaen-aussage. Zugegriffen: 29. Oktober 2012.

Fazit 6

Die wesentlichen Elemente der Untersuchung des Schiffbruchs der Costa Concordia werden an dieser Stelle noch einmal aufgegriffen und mit den zentralen Ergebnissen zusammenfassend dargestellt. So zeigt die Fallanalyse, dass sich geduldete Normabweichungen an Bord zu informellen Praktiken einspielten, um widersprüchliche Zielsetzungen der Organisation auszugleichen. Jene informellen Strukturen auf dem Schiff wurden in der Fallrekonstruktion als signifikante Unfalldeterminanten identifiziert. In dieser Hinsicht stand zum einen die Route der Costa Concordia für die Fahrstrecke von Civitavecchia nach Savona im Fokus der Untersuchung. Sowohl für die Mittelmeerfahrt am 14.08.11 wie auch für Reisefahrt am 13.01.12 konnte nachgewiesen werden, dass das Schiff von der offiziellen Route abgewichen ist, um sich vorsätzlich der Küste der Insel Giglio anzunähern. Wie die Rekonstruktion der Kommunikation auf der Kommandobrücke zeigt, wurde dieses Manöver von der Besatzungsmannschaft routiniert durchgeführt und nicht als Normenverstoß, sondern als „touristische Linie" wahrgenommen. Auch wenn die Organisation Costa Crociere bestreitet, Kenntnis von dieser Praktik gehabt zu haben, konnte zumindest für die informelle Route im Jahr 2011 gezeigt werden, dass sowohl die Organisation wie auch die lokale Behörde der Insel Giglio über die Küstennäherung am 14.08.11 mit einer Entfernung von 230 m zur Insel informiert waren. Die Duldung dieser Praktik durch die Organisation, wie auch der routinemäßige Umgang der Besatzungsmannschaft mit diesem Kurswechsel, machte es möglich, das Verfahren der Küstennäherung als informelle Praxis zu beschreiben. Darüber hinaus konnte durch die Falluntersuchung ermittelt werden, dass diese Normabweichung für die Organisation durchaus funktional ist. So fungierte die Küstennäherung sowohl unter der Bezeichnung des „Grußmanövers" wie auch unter dem Begriff der „Verneigung" als werbewirksame Aktion zur Erhöhung der Attraktivität von Kreuzfahrtreisen. Mit dem dadurch verfolgten Ziel, die Mittelmeerfahrt auf der Costa Concordia als „einzigartiges Erlebnis" in der Organisationsumwelt darzustellen und auf diese Weise, sowohl die Passagiere an Bord zu begeistern wie auch ein Interesse für eine Reise an Bord des Schiffes bei zukünftigen Kunden zu wecken, wurde jedoch maßgeblich gegen die Zielsetzung verstoßen, sichere Kreuzfahrtreisen zu gewährleisten. Dementsprechend konnte ein Konflikt zwischen der Einhaltung von verbindlichen Sicherheitsstandards und der Erhöhung der Attraktion von Kreuzfahrten herausgearbeitet werden. Die Küstenannäherung der Costa Concordia stellt dabei eine informelle Lösung zugunsten der Attraktivitätssteigerung von Kreuzfahrten dar, die jedoch auf Kosten der Erfüllung von Sicherheitsanforderungen geht. Des Weiteren konzentrierte sich die Falluntersuchung auf die Analyse der Praktik des regelmäßigen Öffnens wasserdichter Schottentüren an Bord des Schiffs. In dieser Hinsicht wurde festgestellt, dass dieses Verfahren, welches gegen internationales Seerecht gemäß Solas verstößt, routiniert im Schiffsbetrieb von den Besatzungsmitgliedern durchgeführt wurde. Die Folgen dieser Normabweichung für das Unfallausmaß, das heißt, für die Überflutung und das Umkippen des Schiffs, sind bislang noch ungeklärt. Wie die Fallanalyse allerdings zeigt, war das Öffnen wasserdichter Schotten ein wesentlicher Bestandteil des Betriebsablaufs an Bord. Da eine Vielzahl der Dienstleistungswege für die Besatzungsmitglieder unterhalb des Schottendecks verortet ist, waren diese darauf angewiesen, regelmäßig die Schottentüren zu öffnen, um einen flüssigen Schiffsbetrieb zu gewährleisten. Dieses Verfahren bezog sich konkret darauf, bestimmte Serviceleistungen, wie das Aufbereiten der Wäsche oder die Sicherstellung der Zubereitung von Speisen, an Bord zu garantieren. Mit dieser informellen Praktik wurden jedoch maßgeblich Sicherheitsstandards an Bord verletzt. Die Beobachtung, Abläufe an Bord durch das mehrfache Öffnen von Schotten, entgegen den Richtlinien nach Solas, effizienter zu gestalten, wurde in dieser Hinsicht als Zweckkonflikt zwischen Sicherheit und Effizienz an Bord interpretiert. Da zudem der Status der wasserdichten Schotten zu jeder Zeit auf der Kommandobrücke leicht einzusehen und kontrollierbar ist, handelt es sich bei der informellen Praktik der Schottenöffnung um ein von der Hierarchie an Bord akzeptiertes Verfahren. Wie eine elementare Betrachtung der Entwicklung des Kreuzfahrtmarkts gezeigt hat, verbergen sich hinter den angeführten Zielkonflikten weitere widersprüchliche Umweltanforderungen. Die geschilderte Entwicklung zur Massentauglichkeit von Kreuzfahrtschiffen, einhergehend mit einem Preisdruck aufgrund von Überkapazitäten im Angebot, steht in diesem Sinne in Konflikt mit der Erwartung, nach einer luxuriösen wie auch exklusiven Kreuzfahrt. Insbesondere im Fall der Costa Concordia war die Organisation darauf angewiesen, sich durch attraktive Routen von anderen Kreuzfahrtanbietern abzugrenzen, um in der Konkurrenzsituation am Markt wettbewerbsfähig zu bleiben. Im Hinblick auf die Analyse der informellen

6 Fazit

Praktiken zeigte sich auch, dass in der Seeschifffahrt dazu übergegangen wurde, nach jedem schweren Unfall Sicherheitsregeln zu verschärfen, statt die Einhaltung von Sicherheitsstandards bei den Reedereien einzufordern und entsprechende Verstöße zu sanktionieren. Auf diese Weise werden Normabweichungen auf in Betrieb stehenden Schiffen systematisch geduldet und den Reedereien ermöglicht, auf Kosten der Sicherheit an Bord, primär Ziele der Effizienz zu verfolgen. Darüber hinaus konnte durch die Rekonstruktion der Normenverstöße an Bord auch Rückschlüsse auf die Kultur an Bord der Costa Concordia getroffen werden. Diese wurde im Rahmen der soziologischen Analyse als eine Kultur der Regelabweichung beschrieben und auf den Verzicht von Sanktionen bei Normenbrüchen wie auch auf die daraus resultierende Normalisierung von Abweichungen zurückgeführt. Des Weiteren zeigen die Reflektion der medialen Thematisierung des Unfallgeschehens wie auch die Interpretation der Stellungnahmen der Organisation Costa Crociere, das nach dem Schiffbruch der Costa Concordia die Verantwortung für dieses Ereignis dem Kapitän des Schiffs zugerechnet wurde. Als entscheidendes Mittel der Schuldkennzeichnung konnte sein Zuständigkeitsbereich nach Maßgabe seines hierarchischen Status an Bord identifiziert werden. Der normativen Erwartungshaltung der Rechtskommunikation wurde in der Berichterstattung der Massenmedien die höchste Aufmerksamkeit geschenkt und dementsprechend die mediale Unfallthematisierung den Reaktionen der Rechtssystems angepasst. In diesem Zusammenhang wurde gezeigt, dass aufgrund des hohen Verbindlichkeitscharakters von Rechtsentscheidungen, die Adressierung der Person Schettino, als sanktionsfähiges Rechtssubjekt, zum einen von den Massenmedien übernommen, zum anderen auch aber in der Berichterstattung medial verstärkt wurde. Auf die Personalisierung der Normabweichung, durch die Feststellung eines Fehlverhaltens der Person Schettino, folgten sowohl eine Individualisierung des Normenverstoßes wie auch eine Stigmatisierung seiner Person in der öffentlichen Meinung. Auf eine Skandalisierung des Fehlverhaltens erfolgte die Unterstellung individueller Motivationsgründe zum Normenverstoß, welche in einer Beschreibung charakterlichen Defizite, wie Feigheit und Unehrlichkeit endeten. Auf dieser Grundlage wurde in den Massenmedien ein Prozess der Kriminalisierung der Person Schettino in Gang gesetzt, welcher letztlich in der Zuschreibung des Stigmas des alleinigen Sündenbocks endete. Da die Empörung über das Unfallereignis in der Organisationsumwelt auf die Person Schettino übertragen und dementsprechend kanalisiert wurde, hatte die Organisation Costa Crociere in diesem Sinne ein leichtes Spiel, eine Verantwortungszurechnung auf die Organisation zu vermeiden. Das Konfliktpotential des Unfalls konnte für die Organisation durch gezielte Informationslücken, unterschwelligen Hinweisen zu einem personalen Fehlverhalten, der Platzierung von Fehlinformationen wie auch dem Abstreiten von Fakten erfolgreich eingedämmt werden. Die Aufgabe der Organisation Costa Crociere, eine Verantwortungszurechnung auf sich selbst zu vermeiden, bestand dann lediglich darin, sich an den normativen Erwartungen der Organisationsumwelt zu orientieren und Erwartungsbildungsprozesse zu antizipieren. Die Signalisierung einer Lernbereitschaft war dementsprechend für den Fall der Havarie der Costa Concordia nicht essenziell für den Systemerhalt, jedoch bestand nach der medialen Berichterstattung über zahlreiche Vorfälle auf weiteren Kreuzfahrtschiffen Anlass zu dieser Maßnahme. Auch im Hinblick auf die Reputation der Organisation, das heißt, das Image der Marke „Costa", erscheint dieses Vorgehen als funktional, um die geschädigte Wettbewerbsfähigkeit der Organisation auf dem Kreuzfahrtmarkt zu verbessern. Durch die gesellschaftliche Konstruktion des Sündenbocks Schettino ist es letztlich der Organisation möglich gewesen, die Konflikte in ihren Strukturen weiterhin im Verborgenen zu halten und auf diese Weise ihr Effizienzstreben fortzusetzen. Anhand dieser soziologischen Reflektion wurde die Erkenntnis abgeleitet, dass die Funktionalität der Externalisierung von Normabweichungen in der Beibehaltung von Organisationsstrukturen begründet ist.

Abschließend ist kritisch anzumerken, dass die Ergebnisse der Falluntersuchung zeigen, dass die Kommunikation der Massenmedien die organisationale Verantwortungsabweisung maßgeblich unterstützte. In dieser Hinsicht sind weitere soziologische Untersuchungen wünschenswert, die sich differenzierter mit dem korrelativen Verhältnis der Außendarstellung von Organisationen und der Produktion öffentlicher Meinungen auseinandersetzen. Interessante Impulse lassen sich hierzu bereits bei Kühl (2010) unter dem Aspekt der „Verschleierungsfunktion von Fassaden" finden. Auch die Beobachtung der internationalen Seeschifffahrtsorganisation (IMO) und ihrem Umgang mit Abweichungen von Sicherheitsnormen weist empirisches Potential für soziologische Forschungen auf. So ist auf Basis eines rechtssoziologischen Focus beispielsweise die These zu überprüfen, inwiefern sich das internationale Seerecht durch seine Rechtsprogramme an Entscheidungsprogramme von Wirtschaftsorganisationen anpasst. Eine solche Untersuchung ist empirisch durchaus mittels einer Dokumenten- und Aktenanalyse umsetzbar. Ebenso ist auch die Beobachtung interessant, dass zwar neue Sicherheitsregeln eingeführt werden und, wie im Fall des ISM-Code, auch an die Organisation selbst adressiert sind, jedoch in ihrer detaillierten Anwendung nur auf eine gesteigerte Verantwortung des Kapitäns und der Besatzungsmitglieder an Bord hinauslaufen, und nicht die Überwachung und Kontrolle der Sicherheitssysteme belangen. Normenverstöße sind dementsprechend leicht zu verdunkeln und bei öffentlichem Bekanntwerden auf spezifische Positionen personalisierbar, so dass es der Organisationsspitze einfach gemacht wird, sich einer Verantwortungszurechnung zu entziehen. Die Verantwortung für Betriebsdesigns ist lediglich auf administrativer Ebene geregelt, das heißt beispielsweise, dass lediglich die Implementierung eines Sicherheitssystems ausreichend ist, um als Reederei seiner Verantwortung gerecht zu werden. Für

6 Fazit

Fahrlässigkeit bei der Überwachung und Kontrolle dieser Systeme sind dann keine Kriterien erlassen. In diesem Zusammenhang sollte deshalb untersucht werden, ob und inwiefern sich das internationale Seerecht in seiner Programmierung zunehmend auf die Eigenlogik von Wirtschaftsorganisationen einstellt.

Anhang

Abb. A.1 Letzte Schiffspositionsübermittlung der Costa Concordia anhand der AIS-Daten. (Eigene Positionsermittlung anhand des FleetMon Explorers)

© Springer Fachmedien Wiesbaden 2015
A. Culjak, *Organisation und Devianz*, Organisationsstudien,
DOI 10.1007/978-3-658-06155-5

Abb. A.2 Zeitliche Bestimmung der Veröffentlichung der Stellungnahme des Staatsanwalts Verusio anhand des ersten „Twitter"-Kommentars zum bezuggenommenen Zeitungsartikel. (Eigener Screenshot der Twitter-Internetseite)

Abb. A.3 Werbeprospekt zur Mittelmeerfahrt der Costa Concordia im Jahr 2011. (Offizieller Prospekt von Costa Cruises, ergänzt mit eigenen Markierungen)

Abb. A.4 Ausschnitt der Internetseite von Costa Crociere vor dem 13.01.12. (Offizielle Mitteilung von Costa Cruises, dem Internetauftritt entnommen)

Abb. A.5 Kreuzfahrtschiff Oasis of the Seas der Reederei Royal Caribbean. (Grafik wurde der offiziellen Internetseite der Royal Caribbean Reederei entnommen)

The manufacturer's authorised representative in the EU is Springer Nature Customer Service Centre GmbH, Europaplatz 3, 69115 Heidelberg, Germany. If you have any concerns regarding our products, please contact ProductSafety@springernature.com

Printed and bound by CPI Group (UK) Ltd, Croydon, CR0 4YY
23/03/2026
02076675-0004